우리는 왜 실수를 하는가

이 도서의 국립중앙도서관 출판시도서목록(CIP)은 e-CIP 홈페이지(http://www.nl.go.kr/ecip)와 국가자료공동목록시스템(http://www.nl.go/koilsnet)에서 이용하실 수 있습니다.
(CIP제어번호: CIP2012000418)

우리는 왜 실수를 하는가

Why We Make Mistakes

조지프 핼리넌 지음 | **김광수** 옮김

문학동네

마이크는 결정을 내려야 하는 '최적의' 순간이 실제로 결정을 내린 때보다 한참 후인 경우가 많다고 믿었다. 나도 그의 생각에 전적으로 공감한다. 별에서 방사된 빛이 오랜 시간이 흐르고 나서야 우리의 시야에 들어오듯이 말이다. 바꾸어 말하면, 인간은 대단히 중요한 사안에서조차 충분한 정보도 없이 서둘러 마음을 정하는 경향이 있다. 그러고는 다음과 같은 생각으로 자신은 애당초 그런 결정을 내린 적이 없다는 듯이 발뺌하곤 한다. (1) "그건 어리석은 생각이야. 누가 그런 일로 욕먹고 싶겠어." (2) "사람들은 기본을 무시할 때가 많아. 게다가 그런 걸 생각하고 싶어하지도 않지." (3) "결정하고서도 결정하지 않았다고 믿으면 자기만의 매혹적인 비밀을 갖게 되지." 허풍이라도 떨어야 덜 불행해지리라고 생각하기 때문이다.

— 리처드 포드, 『지형*The lay of the land*』 중에서

차례

우리는 왜 실수를 하는가?
왜냐면……

실수의 종류는 다양하다. 사지 못하고 놓쳐버린 부동산, 결혼하지 말았어야 할 배우자, 폭락한 주식, 잘못 선택한 일자리, 몇 푼 아끼려고 직접 머리카락을 자르다 만든 형편없는 몰골……

누구나 실수를 한다. 신문기자로 20여 년을 보내는 동안, 나는 한 가지 소박한 취미를 갖게 되었다. 그것은 실수 사례가 소개된 기사 중에서 인상적인 것들만을 오려 '실수담'이라고 이름 붙인 파일에 정리하는 것이다.

수많은 자료 가운데 내가 가장 아끼는 것은 내 고향 신문인 시카고 선타임스 34면에 실렸던 기사다. 사우스웨일스의 세인트브라이즈라는 마을에서 몇 년 전에 발생한 사건을 소개한 기사였는데, AP통신에 따르면, 한 자경단원이 어느 저명한 소아과 의사의 진료실을 급습해 쑥대밭으로 만들었다고 한다.

자경단원은 왜 의사의 진료실을 공격했을까?

경찰 조사에 의하면, 그는 '소아과 의사pediatrician'와 '소아성애자 pedophile*'라는 단어를 혼동했다고 한다.

사건의 피해자인 소아과 여성 전문의 이베트 클로이트 박사는 경찰의 지시대로 일단 집으로 돌아갔다. 그러나 집이라고 해서 안전할 리 없었다. '소아성애자'를 의미하는 영국식 단어 'paedophile'의 약자 'paedo'라는 단어를 누군가 스프레이 페인트로 벽에 큼직하게 뿌려두었던 것이다. 며칠 뒤 클로이트 박사가 지역 신문과 인터뷰를 했다. 그녀는 이렇게 말했다.

"저는 정말이지 무지의 희생양입니다."

:: 실수의 90퍼센트는 인간 탓

자경단원이 저지른 일은 '실수'라고 할 수 있는데, 우리도 비슷한 실수를 한다. "인간은 누구나 실수하기 마련"이라는 말이 있다. 무언가 잘못되었을 때 그 원인은 대부분 인간의 실수 때문이다. 비행기 사고의 70퍼센트, 자동차 사고의 90퍼센트, 직장 내 사고의 90퍼센트가 당사자들의 실수 때문에 일어난다. 따라서 비난받는 대상도 인간이다. 그러나 인간을 비난하는 그 순간부터 우리는 적절한 해결책

---

* 어린이에게 성적 매력을 느끼는 이상 성욕자.

에서 멀어진다. 그래서는 안 된다. 적어도 그 실수를 반복하지 않으려면, 비난이 능사는 아니다.

우리가 저지르는 실수의 상당수는 우리의 잘못이 아니다. 전부는 아닐지라도 부분적으로는 그렇다. 인간은 주변 세계를 보고 기억하고 인지하는 과정에서 특정한 구조적 편향systemic biases에 치우치는 경향이 있는데, 이 구조적 편향 때문에 실수를 저지르곤 한다. 예를 들어 오른손잡이는 건물에 들어설 때 오른쪽으로 돌아 들어가는 경우가 많다. 그 길이 가장 가까워서가 아니다. 그리고 우리 대부분은 숫자 7이나 푸른색 계통을 이유 없이 선호하는 경향이 있다. 무언가의 첫인상에 집착하는 태도도 이와 비슷하다. 그래서 시험을 볼 때도 처음 적은 답을 웬만하면 바꾸려 하지 않는다.

무엇을 기대하느냐에 따라 우리가 바라보는 세상과 그 속에서의 행동양식까지 달라지기도 한다. 한 조사에서 피험자들에게 낯선 남자를 소개한 뒤 그 남자의 직업이 트럭 운전사라고 알려줬다. 그러고 나서 남자의 몸무게를 물었더니, 피험자 대부분이 남자의 몸무게를 실제보다 무겁게 대답했다. 반대로 동일한 남자의 직업을 댄서로 소개받은 집단은 몸무게를 실제보다 가볍게 추측했다. 그날 저녁, 레스토랑에서 또 다른 실험을 했다. 레스토랑에 있던 사람들을 두 집단으로 나눈 뒤 카베르네 소비뇽 와인을 한 잔씩 시음하게 했다. 그리고 이들이 시음한 와인을 한 집단에는 캘리포니아산産으로, 다른 집단에는 노스다코타산으로 소개하고는 반응을 살폈다. 그러자 노스다코타산으로 소개받은 사람들은 상대적으로 와인을 많이 남겼고 식사도 일찍 끝냈다. 농부들처럼 세상 돌아가는 일에 비교적 덜 민감한 사람들을 대상으로 한 조사에서도 이와 유사한 경향이 드러났다. 지구 온난화 현상을 믿는 농부들은 실제 조사된 수치에 비해 해가 갈수록 기온이 급격히 높아지는 것 같다고 대답했다. 그렇다면 지구 온난화를 그다지 신뢰하지 않는 농부들은 어떻게 대답했을까? 그들은 농부가 된 이후로 체감한 기온 변화가 실제 기록치보다 적은 것으로 기억했다.

여기서 중요한 것은 사람들이 댄서보다 트럭 운전자가 더 뚱뚱할 것이라 생각한다거나 농부들의 체감기온이 실제 기온보다 높다는 사실 따위가 아니다. 중요한 것은 이런 조건들이 우리의 의식에 영향을 미쳐 편향bias을 만들어낸다는 점이다. 게다가 우리는 그 편향을 인식조차 하지 못한다. 이런 성향은 생각보다 너무 강력하게 작용해서, 우리가 자신의 편향성을 인지하고 있을 때조차도 그런 태도를 바꾸기 어렵게 만든다. 첫인상의 위력을 입증하는 한 가지 사례를 살펴보자. 시험에서 답을 바꾸는 행위에 대해 지난 80년 가까이 진행해온 조사에 따르면, 답을 바꿔서 틀리기보다는 정답을 맞히는 경우가 훨씬 많았다. 답을 바꾼 덕분에 시험 성적이 그만큼 향상되었다는 뜻이다. 학생 33명을 대상으로 한 조사에서도 비슷한 결과를 얻었다. 즉 답을 바꾼 학생 대부분이 정답을 찾았다. 그러나 이런 사실을 학생들에게 알려주고 나서 실제로 치른 시험에서도 학생들은 여전히 처음 썼던 답에 집착하는 것으로 나타났다. 투자자들이 주식 종목을 선택할 때도 이와 유사한 성향을 보였다. 특정 주식을 선택하는 것은 불합리하다는 설명을 들었으면서도, 투자자들은 선택에 주어진 시간의 70퍼센트를 그 종목으로 고민하는 데 허비했다.

:: 보이는 것이 전부는 아니다

이처럼 편향은 인간에게 깊이 내재되어 있다. 우리의 여러 가지 행동을 가능케 하는 다양한 특질 중 상당수는 실수를 유도하는 부정적 역할도 한다. 한 예로 우리는 상황을 재빨리 판단하고도 좋은 결과를 얻을 때가 있다. 찰나刹那의 순간에 상황을 훑어보고 그 의미나 핵심을 파악할 수도 있다. 그러나 이처럼 속사포 같은 분석에 의지하는 사람은 많은 세부 요소를 놓칠 수도 있다는 점을 감안해야 한다.

문제는 놓친 것을 생각지 못하고 눈으로 본 것만이 전부라고 생각한다는 데 있다. 할리우드에서 적절한 예를 찾을 수 있다. 영화는 보통 초당 24프레임의 속도로 노출되는 각각의 프레임을 조직화한 필름으로 만들어진다. 그러나 필름을 스크린에 투영하면 우리 눈에는 각각의 정지된 사진이 아니라 '움직이는' 사진으로 보인다. 이때는 시각적 착오가 문제 되지 않으며 오히려 이 착오 덕분에 우리는 영화를 편안하게 즐길 수 있다. 하지만 암 검진에서 방사선 검사를 하거나 공항 보안요원들이 폭탄이 숨겨진 화물을 검색하는 등의 경우에는 이 같은 시각적 착오가 치명적 결과를 낳을 수도 있다. 나중에 자세히 알게 되겠지만, 그들은 그들이 찾아내야 할 것 중 많은 부분을 놓치곤 한다.

:: 실수를 유발하는 환경

쉽게 말해, 우리 대부분은 스스로 확실히 안다고 여기는 것들을 실제로는 정확히 모른다. 그러나 세상은 우리가 그것들을 잘 알고 있는 것처럼 설계되어 있다. 예를 들어, 우리는 수많은 사용자 ID와 비밀번호를 외워야 한다. 복잡한 문자와 숫자를 외우느라 머릿속이 혼란스럽다. 한 실험 결과를 보면, 피험자들에게 비밀번호를 외우게 한 지 불과 일주일 만에 이들 중 30퍼센트가 비밀번호를 잊어버렸다. 또 석 달 뒤에는 65퍼센트 이상이 비밀번호를 기억하지 못했다.

한 번에 처리할 수 있는 정보량이 제한되어 있는 인간에게 멀티태스킹multitasking, 다중작업은 인간의 한계를 끊임없이 시험케 한다. 인간이 한 번에 처리할 수 있는 일의 양은 그 유형에 따라 달라지지만, 인간의 단기기억에는 한계가 있어서, 일반적으로 한 번에 서로 관계없는 다섯 가지 이상을 기억하기란 무리다. 당신은 자신의 자동차와 관련하여 얼마나 많은 것들을 기억하고 있는가? 내장 내비게이션? 자동운행 시스템? 충돌 경보장치? 사각지대 경고장치? 후방 카메라? 어린이를 위한 오락 시스템? MP3 플레이어? 핸즈프리 장치? 요즘 자동차에는 이처럼 다양한 장치들이 장착되어 있기 때문에 오히려 운전자를 산만하게 만들어 사고를 유발할 때도 많다. 이런 상황에서 자동차 사고가 나면 누구를 비난해야 할까? 운전자, 아니면 자동차?

같은 실수를 반복하는 이유는 책임을 엉뚱한 대상에 돌리기 때문이기도 하다. 원인을 정확히 밝혀내지 못하면 실수에서 아무런 교훈도 얻을 수 없다. 무언가 잘못되었을 때, 특히 문제가 심각할수록 다른 누군가에게 책임을 미루려는 본성이 발동한다. 그러나 문제의 원인을 찾기가 항상 쉬운 것은 아니다. 엄청난 실수를 했을 때 조사관들이 문제의 원인을 공정하게 조사할 수도 있다. 그러나 조사관들조차도 그들의 편향에서 자유로울 수 없다. 그래서 '무슨 일이 일어났는가?'라는 질문이 '왜 그 일이 일어났는가?'로 급격하게 대체되는 것이다. 전문가들은 이를 사후해석 편향hindsight bias, 후견편향後見偏向이라고 부른다. '후견'이란 그동안 불확실했던 것들을 사후에 명확하게 가려낸다는 의미이다.

많은 실수들이 시간이 지난 뒤 어리석게 여겨지는 것도 이런 이유 때문이다. 그뿐만 아니라 이런 실수들의 '해결책'마저도 어리석어 보이기 마련이다. 운전자가 대시보드 위의 GPS 기기를 만지작거리다가 사고를 냈을 때 사람들은 그 책임을 운전자에게 돌린다. 그러나 같은 사고가 또다시 반복되는 것을 피하려면 운전자를 바꾸기보다 자동차의 시스템을 바꾸는 편이 효과적이다.

사람들은 실수의 대가로 돈이나 심지어 생명을 빼앗기기도 한다. 의료계, 군대, 항공업계, 월스트리트 등이 대표적인 예다. 무언가 잘못되었을 때 이 분야의 사람들은 문제의 원인을 찾으려 한다. 그렇게 해서 찾은 실수의 원인들이 우리에게도 유용하게 적용될 수 있다. 내 경우를 보면, 언젠가 마취 안전성을 주제로 월스트리트 저널의 1면 기사를 작성할 때 이 같은 사실을 깨달을 수 있었다. 최근 개발된 마취학은 진보한 기술의 혜택을 많이 입었지만, 오랫동안 많은 마취의사들이 수술실에서 심각한 실수를 거듭해왔다. 그로 인해 환자들이 입은 피해는 끔찍했다. 장시간 계속되는 수술에 지친 의사가 환자의 호흡관이 제대로 꽂혀 있지 않은 것을 발견하지 못해 환자를 질식사로 내모는 일이 많았다. 또 특정 마취약이 유발한 부산물인 일산화탄소를 환자가 과다 흡입하여 사망하는 경우도 있었다. 비단 이 두 가지가 아니더라도, 환자를 마취시키는 데 사용하는 화학약품 중에는 폭발성 물질도 더러 있었다. 의사들은 정전기를 예방하기 위해 밑창이 고무로 된 신발을 신고 주머니 속에도 금속패드를 넣었다. 그런데도 이따금씩 폭발 사고가 일어나 환자와 의사 모두가 주검으로 발견되곤 했다.

안타깝게도 이런 의료사고는 의료과실이 정점에 달했던 1980년대 초까지 계속되었다. 이 무렵, 엘리슨 피어스Ellison C. Pierce 박사를 필두로 마취의사들은 근본적인 선택의 문제에 부딪혔다. 비난에 대처하든지 아니면 문제에 대처하든지 어느 하나를 선택하자는 공감대가 형성되기 시작한 것이다. 물론 선택은 후자였다.

돌이켜보면, 몇몇 해결책은 매우 효과적이었다. 마취장치를 오랫동안 거의 독점하다시피 생산해온 기업, 포드와 GM을 생각해보자.

두 기업에서 생산한 제품에는 결정적인 차이가 있었다. 포드에서 만든 마취약 조절 밸브는 시계 방향으로 돌려야 하는 데 반해 GM의 밸브는 반시계 방향으로 돌리도록 되어 있었다. 그 때문에 의사들이 착각해 밸브를 엉뚱한 방향으로 돌리는 일이 많았다. 이 문제를 해결하기 위해 장치를 표준화해야 했다. 이후 두 기업은 밸브 방향을 통일하여 문제를 해결할 수 있었다.

하지만 해결책을 찾기가 늘 이처럼 간단하지만은 않다. 마취의사들은 중요한 내용을 잊어버리지 않으려고 비행기 조종사들의 지침서에 실린 체크리스트와 같은 것을 사용하기 시작했다. 또 태도 수정attitude adjustment 기법도 받아들였다. 수술 과정에서 의사를 전적으로 신뢰하던 기존의 입장에서 탈피하여 의사가, 특히 마취의사가 잘못된 행동을 할 경우에 간호사와 다른 의료진이 과감히 지적하게 한 것이다. '권위의 수평화'라고 부르는 이 방식은 실제로 의사들의 실수를 줄이는 데 크게 기여했다. 이 모든 노력 덕분에 마취의사들은 자신들의 한계에 눈을 떴고 그 한계를 극복하는 방향으로 근무 환경을 개선하기 시작했다.

결과는 놀라웠다. 지난 20여 년 동안, 5천 명당 한 명 정도로 발생하던 사망자 비율이 20~30만 명당 한 명으로 40배 이상 줄었다. 다른 의료 부문에서는 의료사고 보험금이 계속 증가해왔지만 마취 부문에서는 그 반대였다.

이렇게 말하는 사람들이 있을지도 모른다. "잘됐네요. 하지만 내가 수술을 받지 않는 이상 그 사실이 내게 무슨 의미가 있을까요?"

그러나 그렇게 말하는 사람들에게도 이런 개선이 결코 의미 없지는 않을 것이다!

:: 어떻게 실수를 예방할 것인가

나는 마취의사들이 채택한 해법들을 살펴보면서 그들과 우리의 실수 사이에 어떤 연관성이 있는지 생각했다. 마취의사들뿐만 아니라 우리도 분명치 않은 환경에서 일하고 생활하면서 수많은 실수를 자초한다. 혹시 동네 슈퍼마켓에서 장을 보다가 가격표를 자세히 본 적이 있는가? 복숭아 통조림의 가격이 어떻게 표시되어 있었는지 기억나는가? 각각 25센트라는 가격표가 붙어 있었는가? 아니면 네 통에 1달러라고 적혀 있던가? 만약 후자였다면 당신은 필요 이상의 물건을 구입하도록 교묘하게 이용당하고 있다고 보아도 좋다. 한 조사에 따르면, 여러 개 단위로 가격표를 붙이는 것(네 통에 1달러)이 낱개로 가격표를 붙이는 것(한 통에 25센트)보다 매출을 32퍼센트나 높이는 것으로 나타났다.

살아가면서 복숭아 통조림을 너무 많이 샀다고 해서 큰 실수라고 할 것까지야 없지만, 이것이 무엇을 의미하는지는 이해할 필요가 있다. 슈퍼마켓 주인은 손님이 인식하지 못한 사이에 '4'라는 맨 처음에 적힌 숫자에 끌려 상품을 선택하도록 구매 방식을 교묘히 조작했다. 이런 현상은 복숭아 통조림 같은 작은 것을 선택할 때뿐 아니라 주택을 구입할 때와 같은 중요한 선택에서도 나타난다.

이제 헬스클럽 회원권을 잘못 고른 사례부터 골프용품점에서 퍼터를 잘못 선택한 일에 이르기까지, 일상에서 겪는 다양한 실수에 대해 살펴볼 것이다. 하지만 그 전에 먼저 확인해야 할 것이 있다. 실수mistake란 정확히 무엇을 말하는가? 사전에 실려 있는 포괄적 개념부터 살펴보자.

> 실수(mistake)「명사」
> 1: 무언가의 의미나 숨은 뜻을 잘못 이해하는 것. 2: 그릇된 판단, 부적절한 지식 또는 무관심 등으로 인한 그릇된 행동이나 진술.
> 동의어: error.*

얼굴을 기억하면서도 이름은 전혀 떠올리지 못하는 이유는 무엇일까? 여성과 남성이 자주 범하는 실수의 유형이 다른 이유는? 냉장고 문을 활짝 열어젖혀놓고도 그 속에 있는 맥주를 찾지 못하는 이유는? 기업이라고 해서 예외는 아니다. 신용카드 발급을 늘리기 위해 특별 금리 같은 미끼를 마구잡이로 적용하거나, 제대로 사용하지도 않을 사람인 줄 뻔히 알면서도 특별 혜택을 부여하는 이유는 무

* 일부 연구원들은 그릇된 전략이나 계획에서 유발되는 '중대한' 실수(mistake)와, 브레이크 대신에 액셀러레이터를 밟는 경우처럼 계획의 실행능력이 미숙한 데서 발생되는 '사소한' 실수(error)를 구분한다. 다른 일부는 진행 중인 실수와 결과를 통해 밝혀진 실수를 구분하기도 한다. 과정이 올바르더라도 결과가 잘못될 수 있다는 가능성을 인정하기 때문이나. 그러나 이런 구분이 유용할지 몰라도 이 책에서 논의하는 방향과는 본질적인 관련이 없다.

엇일까? 우리는 이 모든 현상의 원인을 살펴볼 것이다.

아울러 실수를 줄이기 위해 무엇을 할 수 있는지도 우리의 관심사다. 실수를 원천적으로 차단할 완벽한 예방책 같은 건 없다. 우리를 실수로 이끄는 여러 성향들은 이미 우리의 내면 깊이 자리하고 있기 때문에 밖으로 꺼내기가 쉽지 않다. 잘못된 정보이므로 당연히 무시해야 한다는 걸 알면서도 머뭇거리며 과감히 거부하지 못하는 것 역시 이런 이유 때문이다. 수백만 달러 규모의 거래 협상에서는 물론이고 부동산 구입부터 심지어 생필품 구매처럼 사소한 것에 이르기까지 일상의 모든 결정에서 이런 실수가 실제로 빈번히 일어난다.

하지만 실수를 예방하기 위해 비록 많지는 않더라도 우리가 할 수 있는 것들이 있다. 마취의사들이 준수하는 명확한 단계처럼, 우리가 취할 수 있는 몇 가지 행동요령이 분명히 있다. 한 예로 휴식을 충분히 취하는 것도 실수를 줄이는 좋은 방법이다. 잠을 제대로 못 잔 사람은 무모한 모험을 하는 경향이 있다(많은 카지노들이 24시간 개장하는 이유다). 충분히 쉬면 행복감도 높아진다. 행복감은 체계적인 사고와 유연한 문제 해결의 밑거름이다. 그뿐만 아니라 행복감은 지나친 낙관주의를 경계하게 만든다. 많은 사람들이 지나친 자신감 때문에 실수를 자초한다. 과신이야말로 실수의 주요 원인이다.

상황context의 역할을 이해하는 것도 매우 중요하다. 특히 무언가를 기억하기 위해서는 '상황'이 매우 중요한 역할을 한다. 기억이 '재생再生'되는 게 아니라 '재구성'되는 경우도 심심찮게 있다. 사람의 얼굴이나 일정 등 무언가를 기억하려 할 때는 처음 그 기억이 생겼던 때와 동일한 상황에 처해보면 도움이 된다. 고전적인 한 실험에서 학생들에게 스쿠버 복장을 착용하게 한 뒤 한 팀에게는 물속에서, 다른 팀에게는 육상에서 장비 이름을 설명했다. 예상대로 물에 젖은 채로 배운 학생들은 젖은 상태에서, 나머지 학생들은 육상에서 장비 이름을 더 잘 떠올렸다. 술을 좋아하는 학생들을 대상으로 한 실험에서도 결과는 동일했다. 술을 한두 잔 마신 뒤에 무언가를 배운 학생들은 맨정신보다 음주 상태에서 배웠던 내용을 더 잘 떠올렸다.

물론 우리가 물속에서 무언가를 배울 일은 거의 없다. 그러나 이 실험에는 우리 일상의 사소한 순간마저 풍요롭게 만들 수 있는 기본 원리들이 숨어 있다. 예를 들어 어제 공원에서 아이들과 산책을 하며 무언가를 이야기했다면, 아이들은 교실에서보다 공원에서 그 이야기를 더 잘 기억할 것이다. 자녀와 함께 직접 실험을 해보면 이것이 빈말이 아님을 알 것이다.

실수의 상당수는 이처럼 미묘한 요소들 때문에 발생한다. 인간에게는 줄일 수는 있어도 영원히 없앨 수는 없는 약점도 있다. 예컨대 무릎 경직이 그렇다. 그런데 특정 동작에서 무릎이 경직될 경우, 그 동작을 바꾸면 이 현상을 얼마든지 줄일 수 있다. 내가 바라는 것이 바로 이것이다. 앞으로 나눌 이야기를 통해, 나는 많은 사람들이 무릎 경직을 유발하지 않는 동작을 취하는 방법을 배우길 바란다. 못하는 것보다 잘하는 것에 초점을 맞추면 얼마든지 더 좋은 결과를 얻을 수 있다. 부디 모든 사람들이 인간의 한계를 충분히 인지해서 더 나은 삶을 가꾸어나가길 소망한다.

SOTP
delete
SHCOOL

01

인간은 보면서도
때로는 제대로
보지 못한다

WHY WE MAKE MISTAKES

한 남자가 바bar에 들어섰다. 그의 이름은 버트 레이놀즈Burt Reynolds*. 그렇다. 바로 그 버트 레이놀즈. 이때 그는 암 초기였지만 누구도 그 사실을 알지 못했다. 한쪽 구석에 앉아 있던 어깨가 큼직한 사나이도……

사나이와 의자 두 개를 사이에 두고 앉은 레이놀즈는 맥주와 토마토주스를 주문하고는 홀짝거리며 마셨다. 그때 사나이가 난데없이 주변 테이블에 앉아 있던 남자와 여자에게 시비를 걸기 시작했다. 레이놀즈는 사나이를 향해 말조심하라고 한마디 건넸다. 그러자 사나이가 레이놀즈를 향해 고개를 돌렸다. 그 후의 이야기는 나보다 레이놀즈에게서 직접 듣는 편이 나을 듯하다. 몇 년 전 『플레이보이』와의 인터뷰에서 그는 당시의 일을 이렇게 돌이켰다.

바닥을 내려다보며 오른발을 내디뎠습니다. 그러고는 오른발을 축으로 재빠르게 몸을 돌려 그 친구의 옆얼굴을 세게 날려버렸지요. 무시무시한 파열음과 함께 의자 위로 솟구친 그가 그대로 나가떨어지며 땅바닥

* 미국의 영화배우. ―옮긴이

에 등을 부딪쳤습니다. 족히 5미터는 날아갔지요. 그런데 그의 몸뚱이가 공중에 뜬 순간 나는 무언가를 보았습니다. 두 다리가 없더군요.

한바탕 소란이 일어난 뒤 바를 나서던 레이놀즈의 눈에 그제야 접어서 출입구 옆에 기대놓은 사나이의 휠체어가 들어왔다.

실수를 깨닫지 못한 상황에서는 다리 없는 사람을 날려버린 행위에 대해 죄책감을 느끼지 못할지도 모른다. 이 이야기를 비유적인 예로 든 이유는 다리가 아니라 눈을 강조하기 위해서다. 레이놀즈는 사나이 바로 옆에 앉아 있으면서도 보아야 할 것을 보지 못했다. 이런 식으로 인간이 실수하는 경우가 워낙 많기 때문에 연구원들은 '보고도 보지 못하는 결함'이라는 별칭까지 만들었다. 무언가 혹은 어떤 사람을 바라볼 때 우리는 볼 것을 다 보았다고 생각한다. 그러나 실제로는 그렇지 않다. 다리나 휠체어 같은 작은 것을 놓치는가 하면 문이나 교각 같은 큰 것조차 보지 못할 때도 있다.

:: 인간은 보는 것의 일부만을 인식한다

왜 이런 현상이 일어나는지를 이해하면 눈과 그 기능에 대해서도 무언가를 깨달을 수 있다. 눈은 카메라가 아니다. 눈은 대상을 '사진'처럼 인식하지 못한다. 또한 모든 것을 한 번에 인식할 수도 없다. 전체 시야에서 일정 시간에 정확히 인식할 수 있는 범위는 일부에 불과하다. 예를 들면 적정 시거리에서 명확히 바라볼 수 있는 시야의 범위는 전체의 4분의 1에 지나지 않는다. 따라서 우리 눈은 1초에 세 번씩 대상을 바라보고 이동하고 정지하면서 범위의 한계에 대응한다.

눈을 움직여 바라보는 대상은, 보는 이가 누구냐에 따라서도 달라진다. 예컨대 같은 대상을 바라보면서도 실제로 남자와 여자가 보는 대상은 다르다. 소매치기가 여자의 지갑을 낚아채는 장면을 포착할 때, 여자는 소매치기 당하는 여자의 외모와 행동을 눈여겨보는 데 비해 남자는 도둑의 인상착의를 더 세밀히 살핀다.

또 오른손잡이는 왼손잡이에 비해 대상의 방위를 더 정확히 인식하는 것으로 조사되었다. 몇 년 전, 헤일 봅 혜성이 저녁 하늘을 화려하게 수놓았을 때 영국의 연구진이 오른손잡이와 왼손잡이를 대상으로 혜성이 어느 방향으로 움직였는지 물었다. 그러자 오른손잡이들이 훨씬 더 정확하게 기억했다. 오른손잡이와 왼손잡이는 회전 방향의 선호도를 예측하는 중요한 바탕이기도 하다. 미국인들을 대상으로 교차로에서 어느 방향으로 돌고 싶은지를 묻는 질문에 오른손잡이들은 오른쪽을, 왼손잡이들은 왼쪽을 선호했다. 한 조사를 시행한 연구진이 내린 결론도 이와 유사하다. "상점이나 은행 같은 곳에서 줄을 설 때 조금이라도 짧은 줄을 찾고 싶다면 왼쪽부터 살펴보아야 합니다."

:: 전문가와 초보자의 시선 차이

우리가 바라보는 대상은 부분적으로 '우리가 누구냐'뿐 아니라 '우리가 무엇을 하는 사람이냐'에 따라 달라지기도 한다. 연구에 따르면, 동일한 광경을 바라보아도 인식하는 방식은 사람마다 다르다고 한다. 당신을 골퍼라고 가정해보자. 골퍼 중에서도 실력이 뛰어나서 핸디캡이 아주 낮은 사람이다. 당신은 실력이 신통치 않은 친구와 골프를 치기로 약속했다. 티오프tee off를 하고 페어웨이를 거쳐 퍼팅을 할 시간이다. 당신과 친구가 그린에 놓여 있는 공을 바라보는 시간은 같을까?

아마도 아닐 것이다.

왜? 전문가와 초보자는 대상을 바라보는 눈이 다르기 때문이다. 그 차이는 '시선고정 시간quiet-eye time'에서 비롯된다. 시선고정 시간이란 인간의 운동 반응motor response을 신체에 정확히 입력하는 데 필요한 시간으로, 목표물을 마지막으로 훑어본 순간부터 신경계가 처음으로 가동하기까지의 시간을 말한다. 연구진은 농구의 자유투에서 사격의 격발에 이르기까지 여러 스포츠 종목에서 전문가와 초보자 사이에 시선고정 시간이 매우 다르다는 사실을 확인했다. 그뿐만 아니라 전문가에게는 시선을 오래도록 고정하는 능력이 있다는 점도 알아냈다.

퍼팅을 앞둔 몇 초 동안, 실력이 뛰어난 골퍼들은 골프공을 상당히 오랫동안 응시하며 클럽이나 다른 곳으로 시선을 돌리지 않는다.

반면에 실력이 낮은 골퍼들은 공을 오랫동안 보지 못하고 클럽으로 자주 시선이 갈 때가 많다. 프로 골프 선수에게는 시력이 매우 중요하다. 타이거 우즈를 포함하여 PGA 투어 우승 경력의 선수 여덟 명 이상이 시력을 1.3 이상으로 교정하기 위해 라식 수술을 받았다. 스포츠웨어 전문기업인 나이키는 빛의 산란을 예방하는 IC 퍼터를 출시하기도 했다. 140달러에 출시한 이 모델의 샤프트와 그립은 모두 초록색이지만(그린 색깔에 맞춰 시선의 혼란을 예방했다), 블레이드의 리딩에지 부분과 T자형의 얼라인먼트 라인은 흰색으로 만들어 공과 맞닿는 클럽 부분에 골퍼의 시선이 집중되게 했다.

:: 주의맹 효과

전문가든 초보자든, 심지어 시력이 완벽한 사람이라 하더라도 자신도 모르게 스쳐가는 맹점blindness에서 자유로울 수는 없다. 맹점 중에서도 매우 황당한 것으로 주의맹注意盲, change blindness이라는 것이 있다. 주의맹이란 눈 깜빡임 같은 사소하고 순간적인 시선 혼란으로 인해 그 장면에 나타나는 중대한 변화를 알아채지 못하는 현상을 말한다.

주의맹 효과는 10여 년 전 코넬 대학교의 대니얼 사이먼스Daniel Simons 교수와 대니얼 레빈Daniel Levin 교수가 시행한 재미있는 실험에서 명확히 드러났다. 실험은 간단했다. '이방인들'을 대학 캠퍼스에 불러서 보행자(학생)들에게 길을 묻게 했다. 물론 이것이 실험의 전부는 아니다. 이방인과 보행자가 대화를 나누는 사이에 문짝을 옮기는 두 남자가 대화를 방해하게 했다. 방해 시간은 1초에 불과할 정도로 짧았지만 그 사이에 놀라운 일이 일어났다. 문짝을 옮기던 한 남자와 이방인이 역할을 바꿨는데도 보행자는 그 사실을 깨닫지 못한 채, 마치 아무 일도 없었다는 듯이 다시 길을 설명하기 시작했다. 그 보행자는 정말로 자기 앞에 서 있던 사람이 바뀐 사실을 알지 못했을까?

그럴 가능성이 매우 높다.

실험 결과, 지나가던 학생 열다섯 명 중에서 상대방이 바뀐 사실을 인식한 경우는 일곱 명에 불과했다.

:: 영화 속의 오류

이쯤 되면 이렇게 항변할지도 모른다. "그게 말이 됩니까? 나라면 그런 변화는 당장 알아챘을 겁니다." 물론 그럴 수도 있다. 하지만 이것도 한번 생각해보자. 당신은 지금껏 주의맹 효과 실험에서와 같은 변화를 수없이 겪으면서도 알아채지 못했을지도 모른다. 어디서? 영화에서 말이다. 영화 속의 장면들은 한 번에 연이어 촬영하지 않고 몇 개월 또는 몇 년의 시차를 두고 촬영한다. 그래서 영화 속에는 연속성 오류continuity error라고 불리는 어쩔 수 없는 실수들이 발생한다.

연속성 오류는 영화 산업계의 오랜 골칫거리였다. 할리우드의 초대작 〈벤허〉가 대표적인 예다. 1959년에 제작된 이 작품은 벤허 역의 찰턴 헤스턴을 세계적인 스타로 만들었으며 아카데미상 일곱 개 부문 수상이라는 역대 최다 수상을 자랑했다. 그러나 이 영화에는 그 유명한 마차 경주 장면을 포함하여 여러 곳에서 옥에 티가 발견된다. 〈벤허〉는 7분간 계속되는 마차 경주 장면을 촬영하는 데만 거의 석 달이 소요되었다고 한다. 경주 도중에 메살라가 바퀴 중심에 부착된 뾰족한 무기로 벤허의 마차를 손상시킨다. 그러나 경주의 마지막 장면을 자세히 보면 벤허의 마차는 멀쩡한 상태임을 알 수 있다. 또 마차의 수도 들쭉날쭉이다. 경주를 시작할 때는 모두 아홉 대였고 경주 도중에 여섯 대가 파괴된다. 따라서 마지막에는 석 대가 남아야 하지만 실제로는 넉 대가 등장한다.

할리우드에서는 이런 실수를 방지하기 위해 전문가까지 동원한다. '컨티뉴어티 에디터continuity editor' 또는 '스크립트 슈퍼바이저script supervisor'라는 공식 명칭으로 불리는 이 역할은 주로 여성이 맡기 때문에 '스크립트 걸script girl'이라는 애칭으로 불리기도 한다. 하지만 그들도 모든 실수를 다 찾아내지는 못한다.

"인간으로서는 불가능한 일입니다." 다큐멘터리에서 단편영화, 장편영화, 심지어 쿵푸 액션영화에 이르기까지 다양한 장르에서 스크립트 슈퍼바이저로 활동한 클레어 휴잇의 말이다. 그녀의 말을 빌리면, 각 장면을 보며 할 수 있는 최선은 가장 눈에 띄는 것들만을 발견해내는 것이라고 한다.

스크립트 슈퍼바이저로서 휴잇이 범한 가장 큰 실수는 두번째 영화에서였다. 한 아파트에서 이웃하며 사는 남자와 여자의 이야기를 다룬 단편영화였다. 집이 다르니 촬영도 각자의 집에서 하는 게 당연했지만 제작자는 편법을 썼다. 제작비를 아끼기 위해 한 집에서 실내장식만 바꿔가며 촬영했던 것이다.

그런데 결정적인 장면에서 문제가 생겼다. 그것도 하필이면 영화의 하이라이트인 남자와 여자가 만나는 대목에서였다. "여자가 현관문에 기대고 있다가 남자가 복도로 나서는 소리를 듣고 자신도 현관문 밖으로 나오는 장면이 있습니다. 그런데 현관문이 엉뚱한 방향으로 열렸지요!" 휴잇의 말이다.

이 문제를 발견한 사람은 휴잇 자신이 아니라 엄마의 남자친구였다. "사람들은 유독 이런 걸 좋아합니다. 남들이 모르는 것을 찾아내는 것 말이에요." 아니나 다를까 웹사이트에 이 장면을 지적하는 댓글이 넘쳐났다. 여기서 휴잇은 소중한 교훈을 얻었다. 모든 사람들이 알고 있는 실수가 정작 이 문제를 찾아내려는 사람에게는 보이지 않을 수도 있음을 깨달은 것이다.

겨우 문 열리는 방향 같은 사소한 문제에 누가 신경을 쓰겠느냐고 말할 사람도 있을 것이다. 하지만 사소한 문제가 아니라 더 크고 심각한 실수라면 어떨까?

레빈과 사이먼스가 그 해답을 찾으려 했다. 두 사람은 직접 영화를 만들기로 했다. 이번에 달라진 것은 '배경'이 아니라 '배우'였다.

한 남자가 텅 빈 교실에서 걷다가 빈자리에 앉는 장면이 나온다. 남자가 의자에 앉은 이후의 장면부터는 다른 배우로 교체하여 촬영하고 영화를 마무리했다. 이 영화를 학생 40명에게 보여준 결과, 배우가 바뀐 사실을 인지한 학생 수는 3분의 1에 불과했다.

:: 인간은 상대가 아닌 자기 자신을 본다

어떤 대상을 바라볼 때 우리는 그것을 자세하게 파악할 수 있으며 그 변화도 충분히 인식할 수 있다고 확신한다. 사이먼스는 그 때문에 주의맹이 한층 흥미로워진다고 말한다. "그래서 사람들은 무언가가 달라지더라도 자동으로 인식할 수 있다고 생각합니다." 레빈과 사이먼스는 '문짝 실험'의 일환으로 학생 50명을 대상으로 또 다른 조사를 했다. 먼저 학생들에게 실험 내용을 설명한 뒤 이방인과 문짝 작업자가 바뀐 사실을 알아챌 수 있으리라고 생각하는 학생들은 손을 들라고 했다. 그러자 50명 전원이 손을 들었다.

사이먼스는 인간의 눈이 명확하게 볼 수 있는 각도는 겨우 2도 정도에 불과하다고 말한다. 주먹을 쥔 채로 팔을 쭉 뻗어 엄지손가락을 세웠을 때, 엄지손가락의 폭과 눈이 이루는 각도가 약 2도이다. 이제 영화관에서 화면을 향해 엄지손가락을 세워보자. 선명하게 볼 수 있는 부분이 얼마나 좁은지를 깨닫게 될 것이다. 그 시야를 넘어서는 순간부터 사물은 점점 흐려지기 시작한다.

우리는 많은 것들을 '주변 시야peripheral vision'에서 인식한다. 〈펭귄—위대한 모험〉처럼 아이맥스 영화관의 대형화면용 영화를 제작하는 이유도 인간에게 주변 시야가 존재하기 때문이다. 그러나 주변 시야에서 인식하는 대상은 광범위한 반면에 선명하지 않다고 사이먼스는 말한다. "아이맥스 영화관에서 펭귄의 모습을 자세히 볼 수는 없습니다."

세부 요소들을 얼마나 발견할 수 있는가는 우리가 스스로를 어떻게 인식하고 있느냐에 따라 달라진다. 예컨대 '문짝 실험'에서 사이먼스와 레빈은 상대방이 바뀐 사실을 전혀 눈치채지 못한 일곱 명의 학생들에게서 공통점을 발견했다. 이들은 모두 실험에 등장한 '이방인'과 비슷한 또래였다. 사회심리학적 견해에 따르면 이런 현상은 그리 놀랄 만한 것이 아니다. 사회심리학자들은 사람들이 자신이 소속된 사회집단과 성향이 다른 사회집단의 사람들을 대할 때면 행동을 달리한다고 말한다. 예를 들어 흑인은 같은 흑인을 만날 때와 다른 인종집단의 사람을 만날 때 말과 행동이 달라진다. 부자가 가난한 사람을 만날 때, 젊은 사람이 노인을 만날 때, 남자가 여자를 만날 때도 마찬가지다. 그런데 왜 사이먼스와 레빈은 '타인을 대하는 방식의 차이'를 '자신을 바라보는 방식'으로 확대했을까?

해답을 얻기 위해 두 사람은 '문짝 실험'에서 동원한 '이방인들'을 대상으로 또 다른 실험을 했다. 이번에는 이방인들이 평상복이 아니라 건설 노동자의 작업복을 입고 안전모까지 쓰게 했다. 그리고 자신과 비슷한 또래로 보이는 학생들을 찾아 길을 묻게 했다. '건설 노동자들'이 만난 학생(보행자)은 모두 열두 명이었다. 그 학생들 중에서 문짝이 다가올 때 상대방이 바뀐 것을 눈치챈 경우는 네 명에 불과했다. 그런데 이방인들이 평상복을 입었을 때와 작업복을 입었을 때 학생들의 인식 수준에는 차이가 있었다. 학생들은 이방인을 자신과 다른 부류의 사람으로 인식했다.

이방인이 바뀐 사실을 눈치채지 못한 한 여학생은 실험 후의 인터뷰에서, '건설 노동자'를 만난 건 알겠지만 다른 것은 기억나지 않는다고 대답했다. 즉 이 여학생은 이방인을 자연스럽게 건설 노동자로 분류했을 뿐 그 사람의 정체성을 형성하는 다른 세부 요소들은 전혀 기억하지 못했다. 이른바 고정관념이 작동한 것이다. 다시 말해 상대방에게서 볼 수 있는 시각적 세부 요소들을 그 부류에 대한 추상적인 이해로 대체한 것이다.

나중에 다시 살펴보겠지만, 인간은 평소에도 대상을 훑어볼 때가 많다. 훑어본다고 해서 항상 문제가 되는 것은 아니다. 길거리에서 낯선 건설 노동자와 스쳐 지나갈 때 굳이 그 사람의 얼굴을 꼼꼼히 살필 필요는 없다. 결국 그 사람이 '누구인가'를 정확히 아는 것보다 '무엇을 하는 사람인가' 하는 정도만 알아도 충분하다. 상대방을 대할 때 이 정도만 인식하고 있어도 살아가는 데 문제는 없다. 하지만 문제는 보지 못하고도 보았다고 생각한다는 점이다. 훑어보고도 자세히 보았다고 착각하기 때문이다.

:: 테이블 회전 실험

주의맹 같은 시각적 착오를 잘 알고 있다고 해서 그 영향에서 자유로울 수는 없다. 인간이 지닌 근본적인 한계를 극복하기 어렵다는 뜻이다. 이 말에 동의할 수 없다면 아래 그림의 두 테이블을 잘 살펴보자.

어느 것이 더 커 보이는가?

정답은 '차이가 없다'이다. 믿기 어렵겠지만 두 테이블은 크기와 형태가 완벽히 일치한다. 그래도 동의할 수 없다면 왼쪽 테이블 윗면의 길이에 맞춰 종이를 오린 뒤 오른쪽 테이블에 갖다 대보라.*

흥미로운 사실은, 이것이 착시현상임을 알고 난 뒤에도 아무것도 달라지지 않는다는 점이다. 여러 번 다시 쳐다봐도 두 그림의 모양은 여전히 달라 보인다.

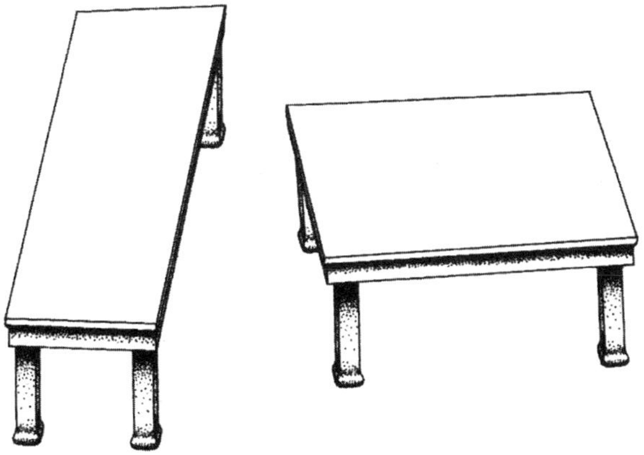

* 아니면, 마이클 바흐의 웹사이트 www.michaelbach.de/ot/sze_shepardTables/index.html에 접속하면 움직이는 증거 영상을 확인할 수 있다.

이 테이블 실험은 스탠포드 대학교의 로저 셰퍼드Roger N. Shepard 교수가 고안했다. 어려서부터 장난기가 많았던 그는, 중요한 논점을 설명하기 위해 이런 착시현상을 자주 이용했다. '테이블 회전'이라고 이름 붙인 이 착시모델은 지각의 왜곡현상이 우리의 신경계에도 깊이 자리하고 있을 뿐 아니라 왜곡현상이 거의 반사적으로 일어난다는 사실을 입증한다. 그 결과, 눈앞에 있는 대상을 있는 그대로 바라보고 싶어도 우리 마음대로 할 수가 없다. 서로 달라 보이는 두 테이블이 정확히 일치한다고 누군가 얘기해주어도 우리는 무엇이 잘못되었는지 깨닫지 못한다. 착오를 일으키고도 그 사실을 알지 못하는 것이다.

:: 사라진 맥주

찾는 대상일수록 눈에 더 잘 띄는 법이다. 기대하지 않는 것은 눈에 잘 띄지도 않는다. 그리고 자주 보는 것들이 눈에 잘 띄고, 자주 보지 않는 것들은 있어도 보이지 않는다.

"자주 찾지 않는 것들은 찾기 어려울 때가 많습니다." 하버드 의대 안과학 교수 제러미 울프Jeremy M. Wolfe 박사의 말이다. 울프 박사는 시각 탐색visual search 분야의 권위자이다. 이 분야의 연구원들은 '냉장고 속 맥주'로 잘 알려진 현상에 대한 해답을 얻으려 노력했다. 우리는 찾으려는 것을 실제로 어떻게 찾아낼까?

해답은 생각처럼 간단하지 않다. 냉장고 문을 열고 맥주를 찾을 때 우리는 특정 선반부터 눈여겨본다. 맥주가 늘 그 선반에 놓여 있다고 생각하기 때문이다. 그런데 맥주가 있던 그 자리에 다른 것이 놓여 있다면 어떨까? 이때는 맥주병이나 맥주캔과 유사한 형체를 찾아 냉장고를 뒤적이게 된다. 그런데 버드와이저를 닮은 코카콜라 캔처럼 맥주와 비슷한 형태의 다른 음료가 냉장고에 있다고 가정해 보자. 이때는 원하는 맥주를 찾기 위해 한참 동안 냉장고를 뒤적거리게 된다.

:: 중단 한계점

앞에서 살펴보았듯이 제대로 '보는 것'조차도 어려운 일이다. 얼마나 어려운지 인식조차 할 수 없을 정도이다. 늘 무언가를 바라보며 생활해온 우리에게는 보는 것이 너무나 자연스럽다. 그저 눈을 감았다 뜨면 세상이 보인다. 그러나 맹인으로 살아오다가 시력을 얻은 사람들에게는 보는 법을 배우는 일이 무척이나 어려운 숙제다. 2차 세계대전이 발발하기 전, 독일의 학자 마리우스 폰 젠덴Marius von Senden은 백내장으로 시력을 잃었다가 수술로 다시 회복한 사람 100여 명을 모집하여 보고서를 작성했다.

그들 중 상당수는 보는 법을 배우는 일이 너무도 고통스러웠다고 말했다. 한 남자는 과감히 런던 거리로 나서긴 했지만 갑자기 확대

된 시야에 압도되어 더 이상 앞을 볼 수 없었다고 털어놓았다. 다른 한 남자는 거리를 판단하기가 어렵다고 토로했다. "그래서 그는 한쪽 신발을 벗어 앞쪽 저만치에 던진 다음 거리를 가늠하려 했습니다." 폰 젠덴의 말이다. "몇 걸음 걸어가서 신발에 도달하면 다시 신고, 도달하지 못하면 다시 한두 걸음을 걷는 식으로 거리를 가늠하더군요." 보는 방법을 배우기가 얼마나 어려운지 한 소년은 두 눈을 사정없이 문지르기도 했다. 다른 많은 사람들도 낙담한 채 아예 눈을 감아버리는 일이 많았다.

잘 보이지 않는 무언가를 찾으려 할 때도 이와 비슷한 현상이 일어난다. '냉장고 속 맥주' 실험의 울프 박사와 동료들이 보스턴에 있는 한 여성병원의 주의력 검사실에서 조사를 했다. 자원한 피험자들에게 수천 개의 영상을 보여주는 실험이었는데, 모든 영상의 배경에 다른 영상들을 빽빽하게 채운 다음(냉장고 속) 렌치나 해머 같은 공구의 영상(맥주)을 보았는지 못 보았는지를 보고하게 했다.

공구 영상을 수시로 띄웠을 때(전체 영상의 절반)는 피험자들이 공구 영상을 찾아내지 못하는 비율이 전체 시도 횟수의 7퍼센트에 불과했다. 그러나 공구 영상을 띄엄띄엄 띄울 때(100개의 영상에 하나씩)는 그 비율이 급격히 낮아져 실수하는 비율이 30퍼센트에 이르렀다.

왜 그랬을까? 포기했기 때문이다. 울프 박사는 피험자들에게서 중단 한계점을 발견했다. 즉 영상 찾기를 중단하기까지 일정한 시간이 걸린다는 사실을 발견한 것이다.

공구 영상이 있는지 없는지를 제대로 맞추지 못한 경우에는 판단 속도도 늦어졌고, 제대로 판단했을 때는 판단 속도가 점점 빨라졌다. 그런데 공구 영상을 수시로 띄운 실험에 참여한 피험자들은 '없다'고 적당히 말하더라도 맞을 확률이 높았기 때문에 판단 속도도 빨랐고 중단하기까지의 시간도 짧아졌다. 그리고 얼마 지나지 않아 그들은 채석장을 떠나는 프레드 플린스톤*처럼 유유히 실험장을 떠나갔다.

울프 박사의 연구에 참여한 피험자 대부분은 영상 판단에 필요한 평균 시간을 채우지 못한 채 실험을 종료했다. 앞서 폰 젠덴의 연구에 참여한 맹인 출신들이 보기를 거부한 것과 유사한 현상이었다.

울프 박사는 이 실험에서 얻은 교훈이 다른 상황들에도 적용된다고 말한다. 즉 사람들은 표적을 손에 넣기 어려울 것으로 판단될 때는 서둘러 중단하는 경향이 있다. 그러고서도 아무런 문제도 없는 것처럼 말한다. "제 생각은 그래요. 가당치도 않은 것을 찾아 많은 시간을 허비하는 일 자체가 어리석은 것 아닌가요?"

:: "총은 머리 위 수납함에 넣어주세요!"

물론 있지도 않을 것 같은 물건을 찾는 데 많은 시간을 소비해도

* 영화 〈고인돌 가족〉의 주인공. —옮긴이

되는 직업이라면 얘기는 달라진다. 한 예로 총이나 종양을 찾아내는 것이 당신의 직업이라면 어떨까? 이런 직업에 종사하는 사람들은 시간이 얼마가 걸리든 쉽게 포기하지 않는다.

공항의 수하물 검색요원들이나 병원의 방사선 전문의들은 좀처럼 눈에 띄지 않는 것을 찾아내기 위해 많은 시간을 투자한다. 방사선 전문의들의 경우, 유방 X선 사진에서 종양을 발견하는 비율은 0.3퍼센트에 불과하다. 바꾸어 말해, 나머지 99.7퍼센트에서는 종양을 찾을 수 없다는 뜻이다. 총은 더 드물다. 미국 교통안전청TSA 자료에 따르면, 2004년 한 해 동안 미국에서 비행기를 이용한 인구는 6억 5천만 명에 달했다. 반면에 검색대에서 총을 발견한 사례는 598건에 불과했다. 승객 약 100만 명당 한 명의 비율로 총을 휴대했다는 뜻이다.

예상하듯이 두 직업군에서는 오류율이 매우 높다. 몇몇 조사에 의하면, 방사선 전문의들이 종양을 '놓치는' 사례가 무려 30퍼센트에 이른다고 한다. 게다가 암의 유형에 따라서 그 수치가 훨씬 높아질 수도 있다. 실제로 놀라운 조사 결과도 있다. 메이요 의료원Mayo Clinic 의사들이, 과거에는 '정상'으로 판별되었지만 이후 폐암에 걸린 환자들의 X선 사진을 다시 검사했다. 그러자 무시무시한 결과가 나왔다. 과거에 문제가 없었던 것으로 판명되었던 사진들의 90퍼센트에서 종양이 발견되었다. 그뿐만 아니라 연구진은 당시의 암이 이미 '수개월에서 길게는 수년까지' 진행된 상태였다는 사실도 알아냈다. 방사선 전문의들이 무심코 놓친 것이다.

미국 정부는 수하물 검색요원들이 범하는 실수와 관련하여 전국 공항의 자료를 공개하려 하지 않는다. 그러나 2002년의 조사에서는 총 네 정에 한 정꼴로 검색에 실패하는 것으로 나타났다. 2년 뒤에 뉴어크 공항에서 실시한 2차 조사에서도 결과는 처음과 거의 동일한 25퍼센트의 검색 실패율로 드러났다. 또 2006년에는 시카고 오헤어 국제공항에서 미국 교통안전청의 비밀요원들이 폭발물이나 폭탄을 숨겨 검색대를 통과한 비율이 60퍼센트에 달했고, 로스앤젤레스 국제공항에서 실시한 동일 조사에서는 그 수치가 70퍼센트로 악화되었다.*

고도의 훈련을 받은 이들 검색요원들은 삶과 죽음의 문제를 다루고 있다는 점에 주목해야 한다. 그렇다면 우리 같은 보통사람들은 어떨까? 우리를 둘러싼 세상에서 벌어지는 중요한 일들을 우리는 얼마나 인지할 수 있을까? 우리를 공격하는 누군가의 얼굴이라도 제대로 기억할 수 있을까?

* 교통안전청 대변인은 포괄적 검색 조사를 벌인 2006년 이후로 적발 비율이 증가했다고 발표했다. 그러나 "조사 결과를 공개하는 것은 적절치 않다"(시카고 선타임스 2007년 10월 19일자)라는 이유로 정확한 수치를 밝히길 거부했다.

SOTP
delete
SHCOOL

02

인간은
의미를
추구한다

저명한 심리학자 해리 바릭Harry Bahrick이 1970년대에 획기적인 연구를 시행했다. 이 연구는 최근에 반창회에 참석했거나 참석할 의사가 있는 사람들에게 이정표 역할을 한다. 바릭과 동료들은 고등학교를 졸업한 지 오래된 수백 명에게 졸업앨범을 살펴보고 급우들의 얼굴을 기억할 수 있는지 물었다. 이 연구는 인간의 기억력이 지닌 속성을 입증하는 하나의 근거를 제시했다. 학교를 졸업한 지 수십 년이 지났지만 그들은 과거 급우들의 얼굴을 대부분 기억해냈다. 졸업 후 반세기를 보낸 사람들도 급우들을 평균 73퍼센트나 기억했다.

그러나 얼굴이 아닌 이름을 기억할 수 있는지를 물었을 때는 상황이 완전히 달라졌다. 졸업한 지 50년 가까이 지난 그들이 기억하는 급우의 이름은 18퍼센트에 불과했다. 이유야 어떻든, 이름이 기억 속에 잘 자리 잡지 못하거나 부분적으로만 기억되는 까닭에 우리를 밥Bob을 롭Rob으로 부르는 등의 실수를 할 때가 많다.

:: 의미가 중요하지 세부 요소는 중요치 않다

얼굴은 기억하면서도 그 얼굴에 따라다니는 이름을 기억하지 못하는 이유는 무엇일까? 기억력에 관한 한 의미meaning가 가장 중요하다는 사실이 한 가지 해답이 될 수 있다. 알다시피 인간의 장기기억력은 완전하지 못하다. 게다가 장기기억은 다분히 의미 중심적이다. 우리가 일상 사건들에 대해 기억을 떠올릴 때 그 사건의 표면적인 세부 요소보다는 의미를 기억한다는 뜻이다. 동전을 예로 들어보자. "동전의 형태를 얼마나 정확히 기억합니까?" 레이먼드 니커슨Raymond Nickerson과 메릴린 애덤스Marilyn Adams라는 두 학자는 그들이 시행한 유명한 실험에서 실제로 피험자들에게 이렇게 물었다. 결과는 놀라웠다. 아마 당신도 그 결과를 알면 무척 놀랄 것이다.

실험에서 니커슨과 애덤스는 피험자 스무 명에게 간단히 동전의 앞뒷면을 그려보라고 요청했다. 피험자들이 모두 그림을 그리고 나서 두 사람은 동전 앞면의 링컨 옆얼굴 위치나 링컨 기념관 위치 등 여덟 가지 주요 특징들을 기준으로 등급을 매겼다.

결과는 실망스러웠다. 피험자들 중에 여덟 가지 특징을 빠짐없이 기억하여 묘사한 사람은 열렬한 동전 수집가 한 명뿐이었다(동전에 관심이 많은 만큼 이런 특징들이 그에게 특별한 의미가 있었을 것으로 추정된다).

동전의 여덟 가지 특징 중에 피험자들이 그 형태와 위치를 정확히 기억한 것은 평균 세 가지에 불과했다. 더욱이 동전 앞면에서 링컨

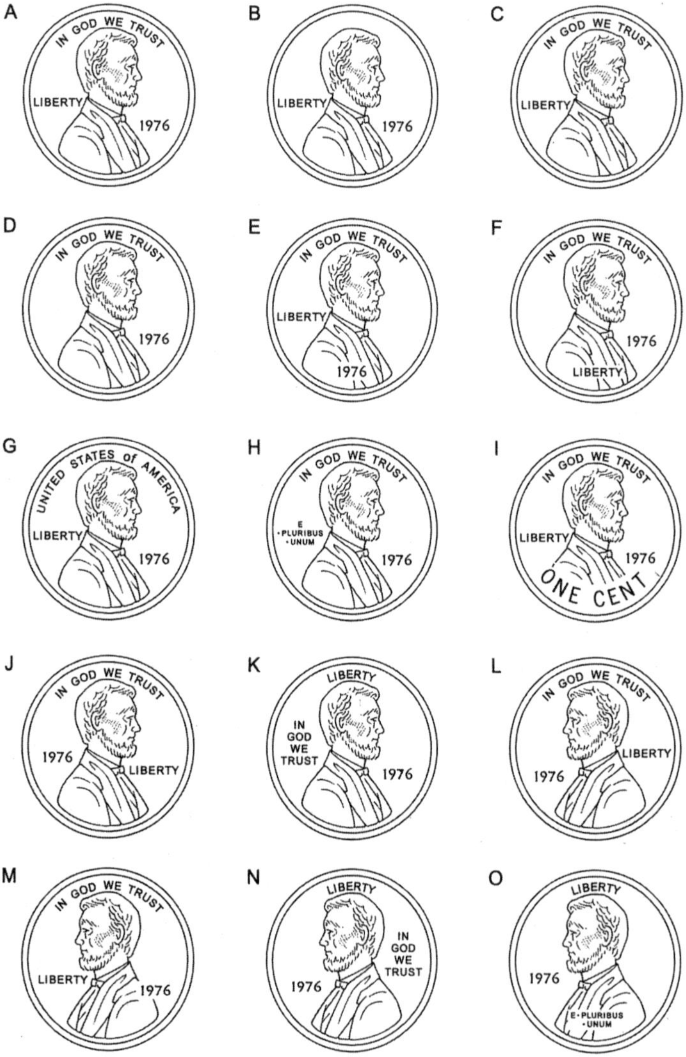
A
IN GOD WE TRUST
LIBERTY
1976
B
LIBERTY
1976
C
IN GOD WE TRUST
LIBERTY
D
IN GOD WE TRUST
1976
E
IN GOD WE TRUST
LIBERTY
1976
F
IN GOD WE TRUST
1976
LIBERTY
G
UNITED STATES of AMERICA
LIBERTY
1976
H
IN GOD WE TRUST
E
·PLURIBUS
·UNUM
1976
I
IN GOD WE TRUST
LIBERTY
1976
ONE CENT
J
IN GOD WE TRUST
1976
LIBERTY
K
LIBERTY
IN
GOD
WE
TRUST
1976
L
IN GOD WE TRUST
LIBERTY
1976
M
IN GOD WE TRUST
LIBERTY
1976
N
LIBERTY
IN
GOD
WE
TRUST
1976
O
LIBERTY
1976
E·PLURIBUS
·UNUM

의 옆얼굴 왼쪽에 적힌 'Liberty'라는 단어를 기억하지 못하는 경우가 대부분이었다.

니커슨과 애덤스는 동전 그리기 실험에서 얻은 결과를 바탕으로 몇 가지 실험을 이어서 진행했다. 특히 그중에서도 두 사람이 가장 궁금해 했던 점은 '동전의 형태를 정확히 기억하지 못하는 사람들이 과연 엉터리 동전들 중에서 진짜 동전을 구별해낼 수 있을까?' 하는 것이었다.

이를 위해 새로 피험자들을 모집하여 동전 앞면이 그려진 그림 열다섯 가지를 보여주었다. 그중 하나만 진짜였고 나머지는 모두 엉터리였다. 피험자들의 과제는 진짜 동전 그림을 골라내는 것이었다.

이번에도 결과는 실망스러웠다. 열다섯 가지 중에서 진짜(A)를 찾아낸 비율은 절반도 채 되지 않았다.

이 결과에 대해 미국인 특유의 기질 탓이라고 치부할 사람도 있을 것이다(실제로 미국인은 다른 문화권 사람들에 비해 관찰력이 떨어진다는 주장도 있다). 하지만 그런 것 같지는 않다. 영국에서 영국동전으로 실험했을 때는 미국에서보다 결과가 더 우울했다. "미국 동전보다 영국 동전의 디자인을 기억하는 실험에서 결과가 더 실망스러웠다." 실험 시행자가 내린 결론이다.

:: 이름은 중요하지 않다

사람의 이름은 동전의 특징과 유사하다. 즉 이름은 별 의미 없는 것이기 때문에 사람들은 이름을 잘 기억하지 못하거나 헷갈려 한다. 이름의 상대적 중요성을 살펴보기 위한 실험이 몇 년 전에 영국에서 시행되었다. 연구진은 이름을 허위로 쓴 인명록을 피험자들에게 나눠주고 살펴보게 했다. 인명록에 실린 이름뿐 아니라 고향처럼 그 인물과 관련된 지명, 직업, 취미 등이 모두 가짜였다. 예를 하나 들면 이랬다. "유명한 아마추어 사진가인 앤 콜린스는 브리스톨 인근에 거주하며 방문 간호사 일을 하고 있다."

피험자들은 위조된 사람들의 어떤 점을 가장 잘 기억했을까?

직업일까? 그랬다. 직업을 기억하는 비율이 69퍼센트로 가장 높았다. 이어서 취미가 68퍼센트로 2위를 차지했고, 고향은 62퍼센트로 그다음이었다. 꼴찌는 이름이었다. 성과 이름 중에서 이름은 31퍼센트, 성은 30퍼센트로 나타났다. 다른 연구들의 결과도 이와 비슷했다. 이유야 어떻든, 사람들은 누군가의 성이 베이커Baker일 때보다 직업이 베이커(제빵사)일 때 더 잘 기억한다.

왜 그럴까? 연구를 시행한 사람들도 정확한 원인은 모른다. 그러나 가장 그럴듯한 추측은, 이름이 그들에게 별 의미가 없다는 점이다. 이름은 그저 임의적 차원에 지나지 않는다. 짐이든, 팀이든, 앤이든, 프랜이든, 사람들 대부분은 그 이름에서 별다른 의미를 찾지 못한다. 반면에 직업과 취미, 지명 같은 것들은 '더 풍부한 의미'를 담고 있다. 예를 들어 브리스톨에 간 적이 있거나 사진작가라는 화려한 직업을 꿈꿔본 사람들은 자신과 유사한 경험이 있는 사람들에게 의미를 부여한다. 따라서 의미를 지닌 이런 특징들은 기억에 더 오래 남지만 이름은 그렇지 않다.

:: 누구나 말실수를 한다

아는 사람의 이름을 기억하지 못하거나 엉뚱한 이름을 불러 서로가 당황하게 되는 상황을 누구나 한 번쯤은 겪었을 것이다. 앞에서 살펴본 내용들은 이 같은 실수를 이해하는 기초가 된다. 연구진은 이런 실수를 '실언失言' 또는 '설단舌端' 현상이라고 부른다. 이 현상은 모든 연령대와 문화권에서 발견되며, 대부분의 사람들이 일주일에 한 번 정도는 실언을 한다.

1992년 슈퍼볼을 며칠 앞두고 심각한 실언이 화제가 된 적이 있다. 워싱턴 레드스킨스의 쿼터백 출신인 조 사이즈먼Joe Theismann이 레드스킨스의 전설적 감독인 조 깁스Joe Gibbs와 관련하여 두 언론사의 기자들과 인터뷰를 했다. 당시에도 깁스 감독은 아메리칸 풋볼의 공격형 전략가로서 명성을 누리고 있었다. 기자들은 사이즈먼이 어떤 면에서 깁스 감독이 천재적인지에 대해 이야기해주기를 바라면서 인터뷰를 청했다.

하지만 사이즈먼의 생각은 달랐다. 첫마디로 그는 '천재'란 풋볼 같은 스포츠에 적용하기에는 적절치 않은 단어라고 말했다.

"천재는 노먼 아인슈타인 같은 사람이죠."

노먼 아인슈타인이라고? 사이즈먼이 언급한 사람은 당연히 알베르트 아인슈타인이었을 것이다. 하지만 때는 늦었다. 그의 실언은 스포츠 전문 주간지 『스포츠 일러스트레이티드』를 통해 전국으로 소개되었다. 그리고 얼마 지나지 않아 사이즈먼은 비아냥거리는 우스갯소리의 단골로 등장했다. 하지만 애당초 그의 실언이 그렇게 문제될 건 없었다.

실언과 관련된 조사에 따르면, 사람들이 범하는 실수 대부분은 '알베르트 아인슈타인'과 같은 고유명사와 관련된다. 왜 고유명사일까? 그 이유는 분명치 않다. 하지만 가장 그럴듯한 추측은, 우리의 두뇌가 고유명사를 검색할 경우에 오로지 하나의 이름만 검색한다는 점이다. 노스다코타 주의 주도를 검색할 때 떠오르는 이름은 '비스마르크Bismarck' 하나뿐이다. 반면에 검색 대상이 보통명사라면 이와 유사한 여러 가지 이름들이 떠오를 수 있다. 예를 들어 컴퓨터에서 문서나 영상을 보여주는 장치의 이름을 떠올릴 때 굳이 '모니터'가 아니더라도 '스크린'이라는 단어를 연상할 수도 있다.

:: 전부가 아닌 부분을 기억한다

흥미로운 점은, 고유명사가 떠오르지 않고 혀끝에 맴돌 때 우리가 필요로 하는 정보의 일부도 머릿속을 맴돈다는 점이다. 부분적인 이 정보는 특정한 유형을 띤다. 예컨대 원하는 이름이 기억나지 않더라도 그 이름을 구성하는 음절의 수 혹은 이름의 첫 글자가 떠오르기도 한다. 한 연구에서 피험자인 남자가 배우 라이자 미넬리Liza Minnelli의 사진을 골라내려고 애를 쓰고 있었다. 배우의 이름이 잘 생각나지 않았던 그는 비슷해 보이는 이름부터 몇 가지를 정리했다.

1. 모네티Monetti
2. 모나Mona
3. 마게티Magetti
4. 스파게티Spaghetti
5. 보게티Bogette

실언 수수께끼의 또 하나는, 정확한 이름을 생각하려 할수록 그와 전혀 관련이 없는 엉뚱한 이름이 떠오르며 연상을 방해한다는 점이다. 그런데 이때의 엉뚱한 이름이 '정말' 엉뚱한 것은 아니다. 엉뚱한 이름에도 진짜 이름과 비슷한 '의미'가 담긴 경우가 많기 때문이다. 예를 들어 알베르트 아인슈타인 같은 천재에 대해 생각할 때는 자신이 이미 알고 있는 다른 천재의 이름을 떠올릴 수도 있다. 사이즈먼의 이야기와 맥을 같이하는 부분이다.

사이즈먼이 언급한 노먼 아인슈타인은 실존 인물이다. 노스캐롤라이나 주 힉토리의 카토바 밸리 메디컬센터에서 응급실 외과 의사로 일하고 있는 아인슈타인 박사는 나와 만난 자리에서 이렇게 말했다. "지금껏 누구도 나를 천재라고 오해한 사람은 없었어요."

그와 사이즈먼은 고등학교 동문이다. 학년으로 보면 2년이나 차이가 났지만 이 둘이 뉴저지 주 사우스리버 고등학교를 같이 다닌 건 사실이다.

"조가 2학년일 때 저는 4학년이었습니다." 아인슈타인이 말했다. 두 소년은 대여섯 블록 떨어져 살았다고 한다. "간혹 농구나 풋볼 같은 것들을 같이 하곤 했습니다." 하지만 두 사람이 그리 절친한 사이는 아니었다. 사이즈먼이 운동광이라면 아인슈타인은 지식광이었다. 아인슈타인은 1965년의 졸업식에서 학급 대표로 고별사를 읽기도 했다. 이후 그는 러트거스 대학교에 진학하여 물리학을 전공했고 다시 터프츠 대학교 의대에서 공부했다. 그와 달리 사이즈먼은 NFL미국프로풋볼리그로 직행했다. 이처럼 다른 길을 걸어오다가 27년 후의 어느 날, 미니애폴리스 메트로돔에서 인터뷰를 하던 조 사이즈먼의 머릿속에 느닷없이 노먼 아인슈타인의 이름이 떠오른 것이다. 어쩌면 사이즈먼의 머릿속에 존재하는 노먼 아인슈타인과 알베르트 아인슈타인은 다를 게 없는 존재였는지도 모른다. 똑똑한 사람이라는 '의미'는 동일했으니 말이다. 사이즈먼이 기억해낸 것은 이 의미였다. 실언 사건 후에 『스포츠 일러스트레이티드』의 관계자들이 노먼 아인슈타인이라는 똑똑한 사람이 실존한다는 사실을 밝혀내자 사이즈먼은 그들에게 이렇게 말했다고 한다.

"내가 했던 말이 세상에 알려진 것처럼 멍청한 소리는 아니었죠?"

:: 의미 없는 것에도 의미를 부여할 수 있다

아무리 노력한들 의미가 없는 것들을 기억해내기란 여간 어려운 일이 아니다. 그 어려움이 어느 정도인지를 측정하려 한 사람이 있었다. 헤르만 에빙하우스Hermann Ebbinghaus라는 100여 년 전의 독일 젊은이가 그 주인공이다. 그는 DAX, QEH 같은 의미 없는 문자 수천 개를 암기하기 위해 몇 년을 투자했다. 무의미한 문자들이 나열된 긴 목록을 메트로놈 박자에 맞춰 밤낮을 가리지 않고 몇 년에 걸쳐 암기하고 또 암기했다. 이따금씩 두통과 피로가 밀려왔지만 에빙하우스는 고통이 수그러들면 다시 기억력 실험을 계속했다. 그 결과, 그는 의미 없는 문자는 기억에서도 빨리 사라진다는 사실을 체험했다. 실제로 많은 노력을 들여 암기한 문자들의 절반 이상이 불과 한 시간 만에 그의 기억에서 사라졌다.

의미 없는 단어에 의미 있는 정보를 가미함으로써 어느 정도 기억을 지속할 수도 있다. 한 학생이 개발한 특별한 기술에 대해 생각해보자. 대학에 입학할 때만 해도 그 학생에게는 기억력을 향상시킬 만한 특별한 재능은 없었다. 지능지수도, SAT* 점수도 고만고만했

* 미국의 대학입학 자격시험. —옮긴이

다. 그러나 몇 년에 걸친 습관적인 훈련으로 일련의 수치를 암기하는 능력을 획기적으로 향상시켰다. 겨우 2년 정도만 연습했을 뿐인데도 수치 암기능력은 평범한 수준인 7개에서 80개까지 향상되었다. 이 정도면 일반적인 수준의 열 배 이상일 뿐 아니라 지금껏 자신이 기록한 가장 뛰어난 수준보다도 네 배나 높았다.

그는 과연 어떤 방법을 쓴 것일까?

연구진은 그가 숫자를 하나씩이 아니라 세 자리씩 시간 주기로 암기한다는 사실을 발견했다. 한 예로 그는 5-1-3이라는 숫자를 '5분 13초'라는 식으로 암기했다. 그리고 5분 13초를 자신이 1마일약 1.6킬로미터을 달리는 데 적정한 시간이라고 기억했다. 의미 없는 숫자를 적어도 자신에게는 의미 있는 정보로 바꾼 것이다.

이 방식은 기억술mnemonics이라고 불리는 고전적 기법으로 그리스 시대부터 존재해왔다. 다른 문명에서도 그렇듯이 그리스에서도 정보를 이 사람에게서 저 사람으로 전달할 방법이 필요했다. 당시는 인쇄 도구가 개발되기 전이어서 책도 없었다. 따라서 오랜 방식인 구전口傳에 의존할 수밖에 없었다. 그러나 입을 통해 정보를 정확히 전달하기 위해서는 당사자들이 대용량의 정보를 제대로 기억해야 했다. 그 때문에 그리스인들은 의미 없는 것에 의미를 부여하는 방법을 찾기 시작했다.

당신도 이 같은 기술을 사용하여 친구들을 놀라게 할 수 있다. 다음에 나열하는 열두 개의 의미 없는 숫자들을 기억해보자. 1, 7, 7, 6, 1, 8, 6, 5, 1, 9, 4, 5. 쉽게 기억되는가? 이제 이 숫자들을 미국 역사에서 의미 있는 해로 구분하여 기억해보자. 1776년(독립선언), 1865년(남북전쟁 종전), 1945년(2차 세계대전 종전). 훨씬 쉽지 않은가?

그러나 이 기법에는 한계도 많다. 4-8-3이라는 세 숫자는 어떨까? 앞에서처럼 달리기 시간이라 생각하고 4분 83초라고 외우기도 이상하다. 이 경우에는 숫자 자체에서 별다른 특징을 발견할 수 없기 때문에 암기도 어렵다.

:: 비밀번호나 물건 숨긴 장소를 잊어버리는 이유

소중한 물건을 남들이 짐작하지 못하는 특별한 장소에 숨기거나 새 비밀번호를 만들면 그것들을 잊어버릴 위험이 있다. 에빙하우스처럼 아무리 노력해도, 물건을 숨긴 장소나 비밀번호에 특별한 의미가 없을 때는 금방 잊어버리기 십상이다. 이런 경우를 우리는 매일같이 경험한다. 고학력자들이 많이 보는 뉴욕 타임스는 매주 평균 천 명의 온라인 구독자들이 비밀번호를 잊어버린다고 발표했다. 또한 신규 구독자들의 15퍼센트는 비밀번호를 잊어버려 재가입한 기존 구독자들이라고 한다. 이런 사실은 전혀 놀라울 게 없다. 기업의 고객센터에 걸려오는 전화의 80퍼센트가 비밀번호 때문이라는 추정치도 있을 정도다.

비밀번호만 특별한 게 아니다. 우리가 살아가면서 잊어버리는 소중한 것들은 한두 가지가 아니다. 생일, 기념일, 지갑, 휴대전화기, 주차 장소 등이 모두 그렇다. 3천 명을 대상으로 한 최근 조사에 따르면, 무려 4분의 1이 자기 전화번호마저 기억하지 못했고, 가족이나 절친한 친구 등 세 명 이상의 생일을 기억하지 못하는 사람들이 3분의 2를 넘었다.

기억해야 할 것들이 늘어나면서 결국 잊어버리게 될 장소에 무언가를 숨기는 경우가 많아졌다. 한 조사에서 40여 명을 대상으로 과거에 잃어버렸던 무언가를 최근에 찾은 적이 있느냐고 물었다. 그런 경험이 있다고 응답한 사람들 중에서 38퍼센트는 '이해할 수 없는 장소'에서 그것을 찾았다고 했다. 왜 그토록 많은 사람들이 터무니없는 장소에 무언가를 숨겨두었던 걸까? 이 조사를 시행한 연구진은 특이한 장소일수록 기억하기도 쉽다는 엉뚱한 결론을 내렸다. 하지만 훗날 밝혀진 사실은 그 반대다. 특이한 장소는 기억하기 쉽기는커녕 오히려 잊어버리기 쉽다.

톰 몰렌도 뼈아픈 경험을 통해 이 교훈을 깨달았다. 미시간 주 그랜드래피즈에 살고 있는 톰은 다섯 살 때 조부모에게서 금화를 하나 받았다. 1963년, 살림이 넉넉지 않았던 조부모는 신시내티 주의 집에서 함께 살던 손자들인 톰과 톰의 동생을 불렀다.

"할머니, 할아버지가 너희에게 무언가 특별한 것을 주고 싶단다."
조부모는 천에 싸인 작은 종이상자를 손자들에게 주었다. 그 속에는 톰과 동생에게 줄 5달러짜리 금화 두 개가 들어 있었다. 톰이 금을 본 것은 이때가 처음이었다.

"무척 신기했지요." 톰이 말했다.

그로부터 몇 달 지나지 않아 할아버지가 세상을 떠났고, 몇 년 뒤에는 아버지마저 돌아가셨다. 게다가 톰이 고등학교를 다닐 때 의사가 그의 척추에서 종양을 발견했다. 얼마 지나지 않아 톰은 휠체어 신세를 져야 했다. 이렇게 외롭고 고통스러운 나날들에도 불구하고 그가 삶을 지탱할 수 있었던 것은 조부모가 물려준 금화와 얽힌 즐거웠던 추억 덕분이었다.

이후로 톰은 더 많은 동전을 구입하여 수집 목록을 점점 늘려나갔다. 그러던 1995년, 톰이 수집한 동전의 가치가 사천 달러를 넘어섰다.

이때부터 그는 고민에 빠졌다. 이것들을 모두 어디에 숨겨야 할까?

무언가를 숨기기에 최적의 장소는 숨길 물건과 숨길 장소가 곧바로 연결되는 곳이라고 앨런 브라운Alan Brown은 말한다. 브라운은 미국 남부 감리교 대학의 교수로서, 사람들이 물건을 숨기는 장소와 방법을 연구했다. 그는 18세에서 85세 사이의 사람들을 대상으로 물건 숨기기와 관련된 여러 가지 질문을 했다. 그런데 응답자들의 대답은 크게 달랐다. 노인들은 도둑 때문에 보석을 숨긴다고 답한 반면 젊은이들은 친구나 친척들 때문에 돈을 숨긴다고 했다. 이들이 '숨겨둘 곳'으로 선택한 장소는 제각각 달랐지만, 사실 뭔가를 성공적으로 숨기는 방법의 핵심은 한가지로 통한다.

"숨길 장소를 선택할 때든 아니면 비밀번호를 만들 때든, 가장 좋은 방법은 재빨리 결정하는 것입니다"라고 브라운은 말한다. "과학적으로 생각하느라 10분, 20분씩 허비할 필요가 없습니다. 그 자리에서 곧바로 결정해야 합니다."

그러나 톰 몰렌이 선택한 방법은 이와 달랐다.

"앉아서 한참을 생각했습니다. '어디가 가장 안전하고 좋은 장소일까? 어디면 도둑의 눈에 띄지 않을까?' 하고 말이죠."

그러는 사이에 페인트 통이 눈에 들어왔다. 창고에 있던 철제 캐비닛 안에 꽤 많은 페인트 통이 들어 있었다. 그중에서 여러 개는 반쯤 비어 있었고 그마저도 이미 굳은 상태였다.

'좋아!' 톰은 생각했다. 도둑이 페인트 통을 들여다볼 리는 없었다. 그는 페인트가 말라버린 통을 하나 골라 그의 보물을 쏟아부었다. '완벽한 은닉처군!' 아무리 생각해도 너무나 완벽한 곳이었다. 그 후로 9년 동안 자신마저도 그 장소를 까맣게 잊고 살았을 정도니 말이다.

"단 한 번도 그 사실을 기억하지 못했지요." 톰이 말했다.

그러던 2004년 봄, 불현듯 동전 생각이 났다. 톰은 기억을 더듬기 시작했다.

'내 동전! 내 동전들이 다 어디 있지?' 이미 오랜 시간이 흘렀는지 쉽사리 기억나지 않았다. 아무래도 생각이 나지 않자 이번에는 방법을 바꾸기로 했다.

'밤새 찾아보지 뭐. 창고든, 선반이든, 냉장고든, 상자란 상자는 모두 뒤져보는 거야. 그럼 어디에선가 튀어나오겠지!'

그는 곧바로 동전 찾기에 나섰다. 집 안 구석구석을 뒤지고, 심지어 냉장고 속에 고개를 집어넣어 찾기까지 했다.

"냉장고 속의 냉동식품들을 모두 뒤졌습니다. 랩으로 싸인 것들도 모두 꺼내 확인했고요. 뒤지고 또 뒤졌지만 아무것도 나오지 않더군요."

그러던 어느 날 아침, 톰은 휠체어를 타고 창고로 가서 무심코 철제 캐비닛을 열었다. '아하! 여기에 넣었지?'

하지만 그의 기대는 순식간에 산산조각이 났다.

1년 전 여름, 친구가 톰의 페인트칠을 도와주러 집에 찾아온 적이 있었다. 그때 두 사람이 처음 했던 일이 바로 굳은 페인트 통부터 버리는 것이었다.

"일단 오래된 페인트 통부터 모으자." 톰이 친구에게 말했다. "모아서 밖에 있는 쓰레기 수거함에 버리면 돼."

두 사람은 계획대로 열심히 움직였다. 톰은 조금의 머뭇거림도 없이 페인트 통들을 모조리 쓰레기 수거함에 던져 넣었다. 며칠 뒤에 수거함이 비워졌고, 페인트 통들은 다른 곳으로 옮겨져 분쇄와 소각 과정을 거쳤을 것이다. 물론, 그 속에는 톰의 금화도 들어 있었다.

"그때의 상실감은 이루 말할 수 없을 정도였습니다." 톰이 말했다. "내 자신이 피해자인 동시에 가해자였으니까요."

:: 얼굴을 잘 기억하려면?

피해자이면서 가해자가 되는 것! 이 역시 인간의 구조적 결함 때문이다. 하지만 좌절할 필요는 없다. 앞에서 소개한 어느 학생의 사례처럼 의미 없는 정보라도 의미를 부여함으로써 기억하기 쉽게 만들 수도 있기 때문이다. 실제로 우리의 두뇌는 전혀 알지 못하는 세상사에서 자동으로 의미를 추출해낼 때가 많다.

사람들의 얼굴을 기억할 때가 특히 그렇다. 인간은 얼굴에 대해 선천적인 지식이 있는 것으로 보인다. 신생아들을 대상으로 한 조사를 보면, 인간은 태어나는 순간부터 다른 사람의 얼굴에서 특별한 느낌을 받는다고 한다. 성인인 우리도 누군가의 얼굴을 채 1초도 안 될 만큼 잠깐 바라보고도 그 사람에 대해 상당히 정확한 판단을 내린다. 게다가 상대방을 볼 때 항상 신체적 특징만을 보지는 않는다. 물론 타인을 어떻게 알아차리느냐는 질문을 받았을 때 대다수 사람들은 신체적 특징부터 떠올린다. 여러 연구 사례를 볼 때, 신체적 특징 중에서 사람들이 가장 일관되게 답한 것은 바로 머리카락이다. 신체에서 머리카락만큼 변화무쌍한 부분도 없다. 기르고, 자르고, 염색하고, 심지어 빠질 수도 있는 것이 머리카락인데도 사람들은 이것을 눈여겨본다고 했다.

연구진이 질문을 조금 바꿔서 묻자 이번에도 놀라운 대답들이 이어졌다. 사람들의 얼굴을 기억할 때 머리카락이나 눈 같은 신체 부분이 아니라 성실함과 호감도 같은 감성적 특징을 바탕으로 인식한다는 것이다.

신체적 특징보다 감성적 특징이 기억에 더 오래 남는 이유는 무엇일까? 두뇌의 기억 프로세스를 강화하기 위해서는 특징trait이 필요하다. 성실해 보이는 얼굴과 곱슬머리를 놓고 볼 때, 우리의 두뇌는 후자보다 전자를 기억하기 위해 더 많은 일을 해야 한다. 더 많은 일을 한 탓에 그 얼굴은 머릿속에 각인된다. 그 효과는 예상보다 훨씬 좋다. 그래서 얼굴 인식 분야의 어느 권위자는 이런 조언을 했다. "누군가의 얼굴을 잘 기억하고 싶다면, 그 사람을 처음 만났을 때 그의 얼굴에 대해 여러 가지 판단을 해보는 게 좋습니다."

:: 정말 용의자가 범인이었을까?

1997년 2월 28일, 준 사일러June Siler에게 이런 기회가 주어졌다. 미시간 주의 어느 시골 마을을 떠나 시카고의 마이클 리스 병원에 온 지 스물네 시간이 지났으며, 열두 시간의 교대 근무를 막 마쳤을 때였다. 때마침 주급을 받는 금요일이었다. 주급을 받는 날에는 보통 택시를 타고 집으로 갔다. 하지만 그날은 달랐다. 짧은 휴가를 떠날 계획이라 택시비 15달러라도 아낄 생각이었다. 그녀는 하얀 간호사복 위에 곧바로 재킷을 걸치고 작은 가방을 등에 메고는 두 블록을 걸어 버스 정류장으로 향했다. 정류장 기둥에 기대고 서 있을 때 한 남자가 빠른 걸음으로 다가오더니 바로 옆에 섰다.

"이 동네에서 얼마나 살았어요?" 남자가 물었다.

"온 지 얼마 안 되었어요." 그녀가 대답했다.

몇 분의 시간이 흐르는 동안 두 사람은 침묵을 지켰다. 그러나 사일러는 남자에게서 시선을 떼지 않았다. 마이클 리스 병원이 위치한 지역은 환경이 그리 좋은 편이 아니었고, 지금 사일러의 옆에 서 있는 남자의 분위기도 그랬다. 그녀는 남자의 신발을 특히 유심히 살폈다. 벨크로 접착식의 검정색 리복 운동화였다. 딱하다는 생각도 들었다. 그렇게 오래된 운동화라면 아마도 노숙자 보호소에서 얻은 것인 듯했다.

버스가 오는지 살펴보려고 사일러가 고개를 돌렸다. 얼굴을 돌리는 순간, 남자가 느닷없이 그녀를 덮쳤다. 팔로 사일러의 머리를 감아 잡은 남자는 예리한 칼로 그녀의 목을 베었다. 목에서 얼굴로, 다시 목을 거쳐 가슴으로 난도질이 계속되었다. 너무도 순식간에 벌어진 상황이라 그녀는 무슨 일이 일어나는지조차 깨닫지 못했다. 박스 커터box cutter가 드르륵 소리를 내며 눈앞에 다가왔을 때야 비로소 위험을 깨닫기 시작했다. 너무도 심각한 상황이었다.

사일러가 비틀거리며 뒤로 쓰러지자 남자도 덩달아 넘어졌다. 그러면서 칼도 땅에 떨어졌다. 급히 몸을 일으킨 그녀는 처음으로 남자의 얼굴을 정면으로 쳐다보았다.

"개자식! 꺼져!" 그녀가 소리쳤다.

그때 불빛이 비쳤다.

두 사람이 엎치락뒤치락하는 곳으로 자동차들이 달려오고 있었다. 남자는 사일러를 혼자 남겨두고 그대로 내뺐다. 그녀가 습격당한 사이에 가방이 찢어져 소지품들이 모두 쏟아졌다. 사일러는 쏟아진 벙어리장갑과 신문을 서둘러 가방에 넣고는 병원 응급실을 향해 달렸다.

"비가 내리는 줄 알았습니다. 물방울 떨어지는 소리가 들렸거든요."

그것은 빗방울이 아니라 그녀의 피였다.

침상에 누워 응급치료를 받던 사일러는 경찰에게 자신을 공격한 용의자의 생김새를 자세하게 설명했다. 그로부터 스물네 시간이 채 지나지 않아 경찰은 사건이 일어난 바로 다음 정류장에 서 있던 남자를 체포했다. 로버트 윌슨이라는 이름의 남자였다. 그는 사일러가 이야기한 인상착의와 꼭 들어맞았을 뿐 아니라 몸수색 당시에 권총과 칼도 지니고 있었다. 경찰은 곧바로 그를 검거하여 사진을 찍고 그 사진을 사일러에게 보여주었다. 그녀도 그가 자신을 공격한 사람이 맞다고 인정했다.

법정 재판에서 검사는 사일러에게 그 남자가 자신을 공격한 사람이 맞는지 다시 한 번 증언해달라고 했다. 그런데 그녀가 머뭇거렸다. 이번에는 사진이 아니라 살아 있는 사람을 보고 증언을 해야 했다. 용의자의 얼굴을 천천히 살펴보았지만 그녀가 찾는 것은 코와 눈, 머리카락 같은 신체적 특징이 아니었다. 그녀가 그날 밤에 느꼈던 감성적 특징을 찾고자 했다.

"그날 버스 정류장에서 느낀 증오를 찾고 싶었어요." 재판 후에 사일러가 말했다. "그날 밤에 느낀 그 감정 말입니다."

하지만 아무리 찾으려 해도 그런 느낌을 받을 수 없었다.

"결국 아무것도 밝히지 못했지요." 그녀가 말했다.

아무것도 밝히지 못했다는 것은 결국 로버트 윌슨이 범인이 아니라는 뜻이었다. 하지만 경찰과 검찰은 윌슨이 범인임을 확신했고, 윌슨 자신도 자백서에 이미 서명한 상태였다. 그래서 검사가 사일러에게 윌슨이 범인임을 확인해달라고 했을 때 그녀도 그가 범인이라고 지목했다. 얼마 후, 윌슨은 30년의 장기 징역형을 선고받았다. 재판이 끝나자 판사는 사일러의 증언에 특별한 의미를 부여했다. "준 사일러 씨는 내가 지금껏 만났던 사람들 중에서 가장 긍정적이고 뛰어난 피해자이자 목격자입니다."

재판 후 사일러는 시카고를 떠났다. 그러나 한 가지 사실이 줄곧 그녀를 괴롭혔다. 그날 밤 버스 정류장에서 범인이 신고 있던 검정색 벨크로 운동화를 경찰이 끝내 찾지 못했다는 사실이었다. 경찰이 윌슨의 아파트를 샅샅이 뒤졌지만 결국 증거물은 나오지 않았다. 게다가 사일러는 범인이 워낙 가난하여 그 운동화를 버리고 새 운동화를 샀으리라고는 생각지 않았다.

그러던 2006년 어느 날, 사일러는 어느 신문기자에게 걸려온 전화 한 통을 받았다. 기자는 로버트 윌슨이 재심을 청구하여 승소했다는 소식을 전했다. 판사는 예심법정에서 윌슨과 닮은 다른 사람이 사일러를 공격했을 수도 있다는 사실을 간과했다고 판시했다. 더욱이 판사는 체포 당시에 윌슨이 사일러가 말한 검정색 벨크로 운동화를 신고 있지 않았다는 점도 언급했다.

신발에 대한 소식을 들은 사일러가 탄식하듯 읊조렸다. "그럴 줄 알았어요."

사일러는 하늘이 무너지는 듯한 절망감에 휩싸여 흐느끼기 시작했다. 전화기를 내려놓은 그녀는 윌슨의 변호사에게 전화를 걸어 석방을 위해 할 수 있는 일이라면 뭐든 돕겠다고 전했다. 그리고 몇 주 뒤, 로버트 윌슨은 석방되었다.

:: 범죄의 추악한 얼굴

로버트 윌슨과 준 사일러의 사례는 잘못된 증인 진술의 수많은 사례 중 하나에 불과하다. 최근의 연구 사례들에서도 보듯이 사람을 잘못 알아보는 경우는 생각보다 훨씬 많다. 한 예로 1989년부터 2007년 사이에 미국의 수감자 중 201명이 유전자 증거를 통해 뒤늦게 무죄로 밝혀져 석방되었다. 더욱이 그중 77명은 증인의 잘못된 진술로 투옥된 경우였다.

왜 그럴까? 왜 낯선 사람을 아는 사람으로 착각하는 걸까? 우리가 그 사람과의 만남에서 찾게 되는 의미에서 한 가지 이유를 발견할 수 있다. 우리는 누군가에 대해 판단을 내릴 때, 그 판단을 우리의 기억과 밀접히 연계시킨다. 그런데 누군가를 확인해달라는 요청을 받을 때 우리는 이 같은 측면보다는 머리카락이나 눈, 인종 같은 것들에 더 집착하곤 한다. 1장에서도 살펴보았듯이, 우리에게 친숙한 사람과 낯선 사람을 바라볼 때의 '인식 과정'은 크게 다르다. 사람들은 자기와 같은 인종의 얼굴을 다른 인종의 얼굴보다 더 잘 인식한다는 연구 사례도 있다. 같은 인종에 더 많은 '의미'를 부여하는 것이다.

아름다움을 인식할 때도 마찬가지다. 얼굴이 예쁘거나 잘생긴 사람이 그렇지 못한 사람보다 눈에 더 잘 띈다. 한 연구에서 피험자 300명을 노인과 젊은이, 흑인과 백인, 여성과 남성 집단으로 구분했다. 그리고 학교 졸업앨범을 보여주며 어떤 얼굴이 눈에 잘 띄는지 찾아보라고 했다. 그러자 집단에 상관없이 대다수 피험자들은 미모가 뛰어난 사진을 우선으로 고르는 일관된 경향을 보였다.

범죄자의 얼굴을 규명하기 어려운 이유가 인간의 이런 성향 때문일 수도 있다. '범죄의 추악한 얼굴'이라는 비유적 표현도 있듯이, 최근의 한 연구에서는 범죄자들의 얼굴이 보통 사람들보다 추악해 보인다는 설을 입증했다. 루이지애나 주립대학교의 네이시 모칸Naci Mocan과 조지아 주립대학교의 에르달 테킨Erdal Tekin 교수가 연방정부의 조사 데이터를 분석했다. 연방정부는 고등학생 1만 5천 명을 대상으로 1994년에 이어 1996년과 2002년에 면접 조사를 벌인 적이 있었다. 이 조사에서 피험자(고등학생)들은 학생들의 얼굴을 '매우 매력 있는'에서 '매우 매력 없는'까지 다섯 단계로 구분하도록 요청받았다. 데이터를 분석한 두 교수는 아름다움과 추함 사이의 작지만 뚜렷한 상관관계를 발견했다. "매력이 떨어지는 사람들은 평범한 사람들에 비해 범죄를 저지르는 확률이 높았다." 두 교수가 내린 결론이다. "그리고 매우 매력적인 사람들은 평범한 사람들보다 범죄를 덜 저질렀다."

우리가 잘생긴 얼굴을 더 잘 인식하는 이유도 그 때문이다.

SOTP

SHCOOL

03

인간은
부분을 보고 전체를
파악한다

WHY WE MAKE MISTAKES

준 사일러의 일화를 로저 셰퍼드 교수의 그림과 함께 다시 한 번 생각해보자. 셰퍼드 교수는 앞에서 소개한 '테이블 회전' 그림을 고안한 사람이다. 그는 외부 세계를 바라보게 하는 인식장치가 우리 내면에 깊이 자리할 뿐 아니라 거의 자동으로 작동한다고 믿었다. 평면 에 그려진 모형을 있는 그대로 인식하고 싶어도 자기 마음대로 볼 수 없는 것도 이와 같은 이유에서다. 반면에 우리의 뇌는 2차원으로 그려진 이 그림을 마치 3차원인 것처럼 받아들인다. 뇌가 부분을 보고 전체를 파악하려 하는 것이다.

인식하기에 애매한 순간에도 이와 유사한 현상이 벌어진다. 증인석에 선 사일러는 괴한에게서 공격받은 그날 밤에 느꼈던 증오심과 재판정에서 본 용의자의 특징 사이에서 관련성을 찾으려 했다. 그러나 앞뒤가 맞지 않았다. 그런데도 그녀는 용의자의 특징과, 어긋나는 인식장치를 억지로 연결시키려 한 것이다. 결국 옳은 쪽은 인식장치였다. 사일러 앞에 있는 사람은 범인이 아니었다. 그런데도 그녀는 이 인식장치의 반응을 거부했다. 그것은 큰 실수였다.

:: 순간적 판단은 좀처럼 바뀌지 않는다

이런 미묘한 결합은 생각보다 훨씬 큰 위력을 발휘한다. 한 예로 위의 두 사진을 유심히 살펴보자.

누가 더 유능해 보이는가?

대다수 사람들과 다를 바 없다면 아마도 왼쪽을 선택할 것이다. 실제 유권자들의 선택도 그랬다. 그의 이름은 러스 페인골드Russ Feingold로 위스콘신 주 출신의 상원의원이다. 2004년, 페인골드는 오른쪽 사진의 주인공인 공화당원 팀 미첼스Tim Michels를 55퍼센트 대 45퍼센트라는 현격한 차이로 꺾고 당선되었다.

페인골드의 사진은 프린스턴 대학교 '우드로 윌슨 공공국제관계 대학원'의 알렉스 토도로프Alex Todorov 교수와 동료들이 시행한 연구에서 사용되었다. 연구진은 여러 명의 피험자에게 정치 후보자들의 얼굴이 담긴 흑백사진을 보여주었다(피험자가 사진 속의 얼굴을 이미 알고 있는 경우에는 조사에서 제외시켰다). 이 실험에서 연구진은 타인에 대한 정보를 얻는 중요한 원천 가운데 하나가 얼굴이라는 사실을 밝혀냈다. 특히 얼굴만을 보여주고 개인의 능력을 추측하게 한 뒤 그 결과를 실제 미국 연방의회 선거 결과와 비교했더니 놀라운 결과가 나타났다. 사진을 보며 피험자들이 능력이 뛰어날 것으로 평가한 사람들이 상원에서 72퍼센트, 하원에서 67퍼센트의 의석을 차지했다.

더 중요한 사실은, 피험자들이 사진 속 인물의 능력을 추측한 시간이 대단히 짧았다는 점이다. 이어진 실험에서 피험자들이 정치인의 사진을 보고 그들의 능력을 추측한 시간은 각각 '1초' 이내였다. 게다가 연구진은 사진을 보여주는 횟수를 늘리더라도 피험자들의 처음 추측이 좀처럼 바뀌지 않는다는 사실에 주목했다. 첫인상이 머릿속에 각인된 것이다.

인상印象 뒤에 어떤 비밀이 숨어 있는지는 분명치 않다. 그 사람이 능력자처럼 보이게 하는 것이 턱 때문일까, 아니면 눈 때문일까? 그건 우리도 알 수 없다. 그러나 인상 속에 무언가 숨어 있는 것은 분명하다. 웨스트포인트 사관학교 생도들의 졸업앨범 사진을 통해 앞으로 그들이 받게 될 계급을 예측한 연구 사례가 있다. 이 조사에서는 얼굴 표정이 엄격해 보이는 생도들이 그렇지 않은 생도들보다 높은 계급을 달성했다.*

:: 여성의 외모가 승리를 안겨준다

타인을 판단할 때 활용하는 실마리들이 너무 미묘해서 눈에 잘 띄지 않을 때도 많다. 우리는 뜻하지 않은 곳에서 뜻하지 않은 사람들로부터 그 사실을 확인했다. 그들은 반나체의 무희였다. 그녀들의 수입은 우리가 예상한 특징들이 아니라 독특한 기준에 따라 달라졌다. 그것은 바로 생식 주기fertility cycle였다.

여성의 신체가 월경 주기에 따라 변한다는 사실은 이미 잘 알려져 있다. 월경기에는 얼굴 표정과 체형뿐 아니라 체취까지 달라진다. 실험 결과, 여성의 월경 주기 중 배란 직전의 시기에 얼굴이 (이성이 보기에) 가장 매력적으로, 허리와 엉덩이의 비율도 가장 멋지게, 체취도 가장 유혹적으로 변한다고 한다. 그런데 이 같은 변화에서 주목할 사실은 변화의 정도가 눈에 띄게 확연한 수준은 아니라는 점이다.

최근 유럽에서 시행된 한 실험에서 연구진은 젊은 여성 48명의 사진을 찍었다. 피험자들은 모두가 피임약을 사용하지 않는 여성들이었다(이 점이 중요하다. 피임약은 호르몬 조절을 통해 생식 능력이 최고조에 이르는 시기를 바꾼다). 사진은 모두 두 번씩 찍었다. 한 번은 생식 능력이 최고조에 달했을 때였고 다른 한 번은 최저점에

---

* 그렇다고 해서 인상이 항상 결과를 정확히 예지하는 것은 아니다. 또 다른 연구에서는, 어려 보이는 얼굴의 사람들이 성숙해 보이는 얼굴의 사람들보다 능력이 부족할 것으로 예측했지만 실제로는 더 지적인 경향을 보였다. Montepare and Zebrowitz(1998) 참조.

이르렀을 때였다. 이렇게 찍은 사진들을 남녀로 구성된 집단에 보여주고 어느 사진이 더 매력적인지 선택하게 했다. 그러자 절반을 조금 넘는 54퍼센트의 사람들이 생식 능력이 최고조에 이르렀을 때의 사진을 선택했다. 이 수치는 무작위로 했을 때의 선택 확률인 50퍼센트보다 약간 높았지만 큰 차이라고 할 정도는 아니다.

사실 월경 주기에서 생식 능력이 최고조에 이른 시기를 육안으로 판별하기는 어렵다. 그래서 성性 전문가들도 다른 영장류와는 달리 인간의 배란 징후를 육안으로 확인하기는 사실상 불가능하다고 결론지었다. 진화론의 측면에서 볼 때 이 점은 매우 중요한 의미를 지닌다. 즉 개코원숭이 같은 다른 영장류와 달리 인간 사회에서는 남성이 최적의 교접 시점을 판단하기는 어렵다.

하지만 눈에 보이지 않는다고 해서 그 시기를 파악할 수 없다는 뜻은 아니다. 이를 입증하기 위해 최근 뉴멕시코 대학교의 연구진이 앨버커키 지역의 '남성 전용 클럽'에서 일하는 반나체 무희들의 월경 주기와 수입 사이의 상관관계를 추적해보았다. 특히 연구진은 무희들이 무대 위에서 올린 수입보다는 무대 아래로 내려가 관객들과 일대일로 접촉하며 랩 댄스*를 출 때 올린 수입을 더 관심 있게 지켜보았다.

랩 댄스는 스트립 클럽에서는 빼놓을 수 없는 것으로 무희들의 수입도 대부분 여기에서 나온다. 보통 무희들은 90분 중에서 노래 두

* 무희가 관객의 무릎에 앉아 추는 선정적인 춤. —옮긴이

세 곡 정도가 흐를 동안만 무대에서 춤을 추고 나머지 시간에는 객석으로 다가가 남자들에게 교태를 부리며 지폐를 챙긴다. 관객은 옷을 제대로 갖춰 입은 채로 의자나 소파에 앉아 있되 손은 옆으로 향해야 한다(대다수 클럽에서는 무희의 몸에 손을 대지 못하게 한다). 반나체 무희들은 이런 남자들의 무릎에 걸터앉아 얼굴을 향해 가슴을 들이밀거나 등을 보이며 뒤돌아 앉는 등 선정적으로 움직인다. 랩 댄스는 보통 한 곡당 10달러를 받지만 VIP 구역에서는 20달러를 받기도 한다. 일반적으로는 랩 댄스로 얻는 수입이 전체 수입의 90퍼센트에 이른다. 연구진은 이렇게 무희들이 두 달에 걸쳐 약 5,300회의 랩 댄스를 추는 과정을 추적했다.

그 결과, 연구진은 무희들의 수입이 월경 주기와 밀접하게 관련되어 있다는 사실을 발견했다. 가임기의 무희들은 피임약을 사용하지 않을 경우 다섯 시간(교대조)을 일하여 평균 335달러를 벌었다. 반면에 월경기의 무희들은 같은 시간에 45퍼센트나 적은 185달러를 벌었다.

게다가 이런 경향은 상당한 일관성을 보였다. 즉 모든 무희들의 수입은 피임약의 복용 여부와 상관없이 월경기 수입이 가임기 수입에 비해 적었다. 한편, 피임약을 복용한 무희들의 수입은 그렇지 않은 무희들에 비해 다섯 시간을 기준으로 평균 80달러나 적었다.

연구진이 발견한 사실에서 또 하나의 흥미로운 의문이 도출되었다. 성 전문가들이 믿는 것처럼 여성의 생식 주기를 육안으로 확인하기가 쉽지 않다면 남자는 그 사실을 어떻게 알아냈을까? 이들이 확신할 만한 힌트도 없었고, 무희들도 상의만 벗었을 뿐 아래는 입고 있었다. 무희들이 가임 여부를 관객에게 말할 리도 없다. 게다가 스트립 바의 내부는 온통 어둠과 소음으로 가득해 관객이 무희의 얼굴 변화를 눈치챌 수도 없다.

그런데도 남자들은 어떻게 알았을까? 연구진도 분명한 해답을 얻지 못했다. 하지만 어떤 식으로든 무희들이 몸의 신호를 알렸을 것이고 그것이 남자들의 지출에 영향을 미쳤으리라는 해석은 가능하다.*

남자들의 소비 습관이 눈에 보이지 않는 무언가로부터 영향을 받는다는 사실은 이미 연구를 통해 입증되었다. 예컨대 특정 향기가 남자들의 지갑을 연다는 사실도 밝혀졌다. 한 실험에서 어느 소매점에 '남성 취향'의 방향제를 뿌렸더니 남성 1인당 평균 지출이 55달러였는 데 반해, '여성 취향'의 방향제를 사용했을 때는 그 절반도 안 되는 23달러에 그쳤다.

이 모두가 인간의 실수가 어디에서 비롯되는지를 이해하는 데 필요한 단서들이다. 누군가에게 투표하거나 돈을 지출할 때 우리는 이성적인 판단에 따른 것이라고 생각한다. 나중에 후보를 잘못 택했거나 엉뚱한 곳에 지출했다는 생각이 들어도 그 실수의 이유를 이성적 세계에서 찾으려 한다. 자신이 너무 성급하게 판단했다거나, 향기가

---

* 설명 가능한 경로로 무희의 목소리를 들 수 있다. 최근의 한 연구 결과를 보면, 생식 주기에서 최고조에 다다른 여성들은 목소리가 더 매력적으로 변한다고 한다. 호르몬의 변화로 후두부의 형태와 크기가 달라지기 때문이다. 자세한 내용은 Pipitone and Gallup(2008) 참조.

좋아서 그랬다거나, 무희가 왠지 모르게 끌려서 그랬다고 생각하는 사람은 없다. 그것이 사실인데도 말이다.

:: 중요한 것은 포도주가 아니라 병이다

비슷한 경우로, 우리의 의식은 특정한 대상과 특정한 특징을 결합하려 한다. 둘 사이에 아무런 관련성이 없어도 마찬가지다. 한 예로 가격과 품질이라는 오랜 동반자 관계에 대해 생각해보자. 가격이 비싸다고 해서 반드시 저렴한 제품보다 품질이 우수한 것은 아니다. 이 사실을 모르는 사람은 없다. 하지만 깊이 생각해보면, 사람들은 그 사실을 완전히 믿지는 않는 것 같다.

값비싼 와인을 예로 들어보자. 스탠포드 대학교와 캘리포니아 기술원의 연구진이 자원한 20명의 피험자를 대상으로 각각 5, 10, 35, 45, 90달러라고 적힌 와인을 맛보게 한 뒤 맛을 평가해달라고 주문했다. 피험자들은 와인 전문가가 아니라 우리처럼 간혹 와인을 마시는 평범한 사람들이었다. 시음 후의 반응은 역시 예상대로였다. 가장 비싼 와인이 가장 맛있다는 한결같은 반응을 보였다.

시음 과정에서 연구진은 가격표와 내용물을 바꿨다. 90달러짜리 와인을 한 번은 90달러 병에, 또 한 번은 10달러 병에 넣었다. 또 45달러 와인도 한 번은 45달러, 또 한 번은 5달러 병에 넣었다. 이 사실을 밝히지 않고 시음을 계속했더니 피험자들은 예외 없이 높은 가격표가 붙은 와인을 선택했다. 그렇다고 이 현상을 단순한 속물근성으로 치부할 수는 없었다. 두뇌 스캐닝을 했더니 비싼 가격표를 보았을 때 두뇌의 안와전두피질이 활성화되어 시음 자체를 즐거운 경험으로 받아들였다. 그러면 저렴한 가격표의 와인을 마셨을 때는 어땠을까? 두뇌가 충분히 활성화되지 않았다. 다시 말해 시음을 즐거운 경험으로 받아들이지 않았다는 뜻이다.

약품을 평가하는 실험에서도 유사한 반응이 나타났다. 충격적이라는 표현이 전혀 과하지 않은 실험 사례가 있다. 남녀 82명의 손목에 전기충격을 가한 뒤에 충격의 강도를 평가하는 실험이었다. 실험은 모두 2회씩이었다. 처음에는 전기충격만 가했고, 두번째는 약을 한 알 복용하게 한 뒤 충격을 가했다. 그리고 피험자들 중 절반에게는 그 약이 한 알에 2.5달러이며 최근에 승인 받은 진통제라고 밝히고, 나머지 절반에게는 한 알의 가격이 10센트라고 말했다. 사실 그 약은 모조 의약품으로 진통 효능은 전혀 없었다. 실험 결과, 2.5달러짜리라고 알고 복용한 피험자들의 85퍼센트가 상당한 진통 효과를 경험한 반면에 나머지 절반은 그 비율이 61퍼센트에 불과했다.

:: 색상도 중요하다

우리의 판단을 흐리는 것은 가격뿐만이 아니다. 색상도 그중 하나다. 앞의 실험에서, 약의 색깔에 따라서도 피험자들이 느끼는 약의 효능에 차이가 있었다. 실제 실험에서 사람들은 검정색과 빨간색 캡슐의 효능이 가장 '강한' 것으로, 흰색이 가장 '약한' 것으로 평가했다.

이러한 상관관계는 충분히 이해가 갈 법도 하다. 말끔한 검정색 옷을 입은 사람을 보면 왠지 모르게 능력 있고 강해 보인다. 검정색이 주는 느낌 때문이다. 그러나 이런 상관관계 때문에 오히려 판단을 그르칠 때도 있다. 몇 년 전, 연구원 두 명이 숙련된 풋볼 심판들에게 풋볼 공격 장면을 담은 비디오테이프를 보여주었다. 한 테이프의 공격 팀 선수들은 하얀색 유니폼을, 다른 테이프의 선수들은 검정색 유니폼을 입고 있었다. 두 테이프를 본 심판들은 하얀색에 비해 검정색 유니폼을 입은 선수들이 더 공격적이며 벌칙을 받을 가능성도 높다고 판단했다. 예상한 대로, 검정색이 주는 부정적 이미지가 심판들의 판정에도 영향을 미친 것이다.

당신은 이렇게 말할지도 모른다. "좋아요. 실험실에서는 그렇다 칩시다. 그렇다고 현실에서도 그럴까요? 실제 풋볼 선수들이 검정색 유니폼을 입고 뛴다고 해서 벌칙을 더 많이 받는다고요?"

그렇다. 그럴 가능성이 높다. 두 연구원은 1970년대에서 80년대 사이의 프로 풋볼팀과 아이스하키팀 들의 성적을 수집했다. 먼저 NFL북미풋볼리그에서는 1970년부터 86년 사이의 자료를 수집했다(1970년에 AFL미국풋볼리그이 NFL에 통합되면서 규칙과 심판들도 하나의 체제로 단일화됐다). 그리고 NHL북미아이스하키리그에서는 1970년부터 1985~86년 시즌까지 거의 같은 시기의 기록을 수집했다.

두 종목을 분석한 결과, 검정색 유니폼을 입은 팀의 벌칙 횟수가 평균치에 비해 현저히 많았다. 특히 아이스하키의 경우, 그런 현상이 더 뚜렷했다. 16년 사이에 피츠버그 펭귄스와 밴쿠버 커넉스 두 팀이 유니폼을 검정색으로 교체했다. 펭귄스는 1979~80년 시즌에, 커넉스는 1978~79년 시즌을 앞두고 각각 유니폼을 바꿨다.

어떤 결과가 벌어졌을까? 벌칙 시간이 늘어났다. 1979~80년 시즌에 펭귄스는 푸른색 유니폼을 입고 44경기를 뛰었는데 경기당 평균 8분씩의 벌칙을 받았다. 그러나 시즌 도중에 검정색 유니폼으로 교체한 뒤 치렀던 35경기에서는 벌칙 시간이 경기당 평균 12분으로 늘어났다.

:: 왜 답을 바꿔야 할까?

첫인상이 중요하다는 사실은 모두 알고 있다. 시험에서 답을 선택한 뒤 바꿀지 말지를 고민하다가 결국 바꾸지 않은 기억이 있는가? 이런 경험은 누구나 해봤을 것이다. 사람들 대부분은 처음 선택한 답을 고집한다. 대학생 네 명 중 세 명은 시험에서 처음 선택한 답을 바꾸지 않는 편이 낫다고 믿는 것으로 나타났다. 대학교수들도 예외는 아니다. 한 조사에서, 학생들이 답을 고쳐서 성적이 더 향상되리라고 믿는 교수들의 비율은 16퍼센트에 지나지 않았다. 대다수는 답을 바꾸면 오히려 성적이 떨어진다는 데 동의했다.

수험업계에서도 이들과 같은 생각을 고수하는 듯하다. 배런Barron의 『SAT 대비 요령*How to Prepare for the SAT*』을 살펴보면 '전술 12번'에 "답을 선불리 고치지 말라"는 문구가 있다. 그리고 다음과 같이 설명한다. "답을 바꿀 경우, 오히려 정답을 틀린 답으로 바꾸는 경우가 훨씬 많다."

그러나 살아가면서 가끔 경험하듯이, 다수가 항상 옳은 것은 아니다. '답 바꾸기'를 주제로 지난 70년 이상 진행해온 연구를 살펴보면, 답을 바꾼 사람들 대다수가 틀린 답을 옳은 답으로 고쳐 더 높은 점수를 받은 것으로 밝혀졌다. 객관식이든 양자택일형이든, 혹은 시간이 정해져 있든 없든, 시험의 유형과 상관없이 결과는 동일했다.

그런데도 처음 선택한 답이 정답이라는 '신화'는 여전히 유효하다. 실제로 학생들은 이런 연구 결과에 대한 설명을 듣고 나서도 여전히 처음의 답에 집착하는 것으로 나타났다.

"그것이 사실과 다르다는 설명을 듣고 나면 많은 사람들이 매우 놀라워합니다." 뉴욕 대학교 스턴 경영대학원의 교수이자 인간의 '직감'을 주제로 많은 연구를 해온 저스틴 크루거Justin Kruger 교수의 말이다. "많은 교육자, 학생, 수험생 들이 이 사실을 미심쩍어합니다. 직관으로 처음 선택한 답을 고수해야 한다고 지금도 많은 사람들은 생각합니다. 충분한 근거도 없이 말이죠."

:: '후회'의 역할

의사결정에 영향을 미치는 우리의 감정, 특히 '후회'라는 미묘하면서도 위력적인 감정도 처음 선택을 바꾸는 데 머뭇거리게 하는 중요한 이유이다. 선택하고 나서 후회한 경험은 누구나 있을 것이다. 성급하게 한 결혼, 문제 많은 중고차, 처분하기 어려운 부동산 등 저마다 경험도 다양하다. 그런데 사안에 따라서는 유독 '뼈저리게' 후회하는 경우도 있다. 이렇듯 서로 다른 후회의 강도는 우리가 왜 처음에 내린 선택에 그토록 집착하는지, 그 이유를 설명해주는 단서가 된다.

일반적으로 인간은 행동하지 않을 때보다 행동했을 때 더 큰 책임감을 느낀다. 그래서 무언가를 실행하다가 일이 어긋나버릴 바에야 차라리 아무것도 시작하지 않는 편이 낫다고 여긴다. 행동하지 않는 것은 '수동적', 즉 '아무것도 하지 않는 것'과 같이 인식되기 때문이다. 아무것도 하지 않았기 때문에 그 결과에 따르는 죄책감도 훨씬 적다. 이 사실은 크루거 교수와 연구진이 시행한 일련의 연구에서도 입증되었다. 연구진은 학생 1,600명을 대상으로 수험 습관을 관찰했다. 역시나 결과는 과거의 연구 사례들과 다를 바 없었다. 답을 바꾼 학생들의 성적이 그렇지 않았을 때보다 대체로 높게 나온 것이다. 실제로 답을 바꾼 학생들을 일일이 살펴보았더니 정답을 오답으로 바꾼 것보다 오답을 정답으로 바꾼 경우가 두 배나 많았다.

그런데 더 중요한 사실은 사후에 가진 학생들과의 인터뷰에서 밝혀졌다. 정답을 오답으로 바꾼 학생들 대부분이 오답을 정답으로 바꿀 시도조차 하지 않은 학생들보다 훨씬 많이 후회하는 것으로 나타났다. 요컨대, 두 경우 모두 정답과는 거리가 멀었지만 바꿔서 틀리는 것보다 차라리 틀리더라도 내버려두는 편이 덜 후회스럽다는 뜻이다.

:: '몬티 홀' 문제

생각해보면 이런 차이가 그리 놀랍지는 않다. 이 같은 현상에 익숙한 연구진은 장수 텔레비전 게임쇼인 〈렛츠 메이크 어 딜Let's Make a Deal〉의 유명한 사회자 이름을 따서 '몬티 홀Monty Hall' 문제라는 용어를 지어냈다. 1970년대에 재방영될 당시 이 프로그램은 앞서 학생들이 처한 상황과 비슷한 유형의 갈등 상황을 제시했다. "현재 확보한 것에 만족하겠습니까? 아니면 1번 문 뒤에 있는 것을 받아들이겠습니까?"

학생들의 행동을 살펴본 연구진은 또 하나의 기발한 의문을 떠올렸다. '후회의 정도가 다르다면 그 사건들을 기억하는 방식도 다를 것인가?' 하는 점이었다. 당신이 시험을 본다고 가정해보자. 선택은 두 가지다. 처음에 선택한 답을 오답으로 바꾸는 것과 처음 선택한 오답을 끝까지 고수하는 것이다. 둘 중 어느 경우에서 기억이 더 잘 떠오를까?

:: 유난히 뚜렷이 기억나는 실수도 있다

이 의문에 대한 해답을 얻기 위해 크루거 교수는 대학교 입학시험인 SAT와 대학원 입학시험인 GRE에 출제된 실제 문제들의 일부를 학생들에게 제시했다. 교수는 문제를 풀다가 답을 두 개로 압축한 학생들에게 둘 중 어느 것이 처음 선택한 답인지 표기하게 했다. 그리고 한 달 뒤에 다시 그 학생들에게 당시의 답을 선택하게 된 배경에 대해 자세히 물었다.

이때 학생들은 특징적인 기억 편향memory bias을 보였다. 그것은 후회에서 비롯된 것이었다. 크루거 교수는 학생들이 처음 선택한 답에 집착할 경우 정답을 맞히지 못할 가능성이 높다는 사실을 발견했다. 그런데 흥미로운 점은, 교수의 연구 결과와 학생들의 기억이 다르다는 것이었다. 답을 고쳐서 문제를 틀린 경우가 몇 번이나 되느냐는 교수의 질문에 학생들은 실제보다 많은 횟수를 언급했다. 반대로 첫번째 답을 고수하여 문제를 틀린 경우는 몇 번이냐는 질문에는 그 반대로 대답했다.

결과적으로, 학생들은 처음 선택한 답을 고수하는 것이 더 훌륭한 전략이라고 기억했다. 하지만 사실은 달랐다. 크루거 교수는 사람들이 처음 선택을 고수하는 것이 현명하다고 믿게 된 배경에 이런 기억 편향도 한몫을 한다고 설명한다.

"선택을 바꿔 더 나은 결과를 얻을 수 있다는 엄연한 사실에도 불구하고 사람들은 그 반대의 현실을 더 잘 기억합니다. 역설인 셈이지요."

SOTP

SHCOOL

04

인간은 장밋빛 안경을 쓰고 있다

WHY WE MAKE MISTAKES

세상에서 가장 어리석고 얼빠진 짓은 무엇일까? 워낙 많아서 일일이 헤아리기조차 어려울 것이다. 카지노계의 거물 스티브 윈Steve Wynn이라면 아마도 2006년 9월 30일에 겪은 사건을 1순위로 꼽을지도 모른다. 그날 방송인 바바라 월터스Barbara Walters와 작가 노라 에프론Nora Ephron을 포함한 몇몇 지인들이 스티브 윈의 라스베이거스 집무실을 찾았다. 미술품 수집가로도 정평이 나 있던 윈은 가장 애지중지하던 소장품을 지인들에게 보여줄 작정이었다. '꿈Le Rêve'이라는 제목의 이 작품은 1932년에 피카소가 연인 마리 테레즈를 그린 초상화였다.

마리 테레즈의 머리가 두 부분으로 나누어져 있고 그중 한 부분이 남성의 성기를 닮은 것 외에도 이 야릇한 작품에는 몇 가지 특징이 더 있다. 무엇보다 이 작품은 세상에서 가장 비싼 작품 중 하나라는 점이다. 지인들이 방문하기 바로 전날, 윈은 이 작품을 헤지펀드의 대부인 스티븐 코헨Steven Cohen에게 1억 3,900만 달러라는 엄청난 가격에 팔기로 동의한 상태였다. 이 가격은 역대 미술품 판매 역사에서 최고가보다 400만 달러나 많은 금액이다.

그런데 지인들 앞에서 소장품을 자랑하려던 윈이 오른손을 들어 그림을 가리키는 듯하더니 그만 실수로 그림에 상처를 내고 말았다. 그림에 그의 팔꿈치 끄트머리 크기의 구멍이 뻥 뚫린 것이다.

"이런 제기랄, 대체 내가 무슨 짓을 한 거야!" 갑작스러운 실수에 스티브 윈은 무척 당황해했다고 노라 에프론은 훗날 자신의 고객인 허핑턴 포스트의 웹사이트에서 밝혔다.*

하지만 윈 자신은 이런 말을 한 기억이 없다고 했다. 사건이 있은 지 몇 개월 뒤에 나눈 인터뷰에서(이때 그는 런던의 보험회사 로이드Lloyd를 상대로 소송을 제기한 상태였다) 그는 사건 당시에 자신이 한 말을 꽤 자세히 기억한다고 말했다.

"돌아서서 저는 이렇게 말했습니다. '이런 세상에! 어떻게 이런 일이!'"

표현의 차이는 크지 않지만 그것이 전하는 메시지는 분명하다. 사람들은 자신의 행동을 상기할 때 장밋빛 안경을 쓰는 경향이 있다. 의도적으로 왜곡하려는 뜻은 없지만, 과거의 말과 행동을 자연스럽게 미화하려고 하는 것이다.

---

* 당시 벌어진 상황에 대해 자세하게 설명한 노라 에프론의 글은 허핑턴 포스트의 웹사이트 www.huffingtonpost.com/nora-ephron/my-weekend-in-vegas_b_31800.html에 소개되어 있다. 훗날 윈은 이 한 번의 실수로 무려 5,400만 달러를 날렸다고 한탄하며 "세상에서 가장 어리석고 얼빠진 짓"이라고 했다고 전한다. Zambito(2007) 참조.

:: 우리는 A학점을 더 잘 기억한다

사실인지 아닌지 한 가지 실험을 해보자. 당신은 다음과 같은 질문에 객관적으로, 사실 그대로 대답할 수 있을까? "당신의 고등학교 성적은 어느 정도였습니까?"

아마도 실제 성적은 당신이 기억하는 것보다 우수하지 못했을 것이다. 한 실험에서 연구진은 오하이오 웨슬리언 대학교 학생 일부에게 고등학교 시절의 성적을 떠올려보라고 주문했다. 그리고 학생들의 대답을 실제 성적표와 비교했다. 그랬더니 29퍼센트가 과거의 성적을 엉터리로 기억했다(그래도 독일 학생들을 연구한 결과보다는 나았다. 비슷한 질문을 받은 독일 학생들의 43퍼센트가 과거의 성적을 잘못 기억했다). 기억하자. 이 연구의 피험자들은 고등학교를 졸업한 지 몇십 년 지난 사람들이 아니다. 대학교 1, 2학년생들에게 불과 2, 3년 전인 고등학교 시절의 성적을 물었을 뿐이다.

더군다나 대학생들의 대답은 중립성에서도 한참 벗어났다. 엉터리 성적을 말한 학생 중에서 실제보다 성적을 내린 경우보다 올린 경우가 훨씬 많았다. 아마도 학생들은 성적이 나빴을 때보다 좋았을 때를 더 잘 기억하는 듯하다. 실제로 A학점을 정확히 기억한 비율이 89퍼센트였던 데 반해 D학점은 29퍼센트에 지나지 않았다(그래서 연구진은 F학점은 아예 계산도 하지 않았다). 그뿐만 아니라 잘못 기억하는 실수를 범한 학생들의 수도 예상을 뛰어넘었다. 99명 중에 무려 79명이 성적을 부풀려 기억했다(성적을 실제보다 낮게 기억한 학생들의 수는 극히 적어서 유의미한 일반화를 도출하기에는 역부족이었다*).

오하이오 웨슬리언 대학교 학생들의 연구 사례는 결코 특별한 게 아니다. 다시 말하지만, 인간은 과거의 기억을 긍정적이고 자기만족적인 내용으로 재구성한다. 한 예로, 부모는 자신들의 양육 방식을 있는 그대로 기억하기보다 전문가가 권유하는 이상적인 모델에 가깝게 기억하는 경향이 있다. 또 비슷한 예로, 도박꾼도 돈을 잃었을 때보다 땄을 때의 상황을 더 생생히 기억했다. 게다가 앞으로 살펴보겠지만, 우리 대부분은 성적性的으로 중요한 과거사에 대해서도 엉뚱하게 기억한다.

이런 성향은 매우 강력하여 우리 자신을 바라보는 '눈'에도 영향을 미친다. 시카고 대학교의 니콜라스 에플리Nicholas Epley 교수와 버지니아 대학교의 에린 위트처치Erin Whitchurch 교수는 일련의 실험을 통해, 사람들이 자신의 얼굴을 실제보다 매력적으로 생각한다는 사실을 밝혀냈다. 두 교수는 피험자들의 얼굴과 유사한 사진들을 나열한 뒤에 자신과 가장 닮은 한 장을 선택하게 했다. 그러자 피험자들은 연구진이 컴퓨터를 이용하여 실제 얼굴보다 20퍼센트 정도 매력적으로 교정한 사진을 가장 먼저 찾아냈다. 또한 조작 없는 실제 사진보다 더 예쁘거나, 가정적으로 보이거나, 감성적인 표정의 사진을

* 더욱 최근에 보스턴의 노스이스턴 대학교 학생들을 대상으로 한 조사에서도 같은 결과가 나왔다. 학생들이 기억하는 점수를 실제 평점과 비교했더니 '평균적으로' 매우 높은 수준이었다. 평점을 실제보다 낮게 기억한 비율은 10퍼센트에 불과했다. Gramzow, Willard and Mendes(2008) 참조.

선호했다(그렇지만 낯선 이의 얼굴을 바라볼 때는 이런 성향이 나타나지 않았다).

보고 기억하는 과정에서 나타나는 이런 자기중심적 성향은 우리 내면에 깊이 내재된 데다 이 책에서 소개하는 여러 가지 실수처럼 자신도 모르게 표출된다. 노벨상 수상자인 대니얼 카너먼Daniel Kahneman 프린스턴 대학교 교수도 얼마 전에 한 인터뷰에서 이 점을 언급했다.

"분명한 사실인데도 사람들은 좀처럼 생각을 바꾸려 하지 않습니다. 설령 생각을 바꿀 때조차도 그 사실을 깨닫지 못합니다. 그리고 생각을 바꾼 뒤에는 사람들 대부분이 과거의 견해를 재구성하지요. 예전에도 그렇게 생각했던 것처럼 말입니다."

예전에도 그렇게 생각했다는 믿음이 그 대상에 대한 과거의 견해에 한정될 때는 크게 문제 될 게 없다. 한 예로 우리가 부모로서 (실제보다) 훌륭하게 생활해왔다고 생각한다고 해서 무슨 문제가 되겠는가? 가족 모임에서 이런 말을 듣고 황당해할 사람들이 있을지 모르지만, 그렇다고 먹던 음식을 집어던지기야 하겠는가? 하지만 과거의 '사실'은 달라지지 않는다. 세간의 이목이 과거의 사실에 집중된 상황에서, 당사자들이 그 사실을 무시한 채 과거의 행동을 자기중심적으로 해석한다면 과연 어떤 일이 벌어질까?

:: 세상은 나를 중심으로 돌아간다?

존 딘John Dean이라는 이름을 기억하는 사람들이 있을 것이다. 존 딘은 『양심 없는 보수주의자들*Conservatives Without Conscience*』의 저자이며 케이블 텔레비전의 뉴스에도 간혹 출연하는 정치 평론가이다. 딘이 유명세를 탄 것은 1970년대 워터게이트 스캔들 당시에 리처드 닉슨 대통령의 법률고문을 맡으면서부터였다. 1973년 6월, 딘은 상원 워터게이트 진상조사위원회에 출석하여 닉슨 대통령의 집무실에서 오간 대화에 대해 증언했다. 훗날 세간에 잘 알려진 대로 그 대화는 테이프에 녹음되어 있었다. 대화 내용은 코넬 대학교의 심리학자이자 '인간의 기억' 부문의 세계적 권위자인 울릭 네이서Ulric Neisser 교수에게 세상에 둘도 없는 연구거리가 되었다. 실제 대화 내용과 딘이 기억하는 대화 내용을 비교할 수 있는 좋은 기회였던 것이다.

"정말 더없이 좋은 기회였지요." 지금은 은퇴한 울릭 네이서가 당시를 회상했다.

오하이오 웨슬리언 대학교의 학생들이 그랬듯이, 네이서는 딘의 기억에도 체계적인 왜곡 현상이 나타났으며 딘 자신에게 유리한 방향으로 기억을 왜곡하는 경향이 있음을 발견했다. 예를 들어 딘에게서 발견된 왜곡 현상은 대부분 딘 자신의 자아상과 연관되어 있었다. 즉 딘은 자신이 맡고 있던 역할을 실제보다 중책으로 여기고 있었다. 하지만 더 중요한 것은, 딘이 기억하는 내용 중에서 사실과 다른 점이 곳곳에서 발견되었다는 점이다. 그가 기억하는 상세한 대화 내용뿐 아니라 대화의 요점마저도 상당 부분 사실과 달랐다. "녹취록과 대조한 결과 존 딘의 증언은 사실과 많이 달랐습니다." 네이서가 내린 결론이다.

다음에 수록한 내용은 1972년 9월 15일에 딘이 닉슨 대통령을 만나 나눈 대화 내용 중에서 상원 진상조사위원회에서 진술한 내용의 일부이다. 전체 진술 내용은 총 245쪽으로, 책 한 권과 맞먹을 정도로 방대한 양이다. 이렇게 많은 내용을 딘은 모두 진술할 수 없었다. 그래서 그는 상원 진상조사위원회에서 진술할 내용을 재구성했다. 특히 워터게이트 사건일로부터 청문회가 열린 날까지 모아둔 신문자료도 참고했다. 신문 자료를 기억의 보조 자료로 활용했다는 것은 곧 자신이 신문기사에 드러난 상황 속으로 들어갔다는 의미이기도 했다. 결국 그가 상원에서 진술한 모든 내용은 짜 맞추기에 지나지 않았던 것이다.

여기서 다시 한 번 주지할 것이 있다. 딘이 기억해야 할 것은 역사 속의 이야기가 아니라 증언하기 9개월 전에 실제로 일어난 사건이었다. 게다가 딘은 남다른 기억력의 소유자이기도 했다. 그래서 어느 기자는 그를 일컬어 '인간 녹음기'라고 부르기까지 했고, 딘 자신도 이런 인상을 강조하려는 듯했다. 한 예로 청문회에서 어느 상원 의원이 그에게 어떻게 그처럼 상세하고 정확하게 기억할 수 있느냐고 묻자 그는 이렇게 대답했다.

"네, 의원님. 저는 기억력이 뛰어나다고 생각합니다. 제 학창 시절을 잘 아는 사람들은 제가 정보를 회상하고 기억하는 능력이 탁월하다는 사실을 알 겁니다. 저는 원하는 내용을 잘 기억할 수 있기 때문에 공부를 많이 하지 않아도 되는 그런 학생이었습니다."

다음은 존 딘의 진술에서 발췌한 내용이다.

9월 15일, 미국 법무부는 워터게이트 사건을 조사한 연방대배심의 7개 기소 건에 대한 판결문을 발표했습니다. 그날 늦은 오후, 저는 대통령 집무실로 오라는 전화를 받았습니다. 제가 도착했을 때 집무실에는 대통령과 비서실장 밥 홀드먼이 함께 있었습니다. 대통령께서 제게 앉으라고 하시더군요. 두 사람 모두 기분이 매우 좋아보였고 저를 따뜻이 환대했습니다. 대통령께서는 홀드먼을 통해 제가 워터게이트 사건을 잘 처리했다고 들었다고 했습니다. 그리고 저를 향해 어려운 일을 잘 해냈다고 칭찬하더니 고든 리디 선에서 사건이 잘 마무리되었다고 했습니다. 저는 다른 사람들이 훨씬 어려운 일들을 했기 때문에 제가 그런 칭찬을 듣기에는 적절치 않다고 답했습니다. 당시의 상황에 대해 대통령과 논의하던 저는 그 사건을 완전히 마무리하기 위해 해온 일들을 대통령께 설명했습니다. 더불어 이 사건을 끝내기 위해서는 시간이 많이 필요할 뿐 아니라 반드시 종식된다는 보장도 없다는 점을 충분히 설명했습니다.

녹취록을 검토한 네이서는 닉슨 대통령이 집무실에서 존 딘과 관련하여 어떠한 말도 하지 않았다는 사실을 발견했다. 딘에게 앉으라는 말도 하지 않았고, 일처리가 마음에 든다는 말을 홀드먼에게서

들은 적도 없으며, 딘에게 잘했다는 말을 한 적도 없었다(적어도 녹취록의 해당 부분에서는 이런 언급이 없었다). 또한 아래의 녹취록 발췌에서도 보듯이, 닉슨 대통령은 고든 리디에 대한 언급도 하지 않았고 딘 자신이 했다는 말조차도 신빙성이 전혀 없어 보였다.

대통령 오, 안녕하시오? 오늘 많이 힘들었지요? 워터게이트 문제를 맡고 있다죠?

딘 네, 노력하고 있습니다.

홀드먼 어떻게 마무리가 되었나요?

딘 아, 네! 적어도 지금까지는 잘되고 있습니다. 언론도 우리 예상대로 움직이고 있고요.

홀드먼 완전히 해결된 건가요?

딘 아니요, 아직은 아닙니다. 지금까지 그렇다는 말씀입니다.

대통령 심각한 사건이에요.

홀드먼 다섯 명과 백악관에 일했던 그 사람도 기소되었지요. 그게 전부입니다.

딘 백악관 출신은 두 명입니다.

홀드먼 잘되었어요. 적어도 백악관을 향한 화살은 잦아들 겁니다. 미첼 장관이 누차 말한 대로, 이 나라 사람들은 리디와 헌트를 몸통으로 생각할 겁니다. 그 정도만 해도 다행이에요.

대통령 맥그리거는 어떻게 하고 있습니까?

딘 잘하고 있는 것 같습니다. 이제는 대배심에서 적당히 사과하는 것이 현명하다는 말도 했고요.

홀드먼 무슨 소리예요.

딘 무슨 소리라뇨? (음성이 불명확했다.)

홀드먼 사과는 할 수 없어요.

대통령 우리가 처한 어려움들을 명심하세요. 빨리 이 상황을 되돌려야 합니다. 다른 수사들은 어떻게 되어가고 있나요?

이때 닉슨이 전화를 받느라 대화가 잠시 끊긴다. 전화를 끊자마자 존 딘은 상황이 잘 해결되고 있음을 다시금 상기시킨다.

딘 석 달 전만 해도 저는 이 사건이 쉽게 잊히리라고는 생각하기 어려웠습니다. 그러나 지금은 말할 수 있습니다. 앞으로 54일이면(11월의 대통령 선거를 말한다) 우리를 놀라게 할 일은 더 이상 없을 겁니다.

대통령 정말입니까?

딘 네, 우리를 놀라게 할 일은 더 이상 없을 겁니다.

나는 존 딘에게 연락하여 네이서의 평가에 대해 어떻게 생각했는지 물었다. 그는 자신의 상원 증언에 대한 네이서의 분석 내용이 마뜩지 않다는 내용의 이메일을 보내왔다. 그러면서 자신의 증언과 테이프 내용을 비교한 경우가 이번이 처음이 아니라는 말도 덧붙였다. "내 증언을 연구한 사람들은 대체로 내가—아니, 어느 누구라도—

과거의 대화 내용을 특징적으로 묘사할 수밖에 없으며, 또한 내가—아니, 어느 누구라도—녹음기처럼 정확할 수는 없다는 사실을 무시했습니다. 게다가 나는 내 육성을 녹음한 사람이 닉슨 대통령이라고 믿었기 때문에 실제로 기억하는 사실을 전부 증언할 수는 없었습니다."

그래서 나는 네이서의 분석 내용을 복사하여 딘에게 보낸 뒤 조금 더 상세한 답변을 기대했다. 하지만 돌아온 답변은 무척이나 간단했다. "나는 네이서 교수가 내 증언뿐 아니라 테이프 내용도 왜곡했다고 확신합니다. 중요한 것은, 내가 굳이 많은 시간을 들여가며 그 모든 정보를 일일이 정리할 필요는 없다는 것이지요." 그러고는 다시는 내 질문에 답하지 않았다.

:: 뒤늦은 깨달음?

하지만 존 딘의 증언은 중요한 점을 간과하고 있다. 뒤늦은 깨달음이 항상 옳은 것은 아니며, 때로는 사실과 전혀 다를 수도 있다는 점을 말이다. 실수를 유발하는 한 가지 중요한 원천이 바로 이 사후해석 편향hindsight bias이다. 사건의 결말을 충분히 알고 나면 과거의 그 사건을 인지하고 기억하는 방식도 달라진다는 것이 사후해석 편향의 핵심이다.

사람들의 생각이야 제각각이지만 이것은 엄연한 사실이다. 역사

학자들조차도 이 오류에서 자유롭지 못하다. 게티즈버그 전투든 진주만 폭격이든, 사건이 지나고 나서야 역사학자들은 의미 없는 것들로부터 의미 있는 것들을 더 쉽게 추출해낼 수 있다. 역사를 기록하는 사람들은 그 사건의 결과를 필연으로 받아들이는 경향도 있다. 그러나 이런 식의 해석은 또 다른 무언가를 대가로 삼을 수밖에 없다. 이것이 이른바 점진적 결정론creeping determinism이라고 알려진 과정이다.

예컨대 저명한 군사 연구가인 로베르타 월스테터Roberta Wohlstetter는 진주만 공격에 대한 역사적 기술을 마무리하면서 이렇게 적고 있다. "사건이 지나고 나면 그 실체가 항상 명백하게 밝혀지는 법이다. 우리가 지금 그 참사의 실체를 분명하게 바라볼 수 있는 것은 그 참사가 이미 일어났기 때문이다. 그러나 사건이 발생하기 전에는 그 의미가 모호하고 불분명했다."

사후해석 편향을 주제로 한 여러 실험의 결과를 보면, 사람들은 사건 당시에 알게 된 것들을 과장할 뿐 아니라 그것들을 엉뚱하게 기억했다. 특히 사건 당시의 상황을 애초부터 잘못 파악했을 때는 이런 경향이 더 심하게 나타났다.

사후해석 편향을 주제로 한 연구는 이미 1970년대부터 시작되었다. 당시 예루살렘의 헤브루 대학교에서 교수로 재직했으며 지금은 피츠버그 카네기 멜론 대학교에 몸담고 있는 바루크 피쉬호프Baruch Fischhoff 교수가 그 중심에 있었다. 피쉬호프 교수도 네이서 교수처럼 리처드 닉슨 대통령을 사후해석 편향의 좋은 연구 대상으로 삼았다.

1972년, 닉슨은 역사적 해외 순방길을 수차례 오른다. 한 번은 중국, 다른 한 번은 소련을 방문하기 위해서였다. 이 순방길에서 과연 닉슨이 무엇을 얻고 또 무엇을 얻지 못할 것인지에 대해 언론은 큰 관심을 갖고 있었다. 하지만 피쉬호프에게 이런 것들은 부차적이었다. 그에게 이 사건은 사후해석 편향을 실생활에서 시험할 수 있는 완벽한 기회였다.

닉슨이 순방에 나서기 전, 피쉬호프와 동료 루스 베이스Ruth Beyth는 한 무리의 이스라엘 학생들에게 이 순방의 결과가 어떨지 예측하게 했다. "닉슨 대통령과 마오쩌둥이 만날 가능성이 있을까요?" "닉슨 대통령이 레닌의 묘소를 참배할까요?" 결국 학생들에게 요구한 것은 '모 아니면 도'였다. 학생들 입장에서는 닉슨이 그들을 만날 가능성이 없다고 생각하면 0퍼센트를, 만날 가능성이 있다고 확신하면 당연히 100퍼센트를 말할 터였다.

나중에 닉슨이 베이징과 모스크바에서 돌아오자 피쉬호프 교수는 학생들에게 원래의 대답을 상기하게 했다. 그러고 나서 두번째 질문을 던졌다. "여러분들이 예측한 상황이 실제로 일어나리라고 확신했나요? 예를 들어, 닉슨이 마오쩌둥을 만날 것이라고 예상했다고 하더라도, 실제로 두 사람이 만날 것이라고 확신했나요?"

장시간 연구를 거듭한 피쉬호프 교수는 앞서 오하이오 웨슬리언 대학생들이 고등학교 성적을 제대로 기억하지 못했듯이, 이스라엘 학생들 역시 처음에 예측한 내용을 정확히 기억하지 못한다는 사실을 발견했다. 그뿐만 아니라 웨슬리언 대학생들과 마찬가지로 이스라엘 학생들 역시 자신들이 실제보다 똑똑해 보일 법한 기억에 집착하는 것으로 나타났다. 특히 처음의 예측이 현실로 드러났을 때 학생들은 처음의 그 예측을 과도하게 강조했다. 예를 들어 처음 예측의 발생 확률이 30퍼센트에 불과했음에도, 그것이 현실로 드러났을 때는 확률을 50퍼센트 정도로 높게 기억하는 경향이 있었다. 반면에 처음의 예측이 실현되지 않았을 때는 그 반대였다. 즉 처음 예측의 발생 확률이 50퍼센트였더라도 실제로 기억하는 확률은 30퍼센트 정도에 지나지 않았다. 어느 경우든 결과는 마찬가지다. 실험에 참가한 학생들은 대체로 자신이 실제보다 예지력이 뛰어난 것처럼 과거를 기억했다. 그래서 피쉬호프 교수는 한 논문에 이런 제목을 붙이기도 했다. "사후해석≠예지력"

:: 섹스 파트너에 대한 기억

우리의 일상은 이처럼 잘못된 기억들로 가득하다. 섹스를 예로 들어보자. 지금껏 살아오면서 얼마나 많은 이성과 사랑을 나누었는지 대충은 기억할 것이다. 더러는 자신이 기억하는 숫자가 정확할 것이라고 생각한다. 그렇다면 친구들에게 그동안 얼마나 많은 파트너를 만났는지 한번 물어보자.

아마도 남성 친구들과 여성 친구들의 대답에는 큰 차이가 있을 것이다. 전문적인 여론 조사원이라면 대부분 이런 사례를 경험한다.

미국 전역의 국민들을 대상으로 한 조사에서 남자들이 말한 평생의 섹스 파트너 수치는 일반적으로 여자들에 비해 최대 네 배나 많았다. 한 남자의 새로운 파트너는 결국 한 여자의 새로운 파트너와 수적으로 동일함에도 이런 결과가 나타났다.*

왜 이런 차이를 보이는지 정확히 밝혀진 바는 없다. 그러나 이것만큼은 분명하다. 남성이든 여성이든 자신의 성생활을 의도적으로 왜곡하지는 않는다는 사실 말이다. 물론 여론 조사원들에게 자신의 성생활에 대해 거짓말을 하는 경우도 있다. 하지만 섹스 파트너 이외의 다른 성생활과 관련된 질문을 했을 때 남성이든 여성이든 비교적 솔직하게 대답을 한다. 예컨대 구강 섹스나 항문 섹스를 한 경험에 대해 질문했을 때도 남녀를 떠나 대다수 사람들이 솔직하게 답변한다. 섹스 횟수나 섹스 지속 시간 등에 대한 질문에서도 마찬가지다. 따라서 성생활과 관련된 모든 영역에서 굳이 거짓말을 하지 않는 사람들이 유독 섹스 파트너의 수에 대해서만큼은 거짓말을 한다는 것은 이해가 가지 않는다.

그러므로 기억이 정확하지 않았기 때문이라는 설명이 가장 신빙성이 높다. 오하이오 웨슬리언 대학생들처럼 그들 역시 성생활과 관련하여 사실과 달리 자기중심적으로 기억한 것이다. 남자들은 실제

* 가장 최근에 이루어진 미국의 연구 자료에 따르면, 남성이 평생 동안 만나는 여성 섹스 파트너는 평균 일곱 명인 데 반해 여성이 만나는 남성 파트너는 평균 네 명이다. 그러나 평생 만나는 파트너의 수는 그 사람의 부유함의 수준에 따라 달라진다. 각각의 여러 조사 결과들을 보면, 부유한 나라들의 평생 섹스 파트너 수는 평균 열 명인 데 반해 가난한 나라들의 평균치는 여섯 명에 불과했다. Fontes and Roach(2007) 참조.

로 만난 섹스 파트너의 수를 과장하고, 반대로 여자들은 그 수를 적게 기억하는 이유가 여기에 있다.

:: 도박꾼들은 왜 그렇게 자신만만할까?

도박, 특히 풋볼 같은 스포츠와 관련된 도박을 즐기는 사람들의 기억에서도 이와 비슷한 현상이 엿보인다. 주변에 이런 도박을 즐기는 사람이 있다면, 그에게 최근에 돈을 딴 적과 잃은 적이 있는지 물어보고 귀 기울여 대답을 들어보자. 아마도 그는 최근에 돈을 딴 횟수는 있는 그대로 얘기하면서도 잃은 횟수는 은근슬쩍 줄여서 말할지도 모른다.

스탠포드 대학교의 톰 길로비치Tom Gilovich 교수가 과거 코넬 대학교에 재직하던 시절에 프로 풋볼과 대학 풋볼 도박꾼들의 베팅 습관을 연구하여 논문을 썼다.

"주변을 둘러보니 이런 사람들이 수없이 많더군요." 길로비치 교수가 인터뷰에서 말했다. "전 항상 이 점이 궁금했습니다. '이 사람들은 왜 그렇게 자신만만할까?' 그들은 돈을 잃더라도 곧 다시 시작합니다. 대단하다는 느낌이 들 정도지요. 하지만 도박 때문에 인생이 망가질 수도 있습니다."

그래서 길로비치는 도박꾼들의 승패를 추적하는 한편으로 그 승리와 패배에서 그들이 어떤 '생각을 하는지'에 대해서도 연구하기 시작했다. 이를 위해 그는 실험에 참여한 도박꾼들에게 녹음기를 나눠주고 게임에 이겼을 때와 졌을 때의 생각을 녹음하게 했다. 길로비치는 녹음된 테이프를 회수하여 분석했다. 분석 결과, 도박꾼이 예상한 대로 결과가 나타났을 때는 녹음된 목소리도 힘과 자신감으로 충만했다. 이를테면 "나는 이미 결과를 정확히 예측하고 있었어요"와 같은 확신에 찬 음성이 담겨 있었다. 그러나 결과가 예상과 다를 때는 그럴 수밖에 없었다는 듯 '해명성' 발언을 하며 자신의 실수를 모면하려 했다. 예를 들어 마지막 쿼터에서 한 선수가 공을 더듬었기 때문이라는 등 우연히 일어난 사건에 비난의 화살을 돌렸다. 도박꾼들에게는 패배도 실제로 패배가 아니라 승리에 가까운 패배인 것이다. 어느 경우든 해명성 발언은 같은 결과를 보여주었다. 어떤 예측도 사후해석에서는 그럴듯하게 들린다는 점 말이다.

:: 인간은 피상적인 존재다

사후해석에서 나타나는 기억 착오 현상에는 중요하면서도 잘 언급되지 않는 사실 하나가 따라다닌다. 우리의 편향을 우리 자신이 깨닫지 못할 때가 많다는 점이다. 이 책에서 정의하는 편향의 의미는 일반적인 정의와는 차이가 있다. 편향의 사전적 정의는 '특정 유형의 사람이나 발상 등에 대해 명백하게 치우친 생각'으로 정리할 수 있다. 그러나 이 책에서 다루는 의미는 그보다 좀 더 미묘하다.

정의하자면, '본인이 미처 인식하지 못한 상태에서 작용하며, 판단에 미치는 작은 영향력'이라 할 수 있다.

앞서 설명했던 첫인상과 관련한 내용을 다시 생각해보자. 연구진이 피험자들에게 정치인들의 사진을 보여주었을 때 어떤 일이 일어났는지 기억나는가? 정치인의 약력을 보거나 연설 한마디도 듣지 않은 상태에서 피험자들은 그 정치인의 능력을 재빠르게 판단했다. 얼굴만 잠깐 훑어보고서 말이다.

게다가 이런 순간적 판단은 곧 사라지지 않고 실제 투표에 영향을 미친다. 투표 행위를 연구한 사례를 보면, 유권자가 선거운동 과정에서 후보자에 대한 여러 정보를 얻는다 하더라도 그것이 첫인상의 효과를 없앨 수준은 아닌 것으로 나타났다. 즉 유권자들의 투표 선호도는 얼굴 사진을 잠깐 보고 추측한 것에 크게 좌우된다는 뜻이다.

이것은 단지 투표에서의 선호도뿐 아니라 일상에서 수많은 선택이 과연 얼마나 '합리적으로' 이루어지는지에 대해 중요한 시사점을 제시한다. 그만큼 인간은 자신의 생각보다도 훨씬 피상적인 존재라는 말이다. 어떤 사람들은 결정을 한 사실조차 인지하지 못한다. 위의 투표 사례에서 연구진은 "결정이 워낙 빨리 이루어지는 탓에 유권자는 무엇이 선택에 영향을 미쳤는지 쉽게 알아차리지 못한다"라고 결론지었다. 바꾸어 말하면, 유권자 자신의 생각이 편향되어 있는데도 그 사실조차 '인지'하지 못하는 것이다.

하지만 대다수 사람들은 스스로가 불편부당不偏不黨하다고 자신하기 때문에 이런 사실을 인정하려 하지 않는다.

"사람들은 모두 자신이 치우치지 않은 사람이라고 생각합니다. 편향을 입증하는 자료들이 산더미처럼 많은데도 말이지요." 카네기 멜론 대학교의 교수이며 편향이 인간의 판단에 미치는 영향을 연구한 미국 최고의 권위자 조지 뢰벤슈타인George Loewenstein 교수의 말이다. 자신의 편향성을 깨닫지 못하기에 그 편향에서 유발되는 실수를 줄이기는 더더욱 어렵다.

:: 의사들도 편향에서 자유롭지 않다

의사에게서 약을 처방받고 있다고 생각해보자. 미국에서 사용되는 처방약의 규모는 해마다 크게 늘고 있다. 1995년과 비교해 2000년 미국의 소매 처방약의 연간 지출액은 두 배나 늘어난 1,320억 달러를 기록했다. 최근에는 미국 인구의 거의 절반이 최소 한 가지 이상의 처방약을 복용하고 있다.

그런데 불필요한 약을 처방받아 복용하는 사람들도 굉장히 많다. 어느 연구진이 의사들의 처방 관행을 주제로 한 논문 약 30편을 재검토했다. 연구진은 의사와 제약회사의 관계 때문에 이른바 '비정상적 처방'이 남발되고 있는 현실을 발견했다.

1989년부터 2000년 사이에 미국 연방 규제당국은 1 천여 종 이상의 신약을 승인했다. 그 모든 신약들이 효능 측면에서 개선된 것이라면 물론 문제 될 게 없다. 그러나 그렇지 않았다. 미국 식품의약국

FDA에서 조사한 바에 따르면, 이 시기에 승인된 의약품의 76퍼센트는 기존의 약품보다 효능이 아주 약간 개선된 정도였고 나머지 상당수는 동일한 성분을 가감하여 약간의 변형을 가한 약품에 지나지 않았다.

그런데도 제약회사들은 가격을 겸손하게(?) 책정하지 않았다. 2000년을 기준으로 동일 처방에 사용되는 일반 의약품의 신약 가격은 기존 약품에 비해 평균 두 배 가까이 비쌌다. 이렇게 신약에서 창출된 새로운 부가가치 중에서 신약 홍보를 위해 제약회사가 의사에게 지출한 비용이 일인당 평균 8천 달러 이상이었다.*

그렇다면 이런 뇌물이 실제로 의사들의 판단에 영향을 미쳤을까? 의사들은 그렇지 않다고들 말한다. 몇몇 조사에서도 의사들은 제약회사의 금전적 뇌물에 영향을 받지 않았다고 말했다. 그러나 다른 많은 연구의 결과는 이와 달랐다. 한 연구에서는, 동료 의사들이 제약회사의 뇌물 공세에 영향을 받는다고 생각하는 의사들의 비율이 84퍼센트에 달했다. 그럼 본인은 어떨까? 자신이 그 뇌물에 영향을 받는다고 대답한 비율은 고작 16퍼센트였다.

---

* 2008년, 제약업계는 미국 의사들을 대상으로 한 선물을 금지하는 자발적 지침을 채택했다. Harris(2008) 참조.

:: 편향은 공개해도 결코 사라지지는 않는다

제약회사의 뇌물을 받은 의사들에게서 보이는 편향은 '이해관계의 충돌'이라는 해묵은 쟁점을 다시 드러낸다. 제약회사의 뇌물을 받는 행위는 의사 자신의 이득을 위해서일까, 아니면 환자들을 위해서일까? 이처럼 갈등이 생기는 상황에 대처하는 잘 알려진 요령 하나가 바로 그 갈등 상황을 공개하는 것이다. 한 예로 증권 애널리스트들은 자신과 관련된 증권회사와의 이해관계를 명확히 밝혀야 한다. 변호사들도 의뢰인의 이해관계와 상반된 다른 사람들을 변호할 일은 없는지 해당 의뢰인에게 알릴 책임이 있다. 최근에는 일부 의사들을 중심으로 금전과 얽힌 갈등 상황을 환자들에게 명확히 설명하자는 움직임도 일고 있다. 예컨대 미국 정형외과학회AAOS에서는 외과 의사들이 환자의 치료와 관련된 업종과 금전적 이해관계에 있을 경우 그 사실을 환자에게 밝혀야 한다고 권고한 바 있다.*

어느 경우든 원리는 같다. 편향이 존재하는지 여부를 고객들이 스스로 판단하게 해야 한다. 그리하여 편향이 존재한다면, 그 수준이 어느 정도이고 또 어느 정도까지 감안할 것인지를 고객들이 스스로 판단하게 해야 한다.

그런데 공개하면 과연 효과가 있을까? 조지 뢰벤슈타인 교수도

---

* 환자는 외과 의사가 5대 외과 의료장비 제조회사들과 이해관계를 맺고 있는지 여부를 웹사이트만 방문해도 알 수 있다. 이 회사들은 최근 의료계의 리베이트 문제를 수사하던 뉴저지주 연방검찰과의 협약에 따라 이 정보를 공개하기로 했다. Armstrong(2007) 참조.

이 점이 궁금했다. 그래서 카네기 멜론 대학교의 동료 연구진과 함께, 우리가 주식 투자에 앞서 한 번씩 해보는 모의 투자와 비슷한 게임을 창안했다. 주식에 투자하기에 앞서 우리는 해당 종목의 가치가 어느 정도인지 판단해야 한다. 이때 정확하게 판단하려고 투자 상담사처럼 우리보다 주식을 잘 아는 사람들의 도움을 빌리기도 한다.

뢰벤슈타인이 창안한 게임에 참여한 투자자들도 이와 유사한 판단 상황에 직면했지만 그 내용은 많이 달랐다. 연구진이 투자자에게 요구한 것은 주식의 가치가 아니라 동전으로 가득 채워진 항아리의 가치였다. 뢰벤슈타인은 항아리 속 동전의 가치를 투자자가 판단하는 데 도움을 줄 투자 상담사까지 고용했다.

이 실험에서 우리는 상담사의 수수료가 얼마인지를 눈여겨봐야 한다. 여기서 투자 상담사의 보수는 두 가지 방식으로 책정되었다. 첫째는 의뢰인(투자자)의 추정 정확도에 따라 결정되는 경우였다. 그리고 둘째는 의뢰인이 추정하는 액수가 많을수록 보수도 많아지는 경우였다. 다시 말해 의뢰인이 항아리에 든 동전의 가치를 높게 평가할수록 상담사의 보수도 많아진다는 뜻이다. 이 상황은 상담사와 의뢰인의 이해관계가 첨예하게 대립될 수 있음을 의미했다. 의뢰인은 상담사로부터 '정확한' 정보를 얻으려 하겠지만, 상담사는 그에게 가급적 '높은 가치'를 조언하며 경제적 이익을 꾀할 게 빤하기 때문이다. 뢰벤슈타인은 의뢰인과 상담사의 이런 이해관계를 일부에게는 공개하고 다른 일부는 모르게 했다.

그리고 게임을 시작했다. 주식에 투자해본 사람이라면 이 실험의 결과가 비록 권장할 수준은 아닐지라도 충분히 흥미로우리라는 점에는 공감할 것이다. 첫째, 이해관계의 충돌에서 빚어진 결과는 우리가 예상한 그대로였다. 역시나 상담사는 동전의 추정액을 높게 평가하여 의뢰인에게 조언했다. 그런데 이해관계를 공개한 쪽에서는 상황이 더 심해졌다. 뢰벤슈타인은 상담사가 추정액을 높게, 일부는 매우 높게 평가한다는 일관된 현상에 주목했다. 의뢰인의 추정 정확도를 바탕으로 보수가 주어질 경우에 상담사의 평가 추정액은 비교적 낮은 16달러였다. 그러나 의뢰인의 추정 액수에 따라 보수가 정해지는 경우에 상담사의 평가 추정액은 평균 20달러 이상으로 높아졌다. 그리고 추정액에 따라 보수를 주는 동시에 이 사실을 의뢰인에게 공개했을 때는 추정액이 이보다 훨씬 높은 24달러 이상이었다.

더 중요할 수도 있는 둘째는 투자자들의 반응과 관련된다. 상담사의 이해관계에 대해 알려주자, 투자자는 상담사가 전해준 정보의 가치를 낮추었다. 하지만 그 할인 수준은 '충분치' 않았다. 이해관계를 알게 된 투자자가 상담사의 추정액에서 깎아내린 수준은 평균 4달러였지만, 상담사가 부풀린 액수는 평균 8달러였다. 바꾸어 말하면, 투자자가 낮춘 가치는 실제의 절반에 불과했다.

이 결과는 무엇을 의미할까? 여러 가지 의미가 담겨 있다. 가장 이해하기 쉽고 분명한 해답은 투자 상담사의 대응이다. 즉 상담사의 이해관계가 알려지면 투자자가 상담사의 조언을 평가절하한다. 따라서 이 사실을 잘 아는 상담사는 수입의 손실을 메우기 위해 추정액을 조금 더 부풀린다.

첫번째보다는 덜 명백하지만 흥미로운 두번째 해답은 심리학자들이 말하는 이른바 '도덕적 면허moral-licensing' 또는 '자체 면허self-licensing'와 관련된다. 한 연구진은 실험실 연구 결과, 자신은 부정不正하지 않다고 확신하는 사람들일수록 이후의 잇따른 상황에서 부정한 행위를 반복하는 것으로 나타났다. 실제로 프린스턴 대학교 연구진의 최근 실험에서 이 점이 입증되었다. 자신은 편견이 없다고 당당히 선언한 사람들이 정치적으로 정확하지 않은 견해를 드러내는 경향이 더 많았다.

:: "보세요, 우리는 분명히 경고했어요"

유사한 사례를 지난 2008년 대통령 선거에서도 찾을 수 있다. 오랫동안 인권운동가로 헌신해온 제시 잭슨Jesse Jackson이 폭스 뉴스의 한 프로그램에서 버락 오바마 후보에 대해 설명하다가 지나치게 흥분한 나머지 흑인을 비하하는 표현을 자주 사용했다(그는 몇 년 전에도 뉴욕을 '유대인 마을'로 부르는 등 비방적인 용어를 사용했다).

이보다 더 적나라한 사례의 주인공은 미국의 담배회사들이다. 1965년, 연방정부가 담뱃갑에 경고성 문구를 의무적으로 표기하게 하자 소비자들은 이를 소비자 주권의 승리라고 크게 반겼다. 그러나 이때부터 담배회사들이 흡연자들의 소송에서 유리한 고지에 올라섰다. 경고성 문구를 표기했기 때문에 흡연자들도 담배의 유해성을 충분히 인지했어야 한다는 담배회사들의 주장에 설득력이 실렸기 때문이다. 법정에서도 담배회사들은 명확히 주장했다. "보세요, 우리는 분명히 경고했어요."

충돌하는 이해관계를 공개해버리면 이런 일들이 심심찮게 일어난다. 담배회사들은 경고성 문구 하나를 표기해놓고 마치 흡연자들을 죽여도 된다는 면허를 받은 것처럼 생각했다. 마찬가지로 뢰벤슈타인의 투자 상담사들 역시 정확하게 예측하려 하기보다 자기 이익을 추구해도 좋다는 면허를 받은 것으로 생각했을 것이다. ("이봐요, 저는 분명히 경고했어요.")

뢰벤슈타인은 이러한 현상이 비록 실험실에서 밝혀진 결과이기는 하지만 실생활에도 충분히 '적용되리라고' 생각한다.

"당신이 상시 투자자로서 IBM이 회계감사를 받고 있다는 소식을 들었다고 생각해봅시다." 뢰벤슈타인이 말한다. "아니면 의사가 당신에게 X선 촬영을 권유하며 X선 촬영 장비업체와 자신이 이해관계에 있다고 말했다고 가정해봅시다. 두 경우 모두 당신의 행동에 결정적인 영향을 주지는 않습니다. 의사가 관련되었다고 해서 X선 촬영을 포기할까요? 감사를 받는다고 해서 IBM 주가가 반 토막 날까요? 아니면 10퍼센트? 5퍼센트?"

일반적으로 사람들은 이 정도의 정보만으로 행동 여부를 결정하기는 어렵다고 뢰벤슈타인은 말한다.

"그래서 이런 정보를 무시하게 됩니다."

편향을 공개한 후에도 결과가 바뀌지 않는 이유도 그 때문이다.

가장 바람직한 방법은 편향 자체를 없애는 것이라고 뢰벤슈타인은 말한다. 그의 실험실 연구 결과는 어느 경우에 적용하더라도 마찬가지였다. 이해관계의 충돌 상황을 공개하자 투자 상담사들은 더 많은 돈을 벌었고 그들 고객들의 주머니는 더 가벼워졌다.

SOTP

SHCOOL

05

인간은 걸으며
껌을 씹을 수 있지만
더 이상은 어렵다

WHY WE MAKE MISTAKES

다음에 비행기를 탈 일이 생기면 로버트 로프트Robert Loft라는 조종사를 떠올려보자. 이스턴 항공 401편의 기장 로프트는 목적지인 마이애미 국제공항에 착륙하려다 문제를 발견했다. 랜딩 기어를 작동시켰는데도 지시등이 켜지지 않았던 것이다. 그래서 비행 고도를 약 600미터까지 높인 뒤 상공을 선회하며 문제의 원인을 찾아보기로 했다.

원인을 알 수 없었던 로프트는 부기장을 호출했다. 그러나 부기장도 뾰족한 답을 내지 못하자, 이번에는 일등 기관사를 불러 원인을 파악하라고 지시했다. 공교롭게도 그날 이 비행기에는 보잉에서 일하던 엔지니어가 조종실의 보조좌석에 앉아 있었다. 로프트는 이 엔지니어에게도 문제 해결을 요청했다. 그러다 보니 비행기를 조종하는 사람이 아무도 없었다. 비행기 고도는 점점 떨어졌다. 그러다 로프트 기장은 급박한 상황에 빠졌다는 사실을 깨달았다.

"이봐!" 그가 소리쳤다. "대체 어떻게 돼가고 있는 거야?"

이것이 그의 마지막 외침이었다. 5초 뒤, 비행기는 에버글레이즈의 땅바닥으로 추락하면서 화염에 휩싸였다. 이 사고로 로프트 기장을 포함한 99명이 사망했다. 사고 조사에서 밝혀진 대로, 당시 승무원들은 자신들의 임무에만 몰두한 나머지 조종실의 상황을 제대로 인지하지 못했다. 모두가 12달러짜리 전구 하나에서 빚어진 참사였다.

사고는 우연이 아니었다. 상태가 완벽한 비행기마저 땅으로 곤두박질치는 경우가 심심찮게 일어나기 때문에 허니웰Honeywell의 한 엔지니어는 '정상 운항 중의 지상 충돌Controlled Flight into Terrain, CFIT' 라는 신조어까지 만들었다. 기술이 계속 혁신되고 있음에도 CFIT 사고는 여전히 비행기 운항에서 치명적인 위험으로 분류된다. 비행기 사고의 40퍼센트 이상이, 그리고 비행기 사고 희생자들의 절반을 훨씬 넘는 사람들이 CFIT와 관련되어 있다. 1990년 이후로 발생한 사고 중에서 이처럼 많은 생명을 앗아간 유형도 없었다.

여기서 근본적인 의문 하나가 떠오른다. 조종사들은 무엇 때문에 그런 사고를 일으켰을까? 몇 년 전 미국 공군은 이 문제를 면밀히 조사했다. CFIT 사고로 인한 막대한 희생은 공군에서도 예외가 아니었기 때문이다. 1987년부터 98년 사이에 CFIT 사고로 190명이 희생되었고, 비행기 98대가 파괴되었으며, 총 손실액이 17억 달러에 이르렀다. 사고 원인을 분석한 공군은 대다수 사례에서 한 가지 공통점을 발견했다. 절반 이상의 사고에서 승무원들은 로프트 기장처럼 조종실 내부의 상황에 대한 주의력을 상실했다. 긴급한 상황에 당황한 나머지 비행기를 제어할 능력을 상실한 것이다. 그 이유 중 하나는 공군에서 지칭한 '업무 포화task saturation'이다. 업무 포화란 한 번에 처리해야 할 업무가 과도하게 많아진 상황을 말한다.

:: 동시에 여러 가지 일을 할 수 있다는 맹목적인 신화

이곳 지상에서는 CFIT를 경험할 수 없다. 그러나 비슷한 경험이 없지는 않다. 멀티태스킹multitasking, 즉 다중작업이 그것이다. 길을 걷거나 운전을 하면서도 우리의 주의注意는 로프트 기장처럼 여러 가지 일로 분산된다. MP3 플레이어로 음악도 듣고, 휴대전화기로 통화를 하거나 문자도 입력한다.

'멀티태스킹'이라는 용어는 원래 컴퓨터 분야에서 만들어진 용어로, 컴퓨터 하나로 두 가지 이상의 프로세스를 동시에 처리하는 기법을 의미한다. 덕분에 우리는 인터넷으로 무언가를 다운로드하면서 문서작업까지 동시에 할 수 있다. 사람들은 우리의 머리도 컴퓨터와 다를 바 없다고 생각한다. 오늘날 우리의 일터에서 멀티태스킹은 일상적인 업무 관행이다. 캘리포니아 대학교 어바인 캠퍼스의 글로리아 마크Gloria Mark 교수는 직장에서의 멀티태스킹을 연구한다. 최근 그녀는 동료 연구진과 함께 서부의 어느 투자관리 회사의 직원들을 현장에서 직접 연구했다. 직원들이 각자의 사무실에서 하는 행동을 관찰하다가 행동이 바뀔 때마다 일일이 기록했다. 예를 들어 이메일을 읽다가 걸려온 전화를 받거나 메모지에 무언가를 기록하는 행위 등을 일일이 관찰하여 기록했다. 그랬더니 직원들이 어떤 일을 하다가 방해를 받는 횟수가 예상보다 훨씬 많았다. 한 시간에 평균 20번 정도였다. 이 수치는 직원들이 한 가지 업무에 집중하는 시간이 기껏해야 평균 3분 정도에 불과하다는 의미였다.

멀티태스킹은 여전히 현대사회의 맹목적인 신화 중 하나이다. 그러나 한 번에 여러 가지 일을 할 수 있다고 생각할지 모르지만 사실은 우리의 주의가 짧은 시간에 여러 업무로 왔다 갔다 할 뿐이다. 컴퓨터도 다를 바 없다. 컴퓨터도 1초에 수천 번씩 여러 프로세스를 오가며 처리하기 때문에 엄밀히 말하면 멀티태스킹을 수행하는 것이 아니다. 짧은 시간에 워낙 빨리 오고 가기 때문에 동시에 처리하는 것처럼 보일 뿐이다.*

우리의 의식이 이런 환상에 사로잡힐 때가 있다. 그러나 결과는 예상과 전혀 다르다. 우리의 주의를 두 가지의 의식적 활동으로 분산시킬 수는 없다. 특정 상황에서는 두 가지 활동 모두를 인식할 수도 있지만, 그렇다고 해서 동시에 두 가지 의식적 결정을 할 수는 없다. 아무리 간단한 일이라도 말이다. 물론 껌을 씹으며 길을 걷거나, 운전을 하며 승객과 이야기를 할 수는 있다. 이런 두 가지 활동이 가능한 것은 오랜 연습을 거쳐 두 활동이 무의식적으로 일어나기 때문이다. 그러나 일상 활동의 대부분은 이처럼 무의식적으로 전개될 만큼 오래도록 연습된 행동들이 아니다.

---

* 요즘 컴퓨터에는 프로세서가 여러 개 탑재되어 실제로 컴퓨터 한 대가 동시에 여러 프로세스를 수행할 수 있다. 인간에 비유하면, 머리가 두세 개 달린 사람이 각각의 머리로 각각의 작업을 독자적으로 처리하는 식이다. 그러나 '멀티태스킹'이라는 단어가 만들어졌을 당시의 컴퓨터에는 프로세서가 하나밖에 장착되지 않았다.

:: 멀티태스킹은 망각의 지름길

실제로 멀티태스킹으로 우리가 얻는다고 생각하는 결과물의 상당수는 착각에 지나지 않는다. 여러 작업을 동시에 처리해야 할 때 두뇌의 가동 속도는 그만큼 떨어진다. 예컨대 계단을 한 번에 두 칸씩 오르면 한 번에 한 칸씩 오르는 경우에 비해 속도가 뒤처지므로 정상까지 오르는 데 걸리는 시간이 더 짧다고는 할 수 없다. 두 가지 정신적 작업을 동시에 처리할 때도 이와 비슷한 현상이 벌어진다. 한 실험에서 연구진이 학생들에게 채색된 십자가 형태와 삼각형 같은 도형 형태의 이미지 두 가지를 구분하게 했다. 순간적으로 보여준다면 충분히 헷갈릴 법한 형태였다. 두 이미지를 동시에 본 학생들이 형태를 구분하는 데 약 1초의 반응 시간이 걸렸고, 그럼에도 실수가 여러 번 있었다. 반면에 이미지를 한 번에 하나씩, 예컨대 처음에는 십자가를 보여주고 이어서 도형을 보여주는 식으로 했을 때는 시간이 그 절반 정도밖에 걸리지 않았다.

일을 바꾸는 과정에서 다른 문제들이 발생할 수도 있다. 가장 대표적인 문제점은 지금 하고 있는 일 또는 사전에 계획한 내용을 망각한다는 점이다. 우리 머릿속에 존재하는 '해야 할 일 목록to-do list'은 '가동 기억working memory'을 통해 기억된다. 가동 기억은 방금 들은 이메일 주소 같은 단기기억을 모두 관리한다. 그런데 이 가동 기억의 내용이 사막에 뿌려진 물처럼 증발해버릴 수도 있다. 실제로 불과 2초 만에 기억이 사라져버리는 경우도 있는가 하면, 연구진은 사람들에게 새로운 문제가 발생한 지 15초 만에 과거의 문제를 망각하는 현상도 발견했다. 그 때문에 매우 심각한 상황이 벌어질 수도 있다. 몇몇 사례에서는 망각하는 비율이 무려 40퍼센트에 이르렀다. 이것은 매우 큰 실수가 발생할 가능성을 내포한다. 게다가 그 실수의 장본인이 항공 관제사라면?*

일을 바꾸는 과정에서 발생할 수 있는 또 다른 문제점은 비가동시간downtime이다. 한 가지 일에 집중하고 있는데 다른 일 때문에 방해받았을 때, 우리 두뇌가 원래의 일에 다시 집중하기 위해서는 어느 정도 시간이 걸린다. 직장 내 여러 연구 사례에서도 볼 수 있듯이, 한 가지 업무에 집중하다가 전화 등을 이유로 방해를 받았을 때 본래의 집중력을 회복하는 데는 약 15분이 걸린다고 한다. 마이크로소프트 직원들의 근무행태를 연구한 결과도 이와 비슷하다. 보고서 작성이나 컴퓨터 코드 개발 같은 고도의 정신적 업무를 하고 있던 직원들이 이메일에 답장을 하고 나서 다시 본래의 업무로 돌아가기까지는 약 15분이 걸렸다. 왜 이렇게 많은 시간이 필요할까? 전화나 뉴스, 메시지 등으로 인해 주의가 산만해졌기 때문이다.

이러한 주의 분산이 단지 사무실 칸막이 안에서만 일어난다면 크게 문제 될 게 없다. 그러나 많은 연구자들이 밝혀낸 대로, 현실 세계에서 한 번에 여러 가지 작업을 동시에 진행하는 것은 매우 위험

* 항공 관제사들의 행동을 연구한 미국 해군은 관제사들이 여러 대의 컴퓨터 화면을 지켜보다가 화면에 나타난 중대한 변화를 놓치는 비율이 '매우 높다'는 사실을 발견했다. 해군은 이런 실수를 토대로 "재앙으로 이어질 수 있는……"이라는 제목의 경고성 보고서를 작성했다. DiVita(2004) 외 참조.

천만한 일이다. 운전하면서 휴대전화기로 통화한다고 가정해보자. 1999년, 전화 통화가 운전 능력에 미치는 영향에 대해 미국 육군에서 연구를 진행했다. 결과는 어땠을까? 휴대전화기로 통화하는 것은 특히 고속주행 상황에서 심각한 위험을 유발하는 것으로 드러났다.

미국 육군에서 지적한 대로, 이 위험은 노인 운전자들에게서 특히 심했다. 연령이 높을수록 휴대전화기로 통화할 때 주의가 산만해진다. 나이가 들수록 점점 집중력이 떨어지기 때문이다. 하지만 나이가 꼭 많아야 이렇게 되는 것은 아니다. 집중력 저하는 40대 이후부터 뚜렷하게 나타난다.*

:: 다리? 무슨 다리?

더욱 염려스러운 점은, 주의가 분산되면 우리의 인식 능력도 떨어진다는 사실이다. '부주의 공백inattentional blindness'으로 불리는 이런 상황에 놓인 사람들은 무언가를 바라보아도 그것을 인식하지 못할 수 있다. 이 현상은 1990년대 초 시행된 연구에서 이미 밝혀졌다. 여러 실험을 분리하여 시행한 결과, 연구진은 시각 실험에서 상당히 많은 피험자들이 특정 대상을 전혀 인식하지 못한다는 사실을 발견

* 미국 육군의 연구에서는 흥미롭게도 성별에 따른 효과도 발견되었다. "멀티태스킹과 관련하여 남성 노인들과 젊은 여성들을 비교했더니 남성 노인들이 훨씬 뚜렷한 반응을 보였다." Middlebrooks, Knapp, Tillman(1999) 참조.

했다. 이 현상은 대상이 작든 크든, 분명하든 그렇지 않든 동일하게 나타났다.

2004년, 워싱턴 DC 외곽에서 발생한 한 사건에서 이 현상은 사실로 확인되었다. 11월 14일 아침, 44세의 제임스 앤서니 존스라는 이름의 전세버스 운전기사가 볼티모어 워싱턴 국제공항에서 학생들을 탑승시켰다. 학생들을 데리고 조지 워싱턴의 고향인 마운트 버넌을 방문하기 위해서였다. 그날 아침 존스는 누가 보더라도 표정이 좋지 않았다. 인솔 버스의 기사가 자신을 무시했다는 생각에 기분이 상했던 것이다. 인솔 버스 기사는 존스를 공항에 혼자 내버려두고 떠난 것도 모자라 여정에 대해 상세하게 설명해주지도 않았다. 그러니 혼자 남은 그가 유쾌할 리 없었다. 존스는 상사에게 연락하여 불만을 털어놓았지만 그래도 분이 풀리지 않았다. 그래서 휴대전화기로 여동생에게 전화를 걸어 넋두리를 늘어놓기 시작했다. 버스를 출발시키면서도 그의 손에는 여전히 휴대전화기가 들려 있었다.

그날 아침의 여정은 '조지 워싱턴 메모리얼 파크웨이'를 따라 운행하는 것이었다. 이 길에는 1930년대에 알렉산드리아 애비뉴에서 만들어진 그림 같은 돌다리를 포함하여 많은 아치형 다리와 언덕들이 있었다. 이 다리에 도착하기 약 500미터 전의 도로가에 커다란 노란색 간판이 하나 있었다. 아치형 돌다리를 통과하기 위해 우측 차선을 이용할 경우에는 돌다리 높이가 3미터 남짓에 불과하니 조심하라는 경고판이었다.

승용차는 전혀 문제 될 게 없었다. 하지만 버스로 통과할 때는 달랐다. 존스가 운전하던 버스의 차 높이는 3.6미터로 돌다리 가장자리를 통과할 경우에는 문제가 생길 수 있었다. 다리 높이보다 차의 높이가 약 60센티미터 정도 높았기 때문이다. 따라서 돌다리의 높이가 가장 높은(약 3.9미터) 중앙 차선으로 통과해야 했다. 인솔 버스도 당연히 이 차선으로 통과했었다.

그런데 존스는 차선을 바꾸지 않았다. 브레이크를 밟기는커녕 액셀러레이터에서 발을 떼지도 않았다. 그때까지도 휴대전화기로 여동생과 계속 수다를 떨고 있었다. 몇 분 뒤, 버스는 결국 다리를 강하게 들이받았다. 이 충격으로 버스의 오른쪽 천장이 날아갔고 유리 파편이 학생들에게 비 오듯 쏟아졌다.

"너무 놀랐어요." 버스에 탔던 학생인 데이비드 구셀라의 말이다. "버스 오른편을 보니 도로가 그대로 보였죠. 천장도, 창도 온데간데 없었고요."

다행히 버스에 탑승했던 학생 27명 중에서 사망자는 없었다. 중상도 한 명에 불과했다. 사고 후 존스는 경위 조사를 받으러 미국 교통안전위원회 조사관들을 만났다. 이때 존스가 한 말은 부주의 공백의 위력을 입증하는 증거나 다름없었다. 아치형 돌다리에 진입하기 전에 노란색 경고판을 보지 못했느냐는 조사관들의 심문에 그는 고개를 가로저었다. 경고판뿐 아니라, 존스는 여동생과 통화하느라 다리조차도 보지 못했다고 진술했다.

:: 도로에서 눈을 떼지 말라

운전자의 부주의는 자동차 안전 담당관들의 생각 이상으로 자동차 사고를 일으키는 잦은 원인으로 작용한다. 미국 도로교통안전국은 운전자의 방심 때문에 일어난 사고의 추정치를 최근 조정했다. 자동차에 카메라를 설치하여 운전자의 실제 행동을 비디오로 관찰한 찰리 클라워Charlie Klauer 연구원의 말을 들어보자.

"심각한 자동차 충돌 사고의 약 78퍼센트, 경미한 충돌 사고의 65퍼센트에서 운전자들이 딴 곳을 보았거나 휴대전화기 같은 것을 만지작거리고 있던 것으로 조사되었습니다."

예상보다 훨씬 높은 수치였다. (비디오로 직접 촬영한 것과는 달리) 운전자들의 말에 전적으로 의존한 과거의 조사에서는 운전자의 부주의나 산만함으로 인해 사고가 일어난 경우가 전체 충돌 사고의 25퍼센트에 불과했다.

클라워는 운전자의 주의를 빼앗는 데 많은 시간이 필요치 않다고 말했다. 불과 2초만 눈을 돌려도 사고 위험이 두 배로 증가한다. 따라서 운전하다가 다른 무언가를 2초간 바라보아야 할 상황이라면 짧게 여러 번 나눠 봐야 한다. 2004년의 한 연구에서, 유명 내비게이션 제품에 주소를 정확히 입력하는 데 얼마나 시간이 걸리는지 실험했다. 이 실험에서 주소를 입력하는 데 걸린 평균시간은 약 86초, 즉 1분 30초가량이었다. 운전자의 연령에 따라 차이는 있겠지만, 내비게이션을 바라보는 횟수는 평균 20회에서 35회 정도이며, 그만큼 도로 상황을 인지하지 못할 위험이 있다.

나아가 내비게이션에 주소를 입력하기란 무척 신경 쓰이는 일이라서 운전자가 자칫하면 다른 차선으로 진입할 수도 있다. 이런 위험 때문에 일본에서는 운행하면서 목적지를 입력하는 행위 자체를 법으로 금지한다. 미국에서는 운전 중 차량 내 기기 조작을 금지하는 법이 거의 없었지만 운전자의 부주의 때문에 희생자가 늘어나면서 미국도 차츰 변하고 있다. 한 예로 뉴욕 시에서는 운전하면서 문자 메시지를 입력하지 못하게 한다. 이 법은 2007년에 10대 소녀 다섯 명이 탄 SUV 차량과 트랙터가 정면으로 충돌하여 모두가 사망한 사건이 발생하면서 만들어졌다. 나중에 경찰이 운전자의 통화 기록을 조사했더니 사고 직전에 문자 메시지를 입력하다가 무심코 옆 차선으로 끼어든 사실이 드러났다.

돈에 목마른 자동차 제조회사들은 이윤을 더 내기 위해 운전자의 주의를 분산시키는 새로운 장치들을 자동차에 속속 장착한다. 내장형 내비게이션은 이제 많은 자동차 모델에 기본으로 장착된다. 이외에도 아이들을 위한 오락 장치, 충돌 예방 경고 시스템, 후방 카메라 등 여러 가지가 있다. 일부 자동차 회사들은 군용과 비슷한 야간 식별장치까지 장착한다. 한 예로 BMW는 전방의 사람과 동물, 장애물 등을 식별할 수 있는 1,900달러짜리 적외선 영상장치를 도입했다. 이 장치가 장착된 차량의 운전자는 대시보드에 장착된 작은 텔레비전 스크린을 통해 야간에 불이 없어도 전방을 주시할 수 있다.

:: 바퀴 위의 거실 또는 영구차

2007년, 홈 디포의 최고경영자를 지냈으며 크라이슬러의 총수가 된 로버트 나델리Robert L. Nardelli는 잡지사 발행인들 앞에서 "자동차는 지붕 아래 가장 좋은 방이어야 합니다"라고 말했다.

"그것이 나의 신념입니다." 그는 힘주어 말했다. "다시 말해 자동차는 만족을 줄 수 있어야 합니다. …… A지역에서 B지역으로 옮겨주는 것은 자동차의 이차적인 역할입니다. 그렇게 생각지 않습니까?" 'A지역에서 B지역으로 옮겨주는 기능'에 충실한 탓에 2007년에 16억 달러의 적자를 예상하고 있던 크라이슬러가 몇몇 모델들을 '바퀴 위의 거실'에 비유하기 시작한 것이다.

거실을 오락실에 비유한 것보다 적절한 표현이 있을까? 통근자가 늘어나면서 점점 더 많은 사람들이 자동차 안에서 많은 시간을 소비하고 있다. 전 세계 수많은 도시의 통근자들이 바퀴 위에서 보내는 시간은 하루 평균 90분에 이른다. 그중 대부분의 시간은 (때로는 그 시간 전부가) 지루하기 짝이 없다. 그래서 마이크로소프트 같은 기업은 운전자를 즐겁게 해줄 방법을 찾았다. 2007년 라스베이거스에서 열린 국제전자제품박람회CES에서 마이크로소프트의 회장 빌 게이츠는, 고객이 어디에서 무엇을 하든 마이크로소프트는 고객에게 다가가고 싶어한다고 말했다.

"하루 24시간 여러분에게 유무선의 경험을 제공하는 것이 우리의 꿈입니다." 빌 게이츠가 청중을 향해 말했다. "여러분이 주무시는 시간에는 솔직히 우리가 할 수 있는 일이 많지 않습니다. 그러나 나머지 시간에는, 예컨대 여러분이 부엌에 들어가든, 냉장고를 들여다보든, 전화기를 들든, 교통 관련 소식을 듣든, 어디서 무엇을 하든 간에 여러분이 관심 있어 할 정보를 전하고 싶습니다. 무엇보다, 당장 특별한 작업이 필요한 하나의 공간도 있습니다."

그 공간은 다름 아닌 자동차라고 빌 게이츠는 말했다.

"자동차에서 이용할 수 있는 오락 기능들이 오랫동안 연구되어왔습니다. 지금 운전자들은 다른 곳에서 즐길 수 있는 것과 똑같은 오락 기능을 자동차에도 요구하고 있습니다."

운전자들에게 밖에서와 동일한 즐거움을 선사하기 위해 마이크로소프트는 포드 자동차와 전략적 제휴를 맺었다. 포드는 마이크로소프트와 합작하여 개발한 신제품이 장착된 자동차 모델을 2008년부터 출시했다. 싱크Sync라는 이름의 이 제품은 인간의 두뇌와 비슷한 역할을 하며, 휴대전화기나 아이팟 등 자동차 내부의 다른 단말기들을 연동하여 사용할 수 있다.

포드는 싱크가 "차내 통신 및 오락 기능에서 혁명을 일으킬 것"이라고 약속했다. 주변의 평가도 긍정적이다. 운전대에 장착된 음성 인식 소프트웨어와 버튼으로 운전자는 다양한 작업을 수행할 수 있다. 플래시 드라이브나 아이팟으로 음악을 들을 수도 있고 싱크에 직접 말하는 방식으로 운전하면서 선곡도 할 수 있다. 운전하는데 전화가 왔을 때는 싱크가 자동으로 발신자의 이름을 대시보드 스크린에 보여주고 음악 소리도 줄여준다. 또한 운전하며 문자 메시지를 보내고 받을 수 있으며 웃는 표정이나 생략 기호 같은 이모티콘도 자유롭게 활용할 수 있다.

"과거에는 없었던, 모든 전자 장치들을 통합한 장치입니다. 휴대전화기, 준Zune, 아이팟 등 운전자가 차에 탈 때 지니고 있는 모든 전자 단말기들을 사용할 수 있습니다." 포드 미국법인의 사장 마크 필즈Mark Fields의 말이다.

과거에 그는 "싱크를 고급 승용차에 장착할 것"이라고 했다. 그러나 싱크의 방대한 수요를 확인한 그는 395달러의 가격에 포드 익스플로러나 토러스 등의 모델에 적용하여 중산층도 이 시스템을 만끽하도록 하겠다고 밝혔다.

:: 두뇌의 혼란

포드 자동차는 운전자가 운전대에 붙어 있는 버튼만 조작하면 되기 때문에 싱크가 안전하다고 주장한다.*

그러나 멀티태스킹에서 문제가 되는 것은 손이 아니라 두뇌이다. 두뇌의 멀티태스킹 효과를 연구한 사례는 1935년으로 거슬러 올라간다. 당시 미국의 심리학자 존 리들리 스트루프John Ridley Stroop는 하

---

* 싱크 웹사이트(www.syncmyride.com)의 문답(FAQ)편에 이렇게 적혀 있다. "이 시스템은 운전 중 휴대용 단말기 조작을 금지하는 주(州)와 사법 당국이 점점 늘어나는 상황에서 매우 혁신적인 해결책입니다."

나의 정보를 처리하는 과정이 다른 정보의 처리를 '간섭interference'할 수 있다고 지적했다. 그는 '초록색'이라는 단어를 이와 대조적인 색상인 빨간색으로 인쇄해놓고 실험 참여자들에게 읽게 하자 그들이 약간 머뭇거린다는 사실을 발견했다. 스트루프 효과Stroop Effect로 알려진 이 현상은 두 가지 일이 서로 얽혀 있을 때 주로 나타난다.

스트루프 효과는 대시보드에 놓인 장치가 많고 기능이 복잡할 때 더 분명하게 드러난다. 예를 들어 야간 식별장치를 이용하려면 운전자의 시선이 도로에서 벗어나야 한다. 이처럼 안전운전을 위해 만들어진 다른 여러 가지 장치들도 오히려 운전에 방해가 되는 것이 사실이다. 시카고 트리뷴의 자동차 비평가인 짐 마테야Jim Mateja는 구입한 볼보의 5만 5천 달러짜리 고급 세단 S80 모델에서 이 점을 실감했다. 다른 장치는 제쳐두고라도, 이 차에는 사각 경고 시스템BLIS이라는 595달러짜리 장치가 장착되어 있었다. 하지만 실제로 운행해보니 이 장치는 전혀 쓸모가 없었다.

"이 장치에서 나는 소음은 손톱으로 칠판을 긁는 것보다 조금 나을 뿐이다"라는 한마디로 그는 이 시스템을 평가했다. 사각 경고 시스템은 사각지대에 차량이 들어왔을 때 실내 루프필라에 장착된 오렌지색 경고등이 깜빡이며 운전자에게 알려주는 장치다. 그런데 정체가 심할 때는 이 경고등이 수시로 깜빡이며 운전자를 더 산만하게 만든다. 이처럼 신경 쓰이는 장치는 오히려 대형사고를 유발할 수도 있다.

수시로 업무를 바꿔야 하는 직장인들이 그렇듯이, 운전자도 하나의 작업에서 다른 작업으로 전환하기 위해서는 비가동 시간downtime

이 필요하다. 나이가 들수록, 특히 60대 이상의 노인들은 이것이 더 어렵다. 바뀐 일에 집중하기까지 걸리는 이 시간은 노인들의 경우 젊은이들에 비해 두 배까지 길어진다. 게다가 최근에는 노인 운전자의 수가 빠르게 늘어나고 있다. 2030년이면 미국의 65세 이상 노인 운전자 수가 지금의 두 배 가까운 5,700만 명에 이를 것으로 추정된다. 노인 운전자들은 비가동 시간이 길 뿐 아니라 반응 시간이 늦고, 시야가 좁으며, 정보를 처리하는 데도 어려움을 많이 겪는다.

결국 자동차의 안전장치들은 운전자의 주의를 빼앗는 바람에 애당초 기대한 효과를 낳지 못할 수도 있다. 미국 공군의 '정상 운항 중의 지상 충돌' 사고 조사에서도 이 점이 입증되었다. 지상 충돌 사고를 일으킨 비행기의 상당수에는, 지상에 너무 가까이 다가가는 등의 위급 상황에서 조종사에게 경고를 발동하는 정밀한 전자 장치들이 가득하다. 하지만 이 장치들이 너무 자주 작동하면 조종사들은 그 경고를 무시하기 쉽다. 게다가 공군의 조사에서는, 긴박한 상황에서 경고장치가 작동하더라도 조종사가 대처할 여유가 너무 적다는 점도 밝혀졌다. 경고가 울렸을 때 조종사는 문제의 원인부터 확실히 파악한 후에 상황에 대처할 방법을 찾기 때문이다. 실제로 비행 기록장치를 수거하여 분석한 한 연구에서는 조종사들의 평균 반응 시간이 5.4초나 걸리는 것으로 나타났다. 이는 그리 길지 않은 시간으로 여겨질 수도 있다. 그러나 한 시간에 1,000킬로미터를 날아가는 비행기 조종사들에게는 5초가 영원처럼 느껴질 수도 있다.

:: 정신 똑바로 차리자

문제를 해결하기 위해 미국 공군은 비행기가 땅에 추락하기 전에 자동으로 고도를 높여주는 시스템을 연구했다. 자동차 제조회사들도 그 대열에 합류했다. 그들도 운전자가 당황스러운 상황에 처했을 때 첨단기술로 조종을 도와줄 '워크로드 매니저workload manager'를 '조용히' 개발하고 있다. 워크로드 매니저는 차량에 부착된 각종 센서에서 획득한 다양한 정보(속도, 제동, 전조등 및 전면 와이퍼의 작동 여부 등)를 분석하여 가동한다. 예컨대 볼보의 특정 모델에는 '지능형 운전자 정보 시스템IDIS'이 장착되어 있다. 이 시스템은 운전자가 차선 변경이나 회전 등 주행에 집중해야 하는 상황에서는 통화를 할 수 없게 차단한다.

아무튼 운전석에서 해야 할 일들은 점차 늘어나고 있다. 밥 나델리의 말처럼, 자동차는 이제 운전자의 시선을 끄는 온갖 장치들로 가득한 거실로 바뀌었다. 이런 장치들에 정신이 팔린 운전자가 앞에 가는 자동차를 들이받아 대형 사고를 일으키는 횟수도 점차 늘고 있다. 한 예로 2001년에는 린다 카마초라는 텍사스 주 포트워스 출신의 51세 여성이 트랙터 트레일러에 의해 추돌 사고를 당했다. 트레일러에 받힌 그녀의 뷰익 승용차는 그대로 불에 휩싸여 폭발했고 결국 그녀는 차에서 빠져나오지 못한 채 사망하고 말았다. 이 트레일러는 네브래스카 주 오마하의 워너 엔터프라이즈라는 세계 최대 규모의 운송회사 소유였다. 당시에 이 회사는 8천여 대의 트랙터 트레일러를 소유하고 있었으며 매년 운송 거리가 16억 킬로미터에 달했다.

이 사고 이후에 카마초의 가족은 워너 엔터프라이즈를 상대로 소송을 제기했다. 재판 과정에서 카마초 가족의 변호인단은 놀라운 사실을 발견했다. 추돌 직전에 운전사가 노트북 컴퓨터로 이메일을 보내려 했다는 사실이 드러난 것이다.

믿어지지 않겠지만, 트럭에서 이메일을 보내는 경우는 생각보다 흔하다. 워너 트럭의 이메일 시스템은 샌디에이고의 무선통신회사인 퀄컴에서 지원했으며, 미국에서 최초로 1988년에 도입한 것이다. 그 후로 이 시스템이 장착된 트럭의 수가 급속히 늘었다. 퀄컴에 따르면, 미국에서 이 시스템을 장착한 트럭의 수가 2만 대 이상이라고 한다. 회사는 이메일 시스템을 통해 트럭 운전사들과 연락할 수 있을 뿐 아니라 트럭의 위치도 실시간으로 확인할 수 있다. 또한 이 시스템을 통해 전송된 메시지는 위성을 거쳐 샌디에이고 본사의 네트워크 매니지먼트 센터로 이동한다. 2005년, 퀄컴은 자사 네트워크 매니지먼트 센터에서 하루 평균 900만 건의 메시지와 위치 정보를 처리했다고 추정했다.

재판 기록문에 따르면, 워너 엔터프라이즈는 적어도 운전자들이 운행을 하고 있는 상황에서는 컴퓨터 화면이나 키보드를 잠그는 등의 방식으로 이메일 시스템을 사용하지 못하게 했어야 한다고 했다. 그러나 이 회사의 경영진은 여러 차례의 중대한 사건이 발생한 후에도 잠금 시스템 같은 예방책을 거부했다. 심지어 워너의 대변인은 소송과 관련해서도 일절 언급을 하지 않았다.

SOTP
delete
SHCOOL

06

인간의
사고방식에는
문제가 많다

WHY WE MAKE MISTAKES

언젠가 이런 머리기사 문구가 시선을 사로잡은 적이 있다.

포르노 DVD에서 나는 소리를 여자가 살려달라는 비명으로 착각한 남자, 검劍을 들고 아파트에 들어갔다가 결국 기소되다.

곤경에 처한 남자의 이름은 제임스 반 이브렌이며, 이 사건은 미국에서 일어난 실화이다. 39세였던 반 이브렌은 한 아파트의 간이식당 뒤편에서 어머니와 함께 살고 있었다. 2007년 2월 12일 아침, 반 이브렌은 매우 날카로운 소리를 듣는다. 나중에 진술한 내용에 따르면, 그 소리는 아파트 위층에서 들렸다고 했다. 여성의 비명이었다. 그는 말했다.

"여자가 살려달라고 비명을 질렀습니다."

처음에는 그도 그 소리를 무시하려 했다. 그러나 비명이 여러 차례 들리자 더 이상 가만히 있을 수 없었다. 집에 전화도 없어 경찰에 연락할 수도 없었다. 그래서 무기가 될 만한 것—대대로 내려오던 검劍—을 움켜쥐고 계단을 올라가 이웃집 문을 박차고 들어갔다.

이어진 장면에서 반 이브렌은 넋을 놓았다. 그 지역의 기술대학에

다니던 33세쯤 되는 집주인 브렛 스티에고스트가 포르노 영화를 보고 있었던 것이다. '카사 드 쿨로Casa de Culo('culo'는 영어로 '엉덩이'를 점잖게 표현한 것이다)' 라는 제목의 포르노였다.

"스페인어로 제작된 영화여서 무슨 말인지 알아들을 수는 없었습니다." 스티에고스트가 나중에 신문사와의 인터뷰에서 한 말이다. "그저 예쁜 여자들이 많이 나와서 샀을 뿐입니다."

엉겁결에 남의 집을 침입한 반 이브렌은 왜 여자의 비명이 들렸는지 물었다. 그러나 스티에고스트는 여자는 없다고 말했다. 이를 증명하기 위해 벽장문까지 열어보였다. '엉덩이'를 발견하지 못한 반 이브렌은 검을 들고 그대로 나왔다. 그리고 잠시 후 경찰이 도착했다. 경찰은 반 이브렌을 주거침입죄로 체포했고 이 사건은 곧바로 세상에 알려졌다.

"지금 생각하니 너무 어리석은 짓이었어요." 반 이브렌이 기자들에게 말했다. "이 모든 일이 저의 큰 실수였습니다."

:: 사건을 구성하는 방식

그렇다. 분명 어이없는 일이다. 그러나 반 이브렌의 '번지수 잘못 찾은' 의협심은 우리 인간에게서 자주 발견되는 착오 가운데 하나, 즉 '구성framing'의 문제를 잘 보여준다. 사람들이 매일같이 범하는 실수의 상당수는 그 사건을 엉뚱하게 인식하거나 잘못 '구성'하기 때문이다. 이런 실수를 범한 당사자가 그 사실을 인식하지 못하는 경우도 많다. 당신은 복잡한 쇼핑몰 주차장에서 남의 차 열쇠구멍에 열쇠를 꽂으려다 흠칫 놀라 물러선 적이 없는가?

사건을 구성하는 방식은 여러 가지다. 눈으로 사건을 구성하기도 하지만 귀를 이용할 때도 적지 않다. 몇 년 전, 영국의 연구진이 식품점에서 음악과 와인 선택 사이의 관련성을 연구했다. 연구진은 와인 코너의 맨 위 진열대에 테이프플레이어를 설치하고, 아래 선반에는 가격대와 특징이 비슷한 프랑스산 와인과 독일산 와인을 네 개씩 진열했다. 그리고 프랑스와 독일 음악을 하루씩 번갈아서 틀었다. 그 결과, 프랑스 음악을 튼 날은 프랑스 와인의 판매량이 독일 와인을 압도했다. 반면에 독일 음악을 튼 날은 판매량이 그 반대였다(식품점 와인 코너에서는 보통 프랑스 음악을 트는데도 이런 결과가 나타났다).

판매량의 차이도 무시할 수 없을 정도였다. 프랑스 음악을 튼 날에는 프랑스 와인이 40병 팔렸다. 그러나 독일 음악을 튼 날은 프랑스 와인의 판매량이 12병으로 곤두박질쳤다. 반대의 경우에서도 마찬가지였다. 독일 음악을 튼 날에 독일 와인의 판매량은 22병이었지만 프랑스 음악으로 바꾸자 8병으로 확연히 줄었다.

흥미로운 점은, 고객들 대부분은 음악이 자신들의 선택에 영향을 미쳤다는 사실을 전혀 깨닫지 못했다는 것이다. 연구진은 와인을 선택한 구매자들에게 설문지를 돌려 해당 항목에 답하게 했다. 그랬더니 응답자 44명 중에서 음악이 자신의 와인 선택에 영향을 주었다고 대답한 사람은 14퍼센트인 6명에 지나지 않았다. 이것이 바로 구성의 위력이다. 일반적으로 우리는 구성이란 것이 존재하는지조차 깨닫지 못한다.

구성의 위력을 이해하려면 노벨상 수상자인 프린스턴 대학교의 대니얼 카너먼과 작고한 아모스 트버스키Amos Tversky의 연구 업적을 살펴봐야 한다. 두 사람은 불확실한 상황에서의 의사결정을 주제로 연구를 시행했다. 일련의 연구에서 두 사람은 문제를 구성하는 방식이 우리의 대응에 영향을 크게 미친다는 점을 입증했다.

두 사람은 피험자들을 두 집단으로 나누어 실험했다. 그리고 동일한 가상 문제를 제시했다. 600명의 생명을 앗아갈 수 있는 아시아의 희귀 질병이 미국에서 창궐할 경우를 대비하여 미국 정부가 대책을 세운다고 가정했다. 그러고는 두 집단에 서로 다른 해법을 제시한 뒤 각자가 원하는 대책을 선택하게 했다. 첫번째 집단에 제시한 해법은 이랬다.

A 프로그램을 도입하면 200명을 구할 수 있다.
B 프로그램을 도입하면 600명 모두를 구할 가능성이 3분의 1이고, 아무도 구하지 못할 가능성이 3분의 2다.

그리고 두번째 집단에 제시한 해법은 이랬다.

C 프로그램을 도입하면 400명이 사망할 것이다.

D 프로그램을 도입하면 아무도 사망하지 않을 가능성이 3분의 1이고, 600명 모두가 사망할 확률이 3분의 2다.

두 시나리오를 찬찬히 살펴보자. 결과는 모두 같다. 예컨대 A와 C에서 200명을 구하는 것과 400명이 사망하는 것은 같은 결과다. B와 D도 마찬가지다. 모두를 구할 가능성이 3분의 1인 것과 아무도 구하지 못할 가능성이 3분의 2인 것도 같다.

따라서 A해법을 선호하는 사람들이라면 C해법을 선택하는 것이 당연하다. 결과가 같기 때문이다. 그런데 실제로는 그렇지 않았다. 첫번째 집단에서 '구하다'라는 표현을 위주로 썼을 때는 72센트가 A해법을 선호했다. 그러나 두번째 집단에서 '사망하다'라는 표현을 썼을 때는 반대로 78퍼센트가 D해법을 선택했다.*

:: 확실한 것에 집중한다

카너먼과 트버스키의 실험은 인간의 의사결정 과정에 일정한 패턴이 존재한다는 사실을 보여준다. '손실'이 예상될 때, 사람들은 위

* 다른 몇몇 실험에서도 결과는 같았다. 한 실험에서 피험자들에게 암 치료법으로 방사선 요법과 수술 요법 두 가지를 제시했다. 그리고 생존율에 대한 정보를 충분히 제공하자 피험자들은 수술 요법을 더 많이 선택했다. 반대로 사망률에 대한 정보를 제공했을 때는 방사선 요법을 선택한 사람들이 훨씬 많았다. 피험자들의 의학 지식이나 학력 등은 선택에 별 영향을 미치지 못했다. 실제로 일반 대학생과 의대생, 의사 들을 대상으로 한 조사에서 결과는 모두 비슷했다.

험을 기꺼이 받아들이는 경향이 있다. 앞의 질병 실험에서 '사망'이라는 단어가 등장하자 사람들은 생존율이 상대적으로 낮은 위험한 해법을 선택했다. 반대로 '이익'이 예견될 때 우리는 확실한 것에 집중한다.

이 패턴은 인간의 위기 인식과도 관련이 깊다.

"인간이 위험을 판단하는 시스템은 두 가지입니다. 첫째는 반사적이고 직관적인 방법이고, 둘째는 그보다 깊이 생각하여 판단하는 방법입니다." 오리건 대학교의 심리학 교수 폴 슬로빅Paul Slovic 교수의 말이다. "인간의 위기 인식은 주로 감정과 직결되기 때문에 대다수 사람들은 자연스럽게 첫번째 방법을 선택합니다."

전자(직관적 판단)는 돈과 관련된 우리의 의사결정 방식을 이해하는 데 유익한 동시에, 풋볼 같은 다른 분야에서의 어리석은 결정을 설명하는 중요한 근거이다. 캘리포니아 버클리 캠퍼스의 정치경제학 교수인 데이비드 로머David Romer가 최근에 시행한 연구에서도 이 점이 다시금 입증되었다. 로머 교수는 포스다운forth down*을 경험한 모든 풋볼 감독들의 고민을 질문의 핵심으로 삼았다. '위험을 무릅쓰고 첫번째 다운을 시도할 것인가, 아니면 안전하게 킥을 시도할 것인가' 하는 것이 그 쟁점이었다.

로머는 NFL의 경기 약 700회를 분석했다. 아울러 경기를 분석하는 과정에서 경기 결과에 결정적인 영향을 미칠 만한 요소들을 되도

* 다운이 네 번이면 공격권이 상대 팀으로 넘어간다. —옮긴이

록 배제했다. 예컨대 경기가 너무 일방적이거나 하프타임이 코앞에 다가온 상황에서는, 감독들이 정상적으로 지휘하기 어려울 것으로 판단하여 1쿼터만을 분석 대상으로 삼았다.

분석을 마친 로머는 프로 풋볼팀 감독들이 고집이 세긴 해도 매우 온순한 해결책을 선택한다는 사실을 발견했다. 특히, 굳이 그럴 필요가 없는 여유로운 상황에서 포스다운을 시도하는 경우가 40퍼센트였는 데 반해, 반드시 포스다운을 시도해야 할 상황에서는 오히려 그 비율이 13퍼센트로 줄어들었다.

이 수치만 해도 상당히 인상적이다. 그러나 로머의 연구를 더욱 흥미롭게 만드는 것은 비단 이 결과뿐이 아니다. 대다수 학술 연구에 참여한 사람들과는 달리 프로팀 감독들은 작은 것에 연연하는 아마추어가 아니다. 그들의 평균 연봉은 줄잡아 300만 달러쯤 되는 고액이며 모든 의사결정에 돈이 중요하게 결부된다(프로 감독들의 연평균 이직률은 20퍼센트에 달한다). 더욱이 프로팀 감독들은 다른 감독들의 실수에서도 많은 것을 배운다. 경기를 하다 보면 포스다운 기회가 반복해서 생기며, 한 번의 포스다운 기회에서 잘못된 판단을 하더라도 다음에 다시 만회할 기회가 생긴다. 그래서 프로팀 감독들은 다른 감독들의 실수를 예사로 여기지 않는다.

하지만 이 모든 사실에도 불구하고 로머는 감독들이 자신의 팀에 해를 끼칠 수도 있는, 체계적이고 분명한 편향을 바탕으로 의사결정을 한다는 사실을 발견했다. 팀에 끼치는 해악이 어느 정도인지를 판단하기 위해서는 연구가 더 필요하다. 로머의 연구는 4쿼터 중에서 1쿼터에 일어난 포스다운만을 대상으로 했기 때문이다. 그러나 로머의 연구에서 밝혀진 대로 포스다운에 치중하는 전략을 구사할수록 이길 가능성이 약간 더 높은 것으로 나타났다. 이것은 모든 시즌에서 일관되게 나타난 현상이다. 큰 의미가 없는 결과라고 할 수도 있지만, 치열한 경쟁으로 대표되는 프로 풋볼 리그에서 이 정도의 차이는 절대 작다고 할 수 없다.

로머의 연구가 시사하는 바는 분명하다. 고액의 연봉을 받는 프로팀 감독들마저 의사결정 과정에서 이처럼 체계적인 편향의 영향을 받는데, 하물며 우리 같은 보통사람들은 어떨까? 우리의 의사결정 과정은 다를까?

:: 기사 위치만 옮겨갔을 뿐인데

이 질문의 해답을 얻기 위해서는, 돈을 투자할 때 우리가 직면하는 다양한 의사결정 상황을 살펴보면 된다. 포스다운에 치중하는 풋볼 감독처럼, 우리 역시 계산기를 꺼내 수학적 관점에서 일일이 계산하지는 않는다. 폴 슬로빅이 말한 대로 첫번째 해결책, 즉 직관적 방법에 의존하는 경우가 대부분이다. 우리는 그저 투자의 위험성이 어느 정도로 '보이는지' 알고 싶어할 뿐이며, 그 투자가 우리의 머릿속에 어떻게 구성framing되어 있느냐에 따라 위험성 평가 결과도 달라진다.

실제로 있었던 사례 하나를 살펴보자. 1997년 11월 27일 자 네이처에 엔도스태틴endostatin의 효능에 대한 기사가 실렸다. 엔도스태틴은 메릴랜드 주 록빌에 자리한 작은 생명공학 회사 엔트레메드 EntreMed에서 암 치료제로 개발한 약품을 말한다. 같은 날, 뉴욕타임스도 이 약품에 대한 기사를 A28면에 실었다. 그리고 5개월 이상 이 약품에 대한 언급은 어디에서도 없었다. 그러던 1998년 5월 3일 일요일, 뉴욕타임스는 "연구실의 희망: 특별 보고서—구강 종양을 근절할 신약에 대한 조심스러운 경외심"이라는 제목으로 엔트레메드와 엔도스태틴에 대해 우호적인 기사를 1면에 실었다.

여기서 중요한 사실은 이 약품에 대한 정보가 전혀 달라진 게 없다는 사실이다. 달라진 것은 구성뿐이었다. 즉 뉴욕타임스의 A28면에서 소개했던 기사가 1면으로 옮겨갔을 뿐이다.

투자자들의 반응은 앞에서 본 '검을 든 남자'와 다를 바 없었다. 한 손에 검을 들고 계단을 올라간 남자는 눈앞에 펼쳐진 뜻밖의 장면에 당황했다. 뉴욕타임스에 기사가 보도된 후 투자자들이 앞다투어 엔트레메드의 주식에 투자했다. 드디어 주식시장에서 첫 거래가 시작되던 날 아침, 개장한 지 불과 2분 만에 엔트레메드의 주가는 6퍼센트나 급등했다. 그리고 그날 장을 마칠 무렵에는 무려 330퍼센트나 치솟았다. 1963년 이후로 하루 수익률로는 역대 최고였다. 그러나 행복은 오래가지 못했다. 1997년 11월에 연구진이 주장했던 약효를 되살리지 못하면서 엔트레메드의 주가는 곤두박질치기 시작했다. 2008년 10월, 이 회사의 주식은 한 주당 34센트에 거래되었다.

뉴욕타임스에 기사가 나오고 나서 85달러까지 치솟았던 주가였다.

:: 시간이 의사결정에 미치는 영향

결정을 내리는 방식에 영향을 미치는 요소는 여러 가지다. 그중에서도 애매한 것이 바로 시간이다. 결정의 결과가 모호할 때 사람들은 더 큰 도박을 하는 경향이 있다. 반대로 결과가 분명할수록 사람들은 보수적으로 변한다. 새 생명을 낳는 분만 시간이 좋은 예이다. 아이를 낳는 상황에서 여성의 마취 선호도는 시기에 따라 달라진다. 산통이 시작되기 전까지는 마취를 거부한다. 하지만 산통이 시작되면 대다수 여성이 마취해주기를 바란다. 그러다가 아이가 태어난 지 한 달 정도가 지나면 다시 마취를 거부하는 경향이 있다.

시간적 압박은 여러 경로로 우리의 의사결정에 영향을 미친다. 2001년 9월 11일, 테러리스트의 공격을 받고 나서 많은 미국 사람들의 시간관념이 변했다. 특히 뉴욕과 같은 대도시 사람들일수록 '하루살이'식의 시간관념을 받아들이기 시작했다. 그 때문에 다이어트나 운동처럼 많은 시간이 필요한 활동들을 거부한 채 그럭저럭 편하게 지내는 생활을 선호하게 되었다. 그 결과, 다이어트 클럽에 계약을 취소하는 사람들이 끊임없이 몰려들었다.

시간은 우리의 음식과 옷, 선호하는 영화에까지 영향을 미친다. 피험자들을 두 집단으로 나눈 뒤 대여 비디오테이프를 선택하게 하는 실험을 했다. 먼저 한 집단에는 나중에 볼 영화를, 다른 한 집단에는 지금 당장 볼 영화를 고르게 했다. 결과는 어땠을까? 나중에 볼 영화를 고른 집단은 주로 〈피아노The Piano〉 같은 고상한 작품을 선택했다. 이 영화는 빅토리아 시대에 영국의 식민지 뉴질랜드에서 살았던 한 벙어리 여인의 저항적 인생을 다룬 오스카 수상작이다. 이와 대조적으로 당장 볼 작품을 고르라는 주문을 받은 집단은 해리슨 포드 주연의 〈긴급 명령Clear and Present Danger〉 같은 상업성 짙은 영화를 선택했다.

사무직 노동자들을 대상으로 한 연구 결과도 비슷했다. 과일과 패스트푸드 중에 일주일 뒤에 어느 것을 배달해주면 좋겠느냐는 질문을 때를 달리하여 물었다. 첫째는 사람들이 배고픔을 느끼는 늦은 오후였고, 둘째는 포만감이 가득한 점심 직후였다. 연구진은 피험자들이 허기의 정도를 선택에 반영한다는 사실을 발견했다. '허기진' 집단의 78퍼센트가 패스트푸드를 선택했고 '배부른' 집단이 이 음식을 선택한 비율은 42퍼센트에 불과했다. 당장 볼 비디오테이프를 선택하라고 했을 때 상업영화를 선택한 사람들이나, 허기진 사무직 노동자들에게 당장의 먹을거리를 고르라고 했을 때 역시 패스트푸드를 고른 것이나 별반 다를 게 없었다. 반면에 배가 불러 기꺼이 기다릴 수 있는 사람들은 건강식을 선택했다. 나중에 볼 영화를 고르라고 했을 때 예술성 높은 작품을 선택한 것처럼 말이다.

옷을 살 때도 이와 비슷한 현상을 보인다. 두꺼운 방한복의 판매량은 예상대로 기온이 내려갈 때 늘어난다. 하지만 날씨가 추워지면 반품량도 덩달아 늘어난다는 사실을 아는 사람은 많지 않다. 왜 그럴까? 한파가 닥치면 방한복이 필요할 거라 여기고 주문했는데 박상 날씨가 생각보다 춥지 않아 반품하는 것이다. 미시간 주립대학교의 마이크 콘린Mike Conlin 교수는 이런 구매 행태가 배가 많이 고플 때 식품점에서 음식을 많이 구입하는 것과 비슷한 이치라고 말한다.

콘린과 동료 연구진은 대형 아웃도어 의류 전문점에서 5년간 카탈로그로 판매된 약 1,200만 가지 의류의 매출을 연구했다. 조사 대상에는 구매자의 우편번호와 주문 날짜, 반품 여부 등도 포함되었다. 그리하여 미국의 41개 이상 우편번호 지역의 판매 정보와 날씨 기록을 대조했다. 연구진은 온도가 화씨 30도 떨어질 때, 이를테면 화씨 40도섭씨 4.4도에서 10도섭씨 영하 12.2도로 추워질 때 방한복의 반품 증가율은 4퍼센트에 가깝다는 사실을 알아냈다. 물론 모든 제품이 동일한 비율로 반품된 건 아니다. 파카나 코트 같은 값비싼 의류의 반품률이 모자나 벙어리장갑 같은 저렴한 제품에 비해 두 배나 높았다. 이 모두의 평균값이 4퍼센트였다. 4퍼센트 정도면 그리 높은 수치가 아니라고 생각할 수도 있다. 그러나 미국에서는 카탈로그 판매 부문의 총매출이 연평균 1,250억 달러를 넘어설 정도로 시장 규모가 방대하다. 따라서 반품률 수치가 작더라도 금전적으로는 엄청난 파급효과를 미칠 수 있다.

:: 미모의 가치는?

적지 않은 기업들이 고객의 의사결정에 영향을 미칠 수 있는 이런 미묘한 요소들을 최근에 와서야 이해하기 시작했다. 얼마 전, 남아프리카의 어느 대부은행에서 하버드 대학교 경제학 교수 센딜 물라이나단Sendhil Mullainathan 교수에게 연구를 의뢰했다. 이 회사는 일반 은행들처럼 더 많은 대출 실적을 올리고 싶었다. 문제는 '어떻게?'였다. 물론 이자율을 내려 수요를 늘리는 전통적인 해법도 있었다. 하지만 이것은 이 회사에서 원하던 방식이 아니었다.

대신 그들은 한 가지 실험을 했다. 5만 명 이상의 기존 대출자들에게 일일이 축하편지를 보냈다. "축하합니다!"라는 문구로 시작된 이 편지에는 신규 대출을 받을 수 있는 자격이 생겼다는 내용이 담겨 있었다. 이 대출 상품은 미국의 '페이데이론payday loan'과 유사한 소액 고금리 대출 상품으로, 월 이자율이 7.75~11.75퍼센트 사이이며 대출액은 보통 150달러 정도였다.

물라이나단과 연구진은 편지 내용과 디자인을 다양하게 만들어 어떤 방식이 대출을 더 많이 유도하는지 연구했다. 예를 들어 이자율 같은 딱딱한 경제용어를 바로 드러내기보다 우회적인 방식으로 대출자들의 심리에 긍정적으로 다가가게 했다. 아울러 이자율도 차별화하고, 일부 고객들에게는 휴대전화기를 탈 수 있는 경품권을 나눠주기도 했다. 하지만 (적어도 우리 눈에 비친) 이 편지의 가장 흥미로운 측면은 편지의 오른쪽 아래에 있었다. 그곳에는 고객의 성性

과 연령에 따라 담당이 구분된 은행 직원들의 사진이 붙어 있었다.

물라이나단은 말했다. "놀랍게도 남자 대신에 여자 직원의 사진을 붙이자 이자율을 5퍼센트 내린 것과 동일한 수요 창출 효과가 있었습니다."*

냉소적인 사람들에게는 이런 방식이 별 효과가 없을지도 모른다. 아름다움이 우리의 선택에 미치는 영향에 대해서는 앞에서도 이미 살펴보았다. 그러나 은행 입장에서는 이런 발견 하나가 엄청난 이익을 가져다주기도 한다. 비록 소액의 고금리 대출상품이더라도 별다른 위험을 더하지 않고 수익을 5퍼센트나 더 올릴 수 있다는 사실만으로도 은행에는 훌륭한 기회가 아닐 수 없다.

그렇다면 이 좋은 기회를 남아프리카에서 다른 국가들로 확산시킬 방법은 없을까?

"그건 쉽지 않습니다." 물라이나단의 연구에 참여한 시카고 대학교 경영대학원 교수 메리앤 버트런드Marianne Bertrand는 이 실험이 남아프리카에서만 제한적으로 시행되었기 때문에 외국에 그대로 이식하기는 어렵다고 말한다. 그러면서 미국에도 이와 비슷한 방식의 심리 유도psychological manipulation에 대한 연구 사례가 보고된 만큼 그 나라의 특수성에 맞는 방법을 찾을 수는 있을 것이라고 말했다.

* 그 효과는 분명했다. 그래서 2007년 9월, 나이지리아 상원 의장은 은행들이 고객들의 신규 계좌를 유치하기 위해 미모의 여자 직원들의 사진을 이용하는 것을 금지시켰다. 로이터 통신(2007a) 참조.

타인의 심리를 유도할 때, 앵커링anchoring이라고 불리는 연관 효과도 한몫을 한다*. 무언가를 결정해야 할 때 사람들은 누군가가 처음으로 제시한 수치를—설령 그 수치가 얼토당토않더라도—준거로 삼는 경향이 있다. 실제로도 그런지 한 가지 실험을 해보자. 친구들을 몇 명 불러 전화번호 앞 세 자리를 적게 한다. 그리고 칭기즈 칸이 사망한 해를 추측해보라고 해보자. 방식은 달랐지만 이런 연구가 실제로 여러 번 시행되었다(나일 강의 길이나 세인트루이스 아치의 높이를 추측해보라는 식이었다). 그러자 두 수치 사이의 관련성이 발견되었다. 칭기즈 칸의 경우, 사람들 대부분은 첫 밀레니엄(세 자릿수, 즉 999년까지)에 사망했다고 추측한다. 그러나 사실은 그렇지 않다. 칭기즈 칸은 네 자릿수인 두번째 밀레니엄(1000년 이후)에 사망했다.**

이런 편향에 대해 잘 알고 있는 사람들은 조금 더 정확하게 추측할지도 모른다. 그러나 (앞서 소개한 음악과 프랑스 와인의 경우처럼) 구성frame이라는 존재가 항상 명확하지는 않듯이 준거anchor의 존재 역시 마찬가지이다. 상점의 가격 표시 같은 것들도 사실은 소비자의 구매를 유도하는 방향으로 만들어진다는 것을 간과하는 사

---

* 앵커링 효과란 누군가가 먼저 제시한 수치를 준거(準據)로 삼는 현상을 말한다.—옮긴이

** 브리태니커 백과사전에는 이 몽고 전사가 출생한 해가 세 가지(1155년, 1162년, 1167년)로 기록되어 있다. 그러나 사망한 해는 1227년이다.

람들이 많다. 그래서 매번 쇼핑할 때마다 가격표 효과에 넘어가곤 한다.

어린 시절 인디애나 주 남부에서 자란 비키 맥크라켄은 어머니와 식품점으로 장을 보러 다니던 때를 또렷이 기억한다.

"당시 우리 집은 형편이 넉넉지 못했습니다." 그녀가 말했다. "그래서 엄마는 무엇을 사든 가격표부터 살폈지요."

맥크라켄은 퍼듀 대학교를 졸업하고 나서도 여전히 가격표에 대해서 의문이 많았다. 자신의 엄마 같은 구매자들이 쇼핑 전에 여러 식품점의 가격을 비교했더라면 어땠을까? 그랬다면 단골 식품점이나 구매 품목을 바꿀 수도 있지 않았을까? 훌륭한 의문이었다. 덕분에 맥크라켄은 미국 농무부에서 지원하는 연구비를 받을 수 있었다.

비키 맥크라켄은 퍼듀 대학교의 동료들과 함께 네 개 주의 도시 네 곳을 선별하여 식품점 가격을 비교하는 단순하면서도 방대한 조사에 돌입했다. 먼저, 각 도시에서 가격을 점검할 사람들부터 고용했다. 기록판을 들고 정해진 식품점에 들어가 특정 품목의 가격을 적는 것이 그들의 일이었다. 그때부터 맥크라켄과 동료들은 조사원들이 적어온 장바구니 물가를 매주 지역신문에 게재했다. 물론 공개 품목은 캔커피 같은 일부에 한정했다. 신문에 실린 가격 목록에 대한 식품점들의 반응은 즉각적이었지만 맥크라켄이 예상한 대로는 아니었다.

"반응이 제각각이었지요." 그녀의 말처럼 조사원들의 출입 자체를 아예 막는 식품점들도 있었다. 심지어 그녀가 계속 품목 가격을 신문에 공개하여 영업을 방해하면 자살하겠다고 으름장을 놓은 식품점 사장도 있었다.

"그 식품점의 가격은 대체로 다른 식품점보다 훨씬 높은 편이었습니다"라고 그녀는 지적했다.

그러나 맥크라켄은 단념하지 않았다. 대신에 조사원들이 기록부를 들고 들어가 애꿎은 사장을 사지(?)로 몰아넣지 않고 손님을 가장한 채 매장으로 들어가 정해진 품목을 아예 구입하게 했다(그뿐만 아니라 그 식품점의 가격은 아예 공개하지도 않았다).

연구를 마무리하기까지 꼬박 1년이 걸렸다. 연구원들이 발견한 사실은 특별히 놀라울 게 없었다. 가격이 신문에 공개되자 가격을 높게 매기던 많은 식품점들이 저렴한 경쟁 매장들에 맞춰 가격을 내리기 시작했다.

하지만 흥미로운 점은 따로 있었다.

맥크라켄이 고용한 가격 조사원들은 신문에 공개하기로 약속된 품목 이외의 물건들까지 가격을 조사했다. 예를 들어 폴저스Folgers 캔커피 가격을 조사하여 신문에 공개하기로 했는데 조사원들은 이 제품뿐 아니라 맥스웰하우스 같은 다른 캔커피 가격까지 조사했다. 여기서 이른바 식품산업의 '그림자 효과'가 나타났다.

"식품점들은 공개 품목의 가격을 낮추는 한편으로 비공개 품목의 가격을 오히려 높였습니다." 이를테면 폴저스 커피 가격을 낮추는 대신에 맥스웰하우스 커피의 가격을 높여 이윤을 보상하는 식이라고 그녀는 말했다.

물론 구매자들이 이런 내막까지는 알 수 없다. 그렇지만 이것이 핵심이다. 식품점 사장들은 몇몇 값싼 제품들을 미끼로 고객들을 현혹하여 끌어모은 뒤 다른 제품의 가격을 높게 받더라도 고객들이 알아채지 못할 것이라고 생각했을지도 모른다.

비슷한 앵커링의 예를 식품점 통로에서 찾을 수 있다. 매출을 늘리려는 매장들 중에는 '묶음 가격'으로 알려진 기법을 사용하는 곳도 있다. 이를테면 복숭아 통조림을 '1개 25센트'가 아니라 '4개 1달러'로 가격을 매기는 방식이다. 논리적으로 생각하면 하나에 25센트든 네 개에 1달러든 가격은 같다(카너먼과 트버스키가 설명한 가상의 인명 구호 프로그램과 동일하다). 그러나 결과는 그렇지 않다.

복숭아 통조림의 경우에는 '4'라는 숫자가 구매자들에게 준거anchor의 역할을 한다. 따라서 구매자들은 네 개라는 것만 보고 별생각 없이 통조림을 집어 든다. 묶음 가격의 효과는 매우 확실하다. 식품점 86군데에서 실험한 결과, 묶음 가격 방식으로 판매된 제품의 매출이 단일 가격 방식에 비해 32퍼센트나 향상되었다.

매출을 늘리기 위해 앵커링 기법을 이용하는 또 다른 사례가 바로 '한정 수량'이다. "고객 1인당 12개 이내 한정 판매"와 같은 식이다. 이때는 숫자 12가 준거로 작용한다. 수량 한정이 매출을 끌어올린다는 사실은 이미 여러 연구에서 입증되었다. 실제로도 그렇다. 준거의 수치가 올라갈수록 매출도 더 늘어난다.

앵커링 기법의 핵심은 처음 제시하는 숫자에 있다. 사람들은 제시되는 순서에 따라 정보를 처리하는 경향이 있다. 그중에서도 가장 효과적인 것은 역시 첫번째 정보다. 실제로 거대 정당의 후보자들을 대상으로 조사했더니 선거에서 투표용지에 처음으로 이름을 올린 후보자들이 3퍼센트 정도 더 많은 표를 얻는 것으로 나타났다.

협상에서도 마찬가지다. 협상에서는 처음으로 제안하는 사람이 훨씬 유리하다. 첫 제안이 이어지는 협상에서 준거로 작용하기 때문이다. 이 사실은 미국 유타 주와 독일의 연구원들이 2001년에 처음으로 시행한 연구에서 입증되었다. 구매자와 판매자 집단을 대상으로 한 연구에서 연구진은 구매자든 판매자든 가격 협상에서 먼저 제안한 쪽이 더 좋은 결과를 얻는다는 사실을 발견했다.

:: 주택 제시가격의 위력

집을 살 때처럼 중요한 협상을 할 때에도 마찬가지다. 집을 묶어서 판매하거나('4채에 200만 달러') 판매수량을 한정하여('1인당 12채까지') 판매하는 경우는 거의 없다. 하지만 우리는 처음에 제시된 가격, 즉 제시가격을 준거로 삼는다.

제시가격의 위력은 풋내기 대학생들과 노련한 부동산 중개인들을 대상으로 한 현장조사에서 다시금 입증되었다. 연구진은 두 집단에 애리조나 주 투손 지역에서 매물로 나온 부동산들의 가치를 평가하게 했다. 그리고 이들을 돕기 위해 이 지역의 부동산 정보가 담긴 10쪽가량의 자료를 나눠주었다. 이 자료에는 부동산의 최근 시세, 매물로 나온 주택들의 소유주가 제시한 가격, 부동산 등록 서비스의 표준 자료 등 구매자가 집을 살 때 일반적으로 참고하는 자료들이 모두 포함되었다.

참여자들은 우리가 새 집을 살 때처럼 자유로이 돌아다니며 매물을 조사했다. 조사가 끝나고 복귀한 학생들과 중개인들에게 계산기를 나눠주고 추정액을 적어내도록 했다. 이때 추정액을 실제 매매 광고에 내겠다고 알려주었다. 아울러 추정액을 그렇게 결정하게 된 근거와 관련하여 체크리스트의 각 항목에도 답하게 했다.

결과는 여러모로 흥미로웠다. 어쩌면 집을 사고 팔려는 사람들이 전혀 생각지 못한 결과일 수도 있다. 첫째, 아마추어(대학생)와 프로(중개인)의 추정액 차이는 그리 크지 않았다. 광고에 내기로 결정한 금액의 경우에 그 차이가 수백 달러에서 기껏해야 수천 달러에 불과했다. 둘째, 두 집단이 추정한 가격은 원래의 제시가격에서 영향을 많이 받았다. 다른 정보가 많았음에도 두 집단 모두 애초에 주어진 제시가격에 가장 심한 집착을 보였다. 즉 제시가격이 높을수록 그들의 추정액도 높아졌다. 이것은 제시가격이 간혹 비이성적으로 (적어도 구매자들에게는) 높은 이유이기도 하다. 제시가격은 협상의 시작점을 의미하며 그로부터 절충이 시작되기 때문이다. 따라서 협상에서는 먼저 제안한 쪽이 유리한 결과를 얻는 경우가 많다.

셋째는 부동산 전문가들조차도 이 편향에서 자유롭지 못하다는 점이다. 이는 가장 흥미로운 특징이었다. 제약회사로부터 뇌물을 받는 의사들처럼 부동산 전문가들도 자신들의 편향을 깨닫지 못했다.

집주인이 임의로 정한 가격이 주택 가격에 대한 자신들의 전문가적 판단에 영향을 끼치리라고 생각지 않았을 테지만 사실은 그 반대였다. 실험이 끝난 후에 물었을 때도 부동산 중개인들은 "제시가격을 고려 대상에서 제외했다"라고 답했다. 그러나 연구진이 그들의 체크리스트를 분석한 결과 그들의 말은 완전히 반대였다.*

지금까지 소개했던 여러 사례들에서 보았듯이 인간의 심리적 조작을 방지할 해법을 찾기는 무척 어렵다. 영향력이 매우 큰데다 이러한 심리적 조작은 식품점에서 투표소에 이르기까지 매우 다양한 상황에서 작동하기 때문이다. 그러나 다음에 소개하는 몇 가지를 참고하면 어느 정도는 예방할 수도 있다.

첫째, 재구성reframing을 해봐야 한다. 한 예로 집을 사기 위해 가격을 절충해야 하는 사람은 전체 가격(25만 달러)이 아니라 면적당 가격(1평방미터당 2,500달러)으로 접근하는 편이 좋다.

둘째, 먼저 제시해야 한다. 물론 항상 가능한 것은 아니다. 그러나 압류되었거나 그럴 예정인 부동산이라면 임대인이나 소유주에게 먼저 가격을 제시하는 편이 유리하다. 그러면 이 가격에서 시작하여 앞으로의 협상을 유리하게 이끌 수 있다.

셋째, '할인가격'에 유의해야 한다. 판매자는 자신이 정한 가격을 내세워 구매자의 생각을 그 수준에 묶으려 한다. 그러나 최근의 연

* 연구진은 부동산 중개인들이 정말로 제시가격을 고려 대상에 포함시키지 않았는지 아니면 '부적합한 가격 정보를 활용하고도 공개적으로 언급되기를 꺼려' 그렇게 대답했는지에 대해서는 굳이 더 파고들지 않았다. 정치 전문가들이 자신들의 실수를 인정하지 않으려는 것과 같은 맥락이다. Tetlock(1998) 참조.

구에서도 밝혀졌듯이, 판매자 입장에서 할인가격은 더 이상의 할인을 차단하는 좋은 무기이기도 하다. 따라서 구매자는 다양한 경로를 통해 여러 곳의 가격을 비교하여 가장 현명한 선택을 해야 한다.

SOTP
delete
SHCOOL

07

인간은 대충 훑어본다

WHY WE MAKE MISTAKES

실수를 솔직히 인정하는 업종이 얼마나 될까? 실수를 인정하는 많지 않은 업종 가운데 하나, 그것도 실수한 다음 날 바로 인정하는 업종이 바로 신문업계다. 인간의 실수에 관심이 있는 사람들에게는 신문의 정정보도란을 읽는 것도 큰 재미다. 몬트리올의 프리랜서 작가인 크레이그 실버먼Craig Silverman은 2004년에 'regrettheerror.com'이라는 웹사이트까지 만들었다. 나도 이 사이트에 자주 글을 남기는 편이다. 실버먼은 매년 가장 흥미로운 실수담을 선정하여 사이트와 동일한 이름의 책도 발간한다. 재미있는 실수담이 적지 않지만 그중에서 내가 가장 인상적으로 읽은 것은 몇 년 전 내 직장과 다름없는 월스트리트 저널에 실린 내용이다. 정정보도문의 전문을 소개하면 다음과 같다.

> 지난 월요일 본보의 한 페이지 분량의 기사에서 영국의 한 대회에 참여한 광대들이 '외발 자전거unicycle'를 탄다고 말한 것을 실수로 '유니콘unicorn'을 탄다고 잘못 기록했습니다.

유니콘은 상상의 동물이지만 외발 자전거는 엄연히 존재한다. 그런데 이런 유명한 신문사에서 어떻게 이런 실수를 했을까?

:: 우리는 앞부분에만 집중한다

이런 사소한 부주의로 누구나 한 번씩은 실수를 한다. 신문기사를 읽을 때 모든 문장, 모든 단어, 모든 철자까지 낱낱이 분석하며 읽는 사람은 없을 것이다. 그저 내용을 이해하기에 필요한 정도의 단어와 문장만 읽으면 충분하다. 이런 문장이 있다고 가정하자. "심한 갈증으로 ○○이 탄다." 이 문장을 읽고 굳이 고민하지 않더라도 '○○'에 들어갈 단어가 '입술'이라는 것을 알 수 있다.

비슷한 경우로, 단어의 앞부분만 보고도 뒤 철자를 비교적 정확히 추측할 수 있다. 이것은 실험에서도 사실로 입증되었다. 특정 철자를 생략한 채 피험자들에게 문장을 읽으라고 하자 대부분이 무리 없이 문장을 이해했다.

학자들은 이처럼 어떤 대상을 대충 훑어보는 성향을 '교정자 실수proofreader's error'라고 부른다. 뒤에서 다시 살펴보겠지만, 이 흔한 실수는 인간의 인식 과정에서 일어나는 착오를 설명하는 핑곗거리가 되기도 한다. 인식도 결국은 경제성과 관련되기 때문에 대상에 따라 인식할 수도, 못할 수도 있다. 다시 말해, 무언가를 생각할 때 우리의 관심이 항상 공평하게 분배되는 것은 아니다. 그래서 앞서 말한 단어들을 인식할 때도 그 뜻의 실마리가 되는 첫 부분, 즉

'unicycle'과 'unicorn'의 'uni' 부분에 신경을 더 쓰며 뒤따르는 철자는 예사롭게 본다. 흥미로운 점은, 냉철해야 할 투자자들조차도 그렇다는 점이다. 투자자들도 주초에 배포된 소식에는 각별한 관심을 보이면서 금요일처럼 주 후반에 나오는 소식은 대충 훑어보곤 한다.

사람들이 무언가를 대충 훑어보는 이유도 이런 성향 때문이다. 특히 익숙한 것일수록 대충 훑어보는 경향이 있다. 이 성향은 비단 무언가를 읽을 때뿐 아니라 음악 같은 다른 분야에서도 드러난다. 처음 본 악보를 연습 없이 곧바로 연주하는 것을 즉석연주라고 한다. 유능한 즉석연주자들은 악보를 음표 단위로 보지 않고 일정한 패턴으로 인식하여 연주한다. 이들은 이런 방식으로 일반 연주자들이 오랜 기간 연습해야만 터득할 수 있는 연주 속도와 능숙함을 처음부터 구사할 수 있다.

:: 신인만이 포착할 수 있는 실수

하지만 이런 능력에는 대가도 따르는 법이다. 즉 정확성을 희생시키고 상세한 부분들을 건너뛸 수밖에 없다. 이 대가에 대해서 피아노 교사이자 즉석연주자인 보리스 골도프스키Boris Goldovsky가 이미 수십 년 전에 입증했다. 학생들을 지도하던 그가 하루는 브람스의 기상곡 악보에서 인쇄가 잘못된 곳을 발견했다. 그런데 그 사실을 파악하는 데 처음 수업을 시작한 제자가 큰 역할을 했다.

제자가 악보를 엉터리로 연주하자 골도프스키는 당장 연습을 중지시키고 실수를 바로잡으라고 지시했다. 하지만 학생은 어리둥절했다. 악보에 적힌 대로 연주했기 때문이다. 골도프스키가 다시 살펴보니 학생의 말이 옳았다. 문제는 학생이 아니라 잘못 인쇄된 악보였다. 두 사람은 이 문제가 자신들의 악보에만 해당하는지부터 살펴보았다. 그랬더니 자신들의 악보뿐 아니라 같은 인쇄기에서 인쇄된 다른 모든 악보에서도 동일한 문제가 발견되었다.

작곡가, 출판발행인, 교정자 그리고 수많은 피아니스트 들이 이 악보를 보았을 텐데 왜 아무도 그 사실을 알지 못했는지 골도프스키는 도무지 이해가 되지 않았다. 모두가 엉터리 악보를 엉터리로 사용하고 있었던 것이다.

신출내기가 찾아낸 문제를 그 많은 전문가들은 왜 발견하지 못했을까? 이 사실이 골도프스키를 당혹하게 했다. 그는 한 가지 실험을 계획했다. 숙련된 즉석연주자들에게 악보의 어느 한 곳에 문제가 있다고 알려준 뒤 어느 부분이 문제인지 찾아내게 했다. 찾아내는 과정에서 특정 부분을 반복해서 연주하더라도 개의치 않았다. 그런데도 어느 누구도 문제점을 찾아내지 못했다. 문제가 된 마디를 자신이 대략 설명하고 나서야 비로소 그들도 그 부분을 찾아냈다.

:: 거대한 실수

초보자는 알지만 전문가는 모르는, '골도프스키' 실수와 같은 예는 무수히 많다. 2008년 4월, 미국 항공우주국NASA에서 지구와 소행성의 충돌 가능성을 예측했을 때 열세 살인 어느 한 학생이 계산상의 오류를 지적했다. 그로부터 몇 주 전에는 스미스소니언 박물관에서 27년간이나 모르고 지나쳐온 전시상의 실수를 미시간 주의 5학년 학생이 발견했다. 2007년에는 또 하나의 실수가 포착되었다. 이번에도 열세 살인 핀란드 소년이 주인공이었다. 러시아 국영방송인 로시야Rossiya에서 북극으로 항해를 떠난 러시아 잠수함의 이야기를 다루었다. 이 잠수함의 영상은 로이터 통신을 타고 세계 전역으로 전파되었다. 누구도 이상한 점을 발견하지 못했다. 그러나 열세 살 소년 월테리 세레틴은 예외였다. 세레틴은 잠수함의 모습이 어딘가 이상하다고 생각했다. 그의 의심은 옳았다. 그 모습은 리어나도 디캐프리오와 케이트 윈슬릿의 히트작 〈타이타닉〉에서 따온 화면이었던 것이다.

"제가 가지고 있었던 DVD와 비교했더니 영화 첫 부분에 등장하는 잠수함의 모습과 똑같았어요." 세레틴이 일간지 피니시Finnish와의 인터뷰에서 한 말이다.

:: 두 번이나 속다니!

골도프스키의 시대 이후로도 그의 발견을 입증하기 위한 연구는 계속되었다. 음악심리학 분야의 세계적 권위자 존 슬로보다John Sloboda는 연습용 악보의 음표 일부를 의도적으로 바꾼 뒤에 전문 연주자들에게 두 번씩 연주하게 했다. 그러나 악보의 달라진 부분을 제대로 발견하지 못한 비율이 38퍼센트에 이르렀다.

더 흥미로운 점은 두번째 연주에서 발생했다. '교정상의 실수' 현상이 줄어들 것으로 예측된 두번째에서 오히려 그 비율이 더 올라간 것이다. 한 번 연주를 해봤기 때문에 굳이 악보에 연연할 필요 없이 일정한 패턴만 의식하며 연주한 탓이었다. 다시 말해, 악보를 대충 훑어보았다는 뜻이다.

이런 성향은 우리가 평소에 범하는 많은 실수의 원인을 이해하는 데 중요한 실마리가 된다. 익숙한 일일수록 간과하기 쉽다. 있는 그대로를 보지 않고 '그러리라고 생각되는 부분만' 바라보기 때문이다. 이렇게 몸에 밴 행동양식 때문에 음표의 변화 같은 작은 것뿐 아니라 때로는 매우 큰 것조차도 놓치고 만다.

2005년 핼러윈을 며칠 앞둔 어느 날, 델라웨어 주 프레데리카에서 자살로 추정되는 사건이 발생했다. 한 여인이 나무에 목을 매어 사망했다. 사망 장소는 도로에서 뻔히 보이는 곳인데도 열두 시간이 넘도록 그녀의 시체는 사람들의 눈에 띄지 않았다. 42세의 이 여인은 저녁 아홉 시경에 집 앞의 복잡한 도로를 건너 맞은편 나무로 올라가 밧줄로 목을 맨 듯했다. 물론 저녁 아홉 시는 밤이 이슥한 때다. 하지만 그녀의 몸은 지면에서 불과 4.5미터 정도 위에 매달린 상태여서 지나다니던 자동차들이 얼마든지 발견할 수 있었다. 그런데도 오전 열한 시가 다 되도록 아무도 그녀의 죽음을 경찰에 신고하지 않았다. 나무에 몸을 매단 지 거의 열네 시간이 지난 후였다.

"사람들은 그저 핼러윈 장식물이려니 하고 대수롭지 않게 여겼던 것 같아요." 경찰이 도착했을 때 사건 현장 주변에 서 있던 한 여성의 말이다.

:: 정황의 중요성

안타까운 이 사건은 우리가 평소에 여러 가지 사건을 인식할 때 정황에 얼마나 의존하는지를 반증한다. 정황은 하나의 버팀목과 같으며, 우리가 이 버팀목에 의존하는 정도는 생각보다 훨씬 심하다. 예를 들어 핼러윈 무렵에 사건이 발생하면 우리는 (별생각 없이) 그 사건이 핼러윈과 관련되었을 것이라고 생각한다. 대부분 그런 식이다. 그렇기에 우리 또한 나무에 매달린 시체를 알아보지 못하고 지나친 이웃들처럼, 그런 사건이 발생해도 그냥 지나칠 확률이 높다.

정황을 배제한 채 무언가 혹은 누군가를 인식하기가 어려운 것은 사실이다. 얼굴을 잘 알아보지 못하는 경우가 대표적이다. 갑작스럽게 누군가와 맞닥뜨렸을 때 그 사람이 누구인지 헷갈릴 때가 있다. '세탁소 직원이었나? 식당에서 본 사람인가? ……' 이때 그 사람의 '정체'를 규명할 가장 좋은 방법은 '소속'을 확인하는 것이다. '소속'이라는 정황을 배제하고 대상을 인식하기란 쉽지 않다.

(나무에 매달린 시체의 경우처럼) 보는 것뿐 아니라 읽을 때에도 정황이 위력을 발휘한다. 언뜻 생각하면, 읽기는 사실을 있는 그대로 인식하는 과정처럼 생각된다. 네모난 종이 안에 검은 색깔로 인쇄된 문자를 읽는 것이니 그럴 법도 하다. 그러나 특정한 글을 제대로 이해하기 위해서는 정황부터 반드시 이해해야 한다.

다음의 글을 읽어보자.

> 절차는 매우 간단한다. 먼저, 대상을 특성에 따라 정리하여 여러 더미로 구분한다. 양에 따라서는 한 번에 모두 처리할 수도 있다. 시설이 갖추어져 있지 않을 때는 다른 어딘가를 방문해야 하며, 그렇지 않다면 이제 모든 준비가 끝났다. 한 번에 무리하게 시도해서는 안 된다. 다시 말해, 한 번에 무리하는 것보다 조금씩 나눠 하는 편이 낫다. 별것 아니라고 생각할 수도 있지만, 과도한 양을 한 번에 처리하려다가는 복잡한 문제가 발생할 수 있다. 게다가 한 번의 실수 때문에 값비싼 대가를 치르기도 한다. 조작법은 그리 어렵지 않으므로 여기서 굳이 설명할 필요는 없다. 처음에는 모든 절차가 약간 복잡해 보일 수도 있다. 그러나 머잖아 이 일은 일상의 한 부분으로 자리한다. 가까운 미래에 이 일에서 벗어나기는 쉽지 않을 것이며, 벗어날 수 있을 때가 언제인지는 누구도 장담할

수 없다.

도대체 무엇을 설명하는 걸까?

정답은 '세탁'이다.

그럴듯하지 않은가?

이 글을 작성한 사람은 존 브랜스포드John Bransford와 마샤 존슨Marcia Johnson이다. 두 사람은 피험자들에게 이 글을 읽게 한 뒤에 무엇에 대한 설명인지 말하도록 했다. 두 사람은, 새로운 정보를 처리하기 위해서는 정황에 대한 이해가 중요하다는 사실을 확인했다. 정황 지식이 없는 피험자들은 한결같이 올바른 답을 말하지 못했다. 자료를 검색한 피험자들도 글의 일부에 해당하는 답변은 했지만 전체 내용을 포괄하는 정답을 찾지는 못했다. 정황 지식을 사전에 제공했을 때는 모두가 곧바로 글의 내용을 이해했다. 신문에 표제가 붙고 사진에 자막이 붙는 것도 같은 이유에서다. 이런 것들이 정황에 대한 이해를 높여, 독자들이 기사를 읽으면서 내용을 곧바로 파악하도록 돕기 때문이다.

:: 공원 산책이 기억력을 높이는 이유

정황은 기억력과도 밀접히 관련된다. 정황이 배제된 상태에서는 인식하기 어려울 뿐 아니라 기억도 오래가지 않는다. 그러나 정황을 복원하면 기억력이 향상된다. 몇 년 전, 미취학 아동을 대상으로 한 실험에서도 이 점이 입증되었다. 아이들에게 공원을 산책시킨 뒤 다음 날 산책 순간을 떠올리게 하는 실험이었다. 공원에서 한 일을 조용한 방에서 떠올리게 하자 아이들의 반응은 시큰둥했다. 그러나 다시 아이들을 공원으로 데려가 전날의 기억을 떠올리게 하자 많은 것을 기억해냈다.

성인도 마찬가지다. 30여 년 전에 시행된 유명한 실험이 있다. 영국 학자들이 피험자들에게 단어 목록을 기억하게 했다. 그중 일부는 지상에서, 다른 일부는 수중에서 단어를 외우게 했다(수중 피험자들에게는 잠수복과 산소호흡기를 제공하고, 숙련된 잠수요원이 군용 수륙양용차를 준비해 피험자들의 주변을 지켰다. 그래도 위험이 전혀 없었던 것은 아니다).

연구진은 수중에서 외운 피험자들은 수중에서, 지상에서 외운 사람들은 지상에서 단어를 더 잘 기억한다는 점을 발견했다. 예컨대 지상 암기자들은 지상에서 평균 13.5개의 단어를 기억한 데 반해 수중에서는 8.6개밖에 기억하지 못했다. 수중 암기자들도 마찬가지였다. 그들은 수중에서 평균 11.4개를 기억한 데 반해 지상에서는 8.4개밖에 기억해내지 못했다.

이 결과는 물리적 정황뿐 아니라 감성적 정황에서도 폭넓게 적용된다. 특정 감정 상태에서 경험한 사건은 다시 그 감정에 휩싸였을 때 더 잘 기억할 수 있다. 예컨대 즐거웠던 추억은 즐거운 상황에서 더 또렷하게 떠오른다.

한 실험에서 피험자들에게 똑같은 이야기를 읽게 했다. 이야기의 줄거리는 간단했다. 두 명의 대학생이 만나 즐겁게 테니스를 치는 이야기였다. 그와 동시에 연구진은 피험자들에게 최면을 걸어 일부 피험자들에게는 행복한 감정을, 다른 일부에게는 슬픈 감정을 느끼게 유도했다. 이야기에 등장하는 두 친구 중 하나인 앙드레는 항상 행복했고 하는 일도 술술 잘 풀렸다. 그러나 다른 친구인 잭은 늘 슬펐으며, 매사에 되는 일이 없었다.

다 읽고 나서 연구진은 누가 이 이야기의 주인공인지 피험자들에게 물었다. 앞서 행복한 감정을 느꼈던 피험자들은 두 친구 중에서 행복한 앙드레가 주인공이고 그에 대한 이야기가 더 많은 분량을 차지한다고 생각했다. 반면에 슬픈 감정으로 유도했던 학생들은 불행한 잭이 그렇다고 했다.

이 모든 사례들이 정황의 중요성을 강조하고 있다. 우리가 인식하고 판단하고 기억하는 데 정황이 얼마나 큰 영향을 미치는지 보여준 것이다. 다만, 그 정황이 어디에서 비롯되는지 유심히 살펴봐야 한다. 예컨대 핼러윈 자살 사건에서의 정황은 외부 세계에서 찾아야 하는 반면에 두 친구 이야기에서의 정황은 우리의 머리에서 찾아야 한다.

SOTP
delete
SHCOOL

08

인간은
정돈된 것을
좋아한다

WHY WE MAKE MISTAKES

캘리포니아 주 샌디에이고와 네바다 주 리노의 위치를 생각해보자. 많은 미국인들은 샌디에이고보다 리노가 북쪽에 있다고 생각한다. 맞는 말이다. 그런데 리노가 샌디에이고의 동쪽에 있는지, 서쪽에 있는지 물어보면 상황이 달라진다. 대다수 미국인들은 리노가 샌디에이고보다 동쪽에 있다고 생각한다. 이것은 사실과 반대다.

많은 미국인들이 이처럼 잘못 생각하는 이유는 무엇일까?

사람들이 지도를 기억하는 방식도 한 가지 원인이 될 수 있다. 여기서 말하는 지도는 비단 종이 지도만을 말하는 것이 아니다. 이웃집들의 위치, 쇼핑몰의 주차장, 낚시터 가는 길 등 우리의 머릿속에 존재하는 실제 세상의 모습도 이 지도에 포함된다. 문제는 이 지도를 기억하는 과정에서 체계적인 왜곡이 일어난다는 점이다. 그래서 곡선을 직선으로 보고, 기우뚱한 형태를 마치 균형 잡힌 것처럼 인식하며, 연결될 수 없는 부분들을 연결된 것처럼 바라본다. 요컨대 인간은 정돈된 상황을 선호하기 때문이다.

이 같은 성향은 사회심리학자 스탠리 밀그램Stanley Milgram이 입증한 것이기도 하다. 밀그램은 '분실 편지 기법lost-letter technique*', '여섯 다리 법칙small-world problem**' 등 다양한 주제를 연구했다. 그러나 밀그램의 많은 연구 중에서 가장 잘 알려진 사례는 1960년대 초 예일 대학교에서 시행한 '권위에의 복종' 실험이었다. 이 실험에는 희생자 역할을 하는 배우 한 명과 피험자들이 등장한다. 피험자들에게는, 배우가 질문에 엉뚱한 대답을 할 때마다 전기충격을 가하는 역할이 주어졌다. 배우는 120볼트에 이르면 고통스럽다고 소리치고, 150볼트까지 올라가면 실험을 중단해달라고 요구하기로 사전에 약속되어 있었다. 그러다가 어느 단계에 이르면 배우가 정신을 잃은 척하고, 실험을 마무리하는 것으로 계획되었다. 물론 피험자는 배우가 실제로 전기충격을 받는 것으로 알고 있었다. 이렇게 충격을 거듭하다 보면 어느 수준에서는 피험자들이 실험을 중단하자고 요구할 것으로 예상했다. 그러나 무려 절반 이상의 피험자들이 뜻밖의 행동을 했다. 피험자들의 65퍼센트가 마지막 단계까지 배우에게 전기충격을 가한 것이다. 사전에 '권위자'를 동원하여 전기충격이 인체에 무리가 갈 정도는 아니라고 피험자들을 납득시킨 탓이었다.

:: 센 강이 곧다?

잔인한 전기충격 실험으로 인간 속성의 단면을 규명해낸 밀그램은 이보다는 '온건한' 지도를 이용한 실험도 있다. 실험 내용은 간단

---

* 부치지 않은 편지를 바닥에서 발견한 사람들의 행동을 관찰하는 것이 특히 흥미롭다.
** 여섯 다리만 건너면 모두가 아는 사람이라는 법칙.

했다. 그는 파리에 사는 사람들에게 파리의 지도를 그려보라고 했다. 건축가, 정육점 주인, 노인과 젊은이, 고학력자와 저학력자 등 많은 사람들이 직접 손으로 그린 지도 수백 장을 모아서 비교한 결과, 예상대로 지도 형태는 제각각이었다. 에펠탑이나 노트르담 같은 명소를 빠트린 지도가 있는가 하면 일방도로까지 세밀하게 묘사한 지도도 있었다. 그런데 밀그램은 지도들을 상세히 관찰하면서 흥미로운 사실을 발견했다. 파리의 심장을 관통하는 센 강을 그 지역 거주자들은 곧게 묘사하고 있었다. 실제로 지도를 그린 사람들 중 92퍼센트가 센 강의 곡률을 실제보다 직선에 가깝게 묘사했다.

이런 성향은 비단 파리 주민들에게만 해당되는 것이 아니다. 뉴욕시의 택시 운전사들에게 뉴욕의 도로를 그려보라고 했을 때도 그들은 실제보다 곧게 그렸다. 그뿐만 아니라 연구진은 지도를 기억해서 그리라고 했을 때 나타나는 실수가 이것 외에도 매우 다양하다는 점도 발견했다. 한 예로 거리 표시도 엉망이었다. 짧은 거리를 길게 표시하는가 하면 먼 거리를 너무 짧게 표시한 경우도 다반사였다. 심지어 자기 집에서부터 가까운 유명 건물까지의 익숙한 거리를 표시할 때도 실제보다 훨씬 짧게 묘사했다. 이 같은 경향은 더 큰 규모에서도 동일했다. 예컨대 사람들은 중국에서 북한까지의 거리보다 북한에서 중국까지의 거리를 훨씬 짧게 인식했다.

지도를 왜곡하는 성향은 바버라 트버스키Barbara Tversky의 오랜 연구에서도 입증되었다. 바버라 트버스키는 아모스 트버스키의 아내로서 스탠퍼드 대학교 교수직을 사임하고 최근에는 콜롬비아 대학교 사범대학에서 강의하고 있다. 바버라는 학생들에게 조작된 지도와 원래의 지도 두 가지를 보여주었다. 조작된 지도에서는 북아메리카를 남아메리카 바로 위에 배치시켰고, 원래의 지도에서는 남아메리카가 정상적으로 북아메리카의 남동쪽에 위치해 있었다. 그러자 많은 학생들이 조작된 지도가 옳다고 대답했다. 그만큼 학생들이 세상을 왜곡하여 인식하고 있다는 뜻이었다. 이런 착오는 비단 아메리카 대륙에만 해당되는 게 아니다. 사람들은 지구촌에서 잘 알려진 국가와 도시 들의 위치마저도 엉뚱하게 생각할 때가 많다. 심지어 로마가 필라델피아 아래에 있다고 생각하는 사람도 있다.

바버라 트버스키가 발견한 왜곡 현상으로 미루어볼 때, 사람들이 A지역에서 B지역까지 어떻게 찾아가는지조차 의문스러운 게 사실이다. 인간이 그렇다면 다른 피조물, 예를 들어 인간보다 한참 열등한 꿀벌은 어떨까? 다른 곤충들처럼 꿀벌도 추측 항법dead reckoning을 통해 방향과 거리를 계산한다(먹이를 찾아 10킬로미터 이상을 이동할 수 있는 점도 인상적이다). 게다가 이들에게는 먼 길을 나섰다가 돌아올 때 최단거리로 질러오는 비범한 능력도 있다.

:: 정보의 서열화

그러나 인간에게는 최단거리를 설정할 능력이 없다. 트버스키를 비롯한 많은 학자들의 연구에 따르면, 지도를 생각할 때 인간의 의식은 필요한 모든 정보를 서열화하는 것으로 드러났다. 별을 바라볼 때도 마찬가지다. 별의 위치를 기억할 때 사람들은 별자리 같은 의미 있는 체계를 바탕으로 별의 위치를 정렬시킨다. 예를 들어 북극성을 찾을 때는 소북두칠성(작은곰자리)을 먼저 찾고 그 끝부분을 연장하여 북극성의 위치를 확인한다.

지구 상에서도 우리는 비슷한 전략을 구사한다. 우리가 기억하는 것은 수많은 도시의 정확한 위치가 아니라 지역적으로 더 큰 단위의 범위, 즉 주州 같은 것들이다. 주를 기억한 다음에 각 도시들이 어느 주에 속해 있는지를, 주의 위치를 활용해 도시의 위치를 기억한다. 주를 별자리 삼아 각 도시들을 유용한 단위로 조직화하는 것이다.

그러나 이 방식은 스스로 체계적인 왜곡을 유발할 수도 있다. 한 예로 많은 미국인들이 리노가 샌디에이고의 동쪽에 위치한다고 생각하는 근거로는 다음의 몇 가지를 추론할 수 있다.

1. 샌디에이고는 캘리포니아 주에, 캘리포니아 주는 서부 연안에 있다.
2. 리노는 네바다 주에, 네바다 주는 캘리포니아 주의 동쪽에 있다.
3. 따라서 리노는 샌디에이고의 동쪽에 위치하는 것이 맞다.

하지만 이것은 사실과 다르다.

지도에서 보듯이 캘리포니아 주의 남부 지역은 동쪽으로 꽤 많이 휘어져 있다(경도를 보면 샌디에이고는 서경 117도, 리노는 119도다). 그런데 캘리포니아 주의 모양을 생각할 때는 남부의 휘어

진 부분을 곧게 기억하는 경향이 있다. 파리 주민들이 센 강의 곡률을 직선으로 기억하는 것과 같은 이치다.

이 세상의 불규칙한 부분을 조금 더 완만하고 균형 잡힌 형태로 기억하는 경향이 파리의 강이나 뉴욕의 도로처럼 눈에 보이는 것에만 해당되는 것은 아니다. 무언가를 읽거나 들을 때도 중요치 않은 곁가지나 핵심에서 벗어난 사실은 쉽게 잊거나 도외시하는 경향이 있다.

이 편향을 입증하는 가장 유명한 사례로는 아메리카 원주민의 설화인 '유령들의 전쟁'을 들 수 있다. 19세기로 거슬러 올라가는 이 이야기는 지금의 워싱턴 주와 오리건 주 사이에 있는 콜롬비아 강 유역에서 생활하던 치누크 부족의 방언인 캐슬라멧 언어로 전해졌다. 그러다가 이 언어가 거의 사라진 1901년에 영어로 번역되어 출간되었다(그 무렵에 어느 학자가 조사한 바로는 캐슬라멧 언어를 사용하는 인디언이 세 명에 불과했다고 한다). 이 이야기가 지금까지 전해질 수 있었던 이유는 지구 반대편 사람들도 이 이야기를 읽었을 정도로 널리 퍼졌기 때문이라고 케임브리지 대학교의 심리학자 바틀릿F. C. Bartlett 교수는 추정한다.

바틀릿은 케임브리지 대학교에서 특이한 이력을 가진 교수였다. 신발 제조업자의 아들로 태어난 그는 늑막염 때문에 학교를 다니지 못해 집에서 공부하며 10대 시절을 보냈다. 하지만 그의 질병은 새로운 희망을 낳기도 했다. 그 덕분에 다양한 분야의 많은 책을 읽고 산책도 여유롭게 즐기게 된 그는 어느 순간부터 사람들의 행동을 유심히 관찰하기 시작했다. 이렇게 시작된 바틀릿의 취미는 그의 직업 인생에도 결정적인 영향을 미쳤다. 훗날 그는 심리학에 접근하는 과정에서 여느 학자들처럼 학문적 사고에 치중하기보다는 관찰을 더 중시했다.

20세기 초, 바틀릿은 '인식과 기억'을 주제로 한 장기간의 실험에 참여했다. 바틀릿은 인간이 주변 세계를 수동적으로 인식하지는 않는다고 주장했다. 그는 인간이 특정 사건을 인식하는 과정은 '선택적이고 건설적'이라고 했다. 또한 우리의 시야에 들어온 것들 중 상당수가 눈에 띄지 않거나 기억되지 않는다고 했다. 바꾸어 말해, 우리가 인식했거나 기억해냈다고 '생각'하는 것들 중 상당수가 실제로는 애초에 존재하지 않았다고 그는 믿었다. 그리고 회상할 때도 실제 그대로를 기억하지 않고 문화 같은 여러 요소의 영향을 받는다고 했다.

'유령들의 전쟁' 이야기를 예로 들어보자. 한 실험에서 바틀릿은 일곱 명의 여성을 포함하여 영국인 스무 명에게 이 이야기가 적힌 책을 나눠주었다. 그는 책을 읽게 한 다음 충분히 시간을 주고 그 내용을 기억하여 다시 적게 했다. 19세기 미국 인디언들의 이야기를 20세기 영국인들이 어떻게 다시 구성해내는지를 살펴보는 것이 바틀릿의 실험 목표였다. 동일한 실험을 21세기를 살아가는 우리들이 직접 해볼 수도 있다. 다음에 소개하는 바틀릿의 이야기를 잘 읽고 나서 책을 내려놓고 잠시 시간을 가져보자. 그런 다음 종이를 꺼내서 기억하는 내용을 최대한 자세히 정리한다. 그리고 이야기를 다시 읽지 말고 일주일 뒤에 다시 한 번 정리하여 두 글의 내용을 비교해보자. 바틀릿이 피실험자들에게 제시한 이야기는 다음과 같다.

유령들의 전쟁*

어느 날 밤, 에굴락Egulac의 두 청년이 물개를 사냥하러 강으로 향했다.

주위는 안개로 휩싸인 채 정적이 감돌았다. 그때 어디선가 함성이 들렸다. 두 청년은 생각했다. '싸움이 벌어지려나 보군.' 둘은 해안으로 도망쳐 통나무 뒤에 몸을 숨겼다. 카누 여러 척이 노 젓는 소리를 내며 다가오는 모습이 보였고, 그중 하나가 두 청년에게 곧장 다가왔다. 카누에는 다섯 사람이 타고 있었는데, 그중 한 명이 청년들에게 말을 걸었다.

"어떻소? 당신들도 데려가고 싶은데. 우리는 강을 거슬러 올라가 그곳 사람들과 전쟁을 벌일 작정이오."

그러자 한 청년이 말했다. "난 화살이 없습니다."

"화살은 카누에 얼마든지 있소." 카누에 탄 사람이 대답했다.

"그래도 난 가지 않을 겁니다. 죽을 수도 있잖아요? 또 내가 가버리면 우리 부족 사람들이 내가 어디로 갔는지 모를 테고요. 하지만 넌 따라가고 싶으면 가도 괜찮아." 청년은 옆에 있던 친구에게 말했다.

이렇게 해서 한 청년은 카누를 탄 사람들을 따라가고 다른 청년은 집으로 돌아왔다.

전사들은 카누를 타고 강을 거슬러 올라가 칼라마Kalama 맞은편에 있는 마을로 향했다. 마을로 다가가자 그 마을 사람들이 강으로 내려오면서 전투가 시작되었고 전사자가 속출했다. 그때 청년의 귀에 한 전사의 말소리가 들렸다. "서둘러, 이제 돌아가야 해. 저 인디언 청년이 화살에 맞

* 원래의 번역문은 인터넷 기록보관소(Internet Archive)의 도서 프로젝트의 일환으로 디지털화하여 저장하고 있다. http://www.openlibrary.org/details/no26bulletinethe00smituoft에 접속하면 이 자료를 확인할 수 있다.

았어." 그제야 청년은 깨달았다. '아! 저 사람들은 유령들이었구나!' 청년은 아무런 통증도 느낄 수 없었지만 카누에 탄 유령들은 청년이 화살에 맞았다고 말했다.

카누에 탄 일행은 에굴락으로 돌아왔고, 전투에 참가했던 청년도 집으로 돌아와 불을 밝혔다. 그리고 동네 사람들에게 말했다. "여러분, 나는 유령들과 함께 전투에 참가했습니다. 우리 편 용사들도 많이 희생되었지만 우리를 공격했던 사람들도 많이 죽었습니다. 우리 동료들은 내가 화살에 맞았다고들 말했지만 난 전혀 통증을 느끼지 못했습니다."

이 말을 끝으로 청년은 아무런 말도 하지 않았다. 잠시 후 태양이 떠오르자 청년은 그 자리에 쓰러졌다. 청년의 입에서 검붉은 무언가가 쏟아져 나왔다. 청년의 얼굴이 일그러졌다. 그러자 주변 사람들이 일제히 일어나 청년에게로 달려가며 울부짖었다.

청년은 그렇게 세상을 떠났다.

바틀릿은 피험자들이 이 이야기를 떠올리는 과정에서 몇 가지 중대한 실수를 한다는 사실을 발견했다. 첫째, 이야기가 예외 없이 원래보다 짧아졌다. 기억을 되살려 쓰는 첫 시도에서 대다수 피험자들이 적어낸 분량은 원래의 절반에 불과했다. 둘째, 상세한 내용을 생략하거나, 내용을 바꾸거나, 심지어 없는 내용을 만들어 붙이는 경우도 있었다. 예를 들면 많은 피험자들이 '물개'를 아예 생략했을 뿐 아니라 날씨('안개와 정적')에 대해서도 아무런 언급도 하지 않았다.

원문에는 없는 '숲'이 등장했는가 하면, 몇몇 피험자들은 두 청년을 형제로 묘사하기도 했다. 게다가 제목을 바꾼 경우도 있었다. 셋째, 확연히 드러나지는 않았지만 문체도 상당 부분 바뀌었다. 참신한 표현이 상투적인 표현으로 바뀌고, 전체적인 문체도 대화체에 가깝게 변했다.

마지막이자 어쩌면 가장 중요할 수도 있는 점은, 이야기가 이성적으로 변했다는 점이다. 바틀릿은 19세기 아메리카 원주민들을 소재로 한 이 신비로운 이야기가 20세기의 영국 케임브리지 주민들에게는 혼란스러울 수도 있다고 생각했다. 그가 이 이야기를 선택한 이유도 그래서였다. '교양 있고 세련된 피험자들'이 '문화와 사회 환경이 전혀 다른 지역'의 이야기를 어떻게 받아들이는지 알고 싶었던 것이다.

결론부터 말하면, 피험자들은 이 이야기를 제대로 받아들이지 못했다.

"처음부터 그들은 이야기를 있는 그대로 받아들이지 못했습니다." 바틀릿이 지적한 대로 피험자들은 다른 세상의 이야기를 자신들의 세계관으로 해석하려 했다. 예컨대 한 사람은 이야기를 읽은 후에 이렇게 단언했다. "이건 살인을 은폐하려는 꿈 이야기가 틀림없어요." 그럴 수도 있고 아닐 수도 있다. 하지만 바틀릿은 한 가지만큼은 확신했다. 이런 식으로 '짜 맞추기'가 시작되면 더 이상 되돌릴 수 없을 만큼 이야기가 변해버린다는 사실이다. 바틀릿은 말했다. "얼마 지나지 않아 놀랍고 신비하며 이치에 맞지 않는 내용들은 모두 사라지고 정리된 해설만 남게 될 겁니다." 단순하고 민숭민숭

하며 정리된 이야기만 남는다는 말이다.

이와 비슷한 현상이 우리의 일상에서도 자주 일어난다. 카트를 밀고 쇼핑몰 복도를 걸어가면서 상품들의 가격표를 살펴본다고 하자. 어떤 가격표가 기억나는가? 하필 '그 가격표'가 기억나는 이유는 무엇일까? 가격표를 기억하려 할 때도 바틀릿의 실험과 같은 '단순화' 효과가 나타난다. 한 연구진의 실험에서 가격표의 음절이 하나 늘어나면 기억하는 비율은 20퍼센트씩 줄어드는 것으로 나타났다. 아울러 둥글고 매끄러운 형태의 가격표가 기억에 오래 남는다고 했다.

:: "국가國歌를 다 외울 수 있나요?"

바틀릿의 실험에서 한 가지 핵심은 기억을 되살리는 과정에서 그 사람의 본질이 반영된다는 점이다. 동일한 장면을 보여주더라도 기억하는 내용은 사람마다 다르다. 사람마다 기억력이 다른 탓도 있겠지만 사람의 '성향'이 다른 것도 여기에 한몫을 하기 때문이다. 바틀릿의 말대로, "인간의 합리화 과정에서는 그 사람만의 독특한 기질과 성격이 직접적인 영향을 미친다"는 것이다.

함축적인 무언가를 기억하는 일도 쉽지 않다. 심지어 초등학교에 다닐 때부터 수도 없이 암기하며 너무나 잘 안다고 생각하던 노랫말조차도 제대로 기억하지 못할 때도 있다. '미국 국가The Star-Spangled Banner'를 예로 들어보자. 국가치고 긴 편은 아니다. 1분 남짓이면 부를 수 있고 가사에 사용된 단어 수도 81개에 지나지 않는다. 하지만 미국인들은 가사를 얼마나 정확히 기억할까? (미국인으로서) 의심스럽다면 종이를 꺼내 가사를 직접 적어보자. 이때 머릿속으로 노래를 불러보며 적어서는 안 된다. 다 적었다면 프랜시스 스콧 키Francis Scott Key*의 원본 가사와 대조해보자. 언젠가 듀크 대학교의 데이비드 루빈David Rubin 교수도 대학생들을 대상으로 같은 실험을 했다. 그랬더니 학생들이 국가 가사 중에서 정확히 기억해낸 단어의 수는 평균 32개에 불과했다.

그럼 음악을 들려주면 결과가 어떻게 달라질까? 루빈 교수가 국가의 기악곡만을 한 번 들려주고 다시 적어내게 하자 결과는 32개에서 52개로 늘어났다. 완벽하지는 않지만 처음보다는 훨씬 나은 결과였다. 루빈과 동료 교수인 완다 월리스Wanda Wallace는 이 실험을 통해, 가락 같은 음악적 요소들이 망각을 제한하는 역할을 한다고 결론지었다. 가수들도 음악의 장단과 가락을 통해 긴 노랫말을 수월하게 기억할 수 있는 것이다.

:: 당신의 말 중 어디까지가 진실일까?

어딘가에서 들었던 이야기를 자신만의 스타일로 다시 설명하다보

* 미국 국가의 작사가.—옮긴이

면 여러 군데에서 허점이 생기기 마련이다. 이처럼 허점이 생기는 부분에서는 말하는 사람이 이야기를 재구성하게 된다. 예를 들어 원래의 이야기보다 재미있게 설명하려고 특정 부분을 생략하거나 심지어 있지도 않은 내용을 더할 수도 있다. 이 과정에서 이야기의 원형은 파괴되고 우리가 기억하는 대로 새롭게 각색된다. 비슷한 경우로, 사람들이 우리에게 하루를 어떻게 보냈느냐고 물었을 때 어떻게 대답해야 할까? 그날 있었던 소소한 일들을 빠짐없이 모두 이야기해야 할까? 그러면 아마도 듣는 사람들이 지겨워 어쩔 줄 몰라 할 것이다. 따라서 무엇을 이야기하고 무엇을 뺄 것인지부터 정해야 한다. 요컨대 그날 있었던 사실 중에서 필요한 부분을 재구성해야 한다는 뜻이다.

이와 관련하여, 지도를 기억하는 과정을 연구한 바바라 트버스키가 중요한 시사점을 제시했다. 그녀의 연구에 따르면, 우리가 일상의 사건을 구성하는 과정은 밤하늘의 별들을 구성하는 것과 유사하다고 한다. 즉 밤하늘의 별을 별자리를 중심으로 구성하듯 하루 동안 겪은 사건 중에서도 중요한 사건을 중심으로 서열화한다는 것이다.

"어떤 사건이든 언어로 경험하지는 않습니다." 그녀의 말이다. "어떤 사건이든 우리의 모든 감각들이 동시에 작동하여 경험하게 됩니다. 교통사고를 목격했을 때, 그 순간 누군가 설명을 해주지는 않습니다. 오직 그 사고에만 온 신경을 집중할 뿐입니다. 그리고 그 순간에는 다른 것들에 신경을 쓸 수도 없습니다." 따라서 하루의 일상을 되짚어볼 때도 과거로 돌아가 중요한 사건부터 순서대로 이야기를 구성하게 된다.

몇 년 전에 바버라 트버스키와 듀크 대학교의 동료 교수 엘리자베스 마시Elizabeth Marsh는 학생들에게 앞으로 몇 주간 다른 사람들에게 하는 이야기를 매일 기록하도록 지시했다. 특히 그 이야기를 누구에게 했고(부모, 친구 등), 이야기의 목적이 무엇이며(정보 전달, 단순한 재미 등), 요점은 무엇인지도 꼼꼼히 기록하게 했다. 더불어 원래의 사실을 왜곡했거나(특정 부분을 재미있게 각색하는 경우 등) 사실을 잘못 전달한 부분도 정확히 적게 했다.

몇 주 뒤에 두 교수가 기록을 정리한 결과, 학생들의 이야기 중 절반 이상(58퍼센트)은 정보 전달과 관련된 내용이었다. 그 내용은 주로 사회적 사건과 관련되었으며 같은 이야기를 반복한 횟수는 평균 2.7회였다. 두 사람의 예상에 근접한 수준이었다. 하지만 왜곡 수준은 뜻밖이었다. 학생들이 왜곡했다고 인정한 경우도 상당히 많았지만 실제 왜곡 횟수는 학생들의 생각보다도 더 많았다. 트버스키와 마시가 분석한 바로는 학생들이 이야기를 첨가하거나, 생략하거나, 과장 또는 축소한 경우가 전체의 61퍼센트에 이르렀다. 그런데도 학생들이 인정한 비율은 42퍼센트에 불과했다. 이 사실은 매우 중요한 의미를 시사한다. 즉 왜곡 현상이 매우 일반적이어서 학생들은 사실을 엉터리로 전달하면서도 스스로 인식조차 못 한다는 것이다.

왜곡 중에서도 가장 흔한 방식은 생략으로, 전체 이야기의 36퍼센트가 여기에 해당했다. 과장과 축소 사례는 각각 26퍼센트와 25퍼센트로 비슷한 수준이었다. 그리고 13퍼센트는 처음의 정보와 전혀 다른, 아예 대놓고 이야기를 왜곡한 경우였다. 그뿐만 아니라 학생들은 듣는 사람뿐 아니라 자신의 의도에 맞춰 내용을 임의로 변경했다. 예를 들어 정보를 전달하려는 목적으로 이야기하던 학생들은 많이 과장하지는 않았지만 상세한 부분들을 축소하거나 생략하는 경향이 있었다. 반면에 재미를 목적으로 이야기한 학생들은 그 반대였다. 그들은 축소나 생략보다는 세부적인 내용을 첨가하거나 과장했다.

두 교수가 이 실험에서 확인한 사실 중의 일부는 다른 한 실험에서 얻은 결과와도 놀랍도록 흡사했다. 다른 실험에서 두 교수는 피험자들을 낯선 사람과 만나게 하여 10분간 이야기하게 하고는 대화 내용을 녹음했다. 대화 후에 녹음한 내용을 틀어주면서 그 내용 중 얼마만큼이 진실인지 본인이 직접 확인하게 했다. 그랬더니 피험자들의 60퍼센트가 대화 도중에 거짓말을 했다고 인정했다.

:: 거짓말 혹은 '이미지 관리'?

사소하든 어떻든, 이렇게 자주 거짓말을 하는 이유는 무엇일까?

트버스키의 믿음대로, 이야기를 하는 목적에 대한 가정이 한 가지 해답이 될 수도 있다. "대화는 정보와 관련된다는 것이 우리 백인들의 전통적인 믿음이지요." 어느 가을 오후, 트버스키와 내가 뉴욕 센트럴파크를 거닐 때 그녀가 한 말이다. 하지만 그녀의 말은 사실과 다르다. 아니, 적어도 항상 옳은 것은 아니다. 그녀는 대화라는 것이 사실을 이야기하는 수단이라기보다 궁극적으로 무언가를 얻어내기 위해 설계된 행동양식이라고 했다.

"대화가 일종의 행동이라면, 우리는 상대방이 내 위주로 무언가를 생각하거나 움직이도록 행동(대화)하는 셈입니다. 즉 나를 좋아하게 만들거나, 내가 현명하거나 힘 있는 사람이라고 생각하게 하려는 것이지요."

그녀는, 이런 이유 때문에 대화의 목적은 사실 전달이 아니라 이미지(인상)를 창조하는 데 있다고 했다. 다시 말해 대화에서 정확성은 이미지 관리보다 후순위라는 뜻이다.

그런데 학생들이 말한 이야기가 크게 왜곡되었다면 듣는 사람들도 그 사실을 알고 있지 않을까? 트버스키와 프린스턴 대학교의 대니 오펜하이머Danny Oppenheimer 교수의 미공개 연구 결과에 따르면, 듣는 사람들은 항상은 아니지만 대체로 그 사실을 인지하고 있는 것으로 나타났다. 아울러 듣는 사람들은 왜곡된 일부 내용을 놓치면서도, 이야기에 포함되지 않은 다른 몇 가지를 '포착'할 수도 있다고 했다. 특히 듣는 사람들이 말하는 사람 이상으로 내용을 과장하는 경우도 많았다. 무엇이 듣는 사람들을 그렇게 만들까? 이는 이야기 자체보다는 말하는 사람 때문인 경우가 더 많다고 한다.

듣는 사람들은 우리가 생각하는 만큼 쉽게 속지도, 쉽게 믿지도 않는다. 즉 이야기에서 잘못된 부분이 있으면 곧바로 바로잡으려 한다. 그리고 흥미로운 점으로서, 이야기를 들을 때 남성이 여성보다 회의적인 반응을 보였다.

"그건 확실합니다." 트버스키가 말했다.

하지만 무엇보다도 흥미로운 점은 듣는 쪽이 아니라 말하는 쪽에 있었다. 트버스키와 마시는 앞의 연구에서, 말하는 사람이 듣는 사람뿐 아니라 자신마저도 엉뚱한 방향으로 이끈다는 사실을 발견했다. 즉 이야기를 하는 과정에서 변형된 내용이 말하는 사람의 기억에 자리 잡는 바람에 '사실이 아닌 것'이 '사실'처럼 기억되는 것이다. 이 점을 현실에서 입증하기는 어렵지만 통제되는 실험실 환경에서는 비교적 수월하게 입증할 수 있다. 그래서 두 교수는 학생들에게 마이클과 데이비드라는 가상의 두 룸메이트에 대해 지어낸 이야기를 들려주었다. 그리고 두 명의 여러 가지 장점과 함께 단점에 대해서도 설명했다. 예를 들면 데이비드는 적포도주를 카펫에 쏟은 적이 있었고 마이클은 말도 없이 외투를 빌려가곤 한다는 내용이었다.

설명하고 나서 학생들에게 두 룸메이트와 관련된 편지를 쓰게 했다. 그러자 사교클럽에 룸메이트의 가입을 추천하는 우호적인 편지가 있었는가 하면, 룸메이트의 단점을 꼼꼼히 적고는 자기 방에서 쫓아내달라며 대학 기숙사 관리소에 보내는 적대적인 편지도 있었다. 편지가 완성되자 두 교수는 편지 쓰기에 앞서 설명한 내용을 상기하게 했다. 그러나 학생들이 되살린 기억에는 엉터리가 많았다. 마이클이 카펫에 적포도주를 쏟았다며 기숙사 관리소에 신고한 학생의 편지도 그랬다. 적포도주를 쏟았다고 설명한 룸메이트는 마이클이 아니라 데이비드였다.

결과적으로, 사람들은 사실이 아닌 것을 사실이라고 믿을 때가 많다. 문제는 이 과정이 우리가 모르게 진행된다는 데 있다.

SOTP
delete
SHCOOL

09

인간은
일단 저지르고
본다

WHY WE MAKE MISTAKES

인간은—어쩌면 모두에게 해당될 수도 있다—타고난 성향 때문에 실수하기도 한다. 예를 들어 운전할 때 과속을 즐기는 사람은 주식을 거래할 때도 빈번하게 매매할 가능성이 높다. 핀란드의 운전자들을 조사했더니 과속 딱지가 하나씩 추가될 때마다 그 운전자의 주식 포트폴리오에서도 거래회전율이 11퍼센트씩 상승하는 것으로 나타났다. 즉 과속 딱지가 많아질수록 주식 거래가 지나치게 늘어날 수 있다는 뜻이다. 여기에서도 실수가 유발된다. 여러 연구에 따르면, '전형적인 투자자'들이 수익을 제일 적게 얻는 것으로 나타났다. 1990년대의 강세시장을 조사했더니 주식시장의 연평균 수익률이 17.9퍼센트에 달했다. 그러나 같은 시기에 전형적인 투자자들은 11.4퍼센트의 수익률밖에 거두지 못했다.*

핀란드의 학자들은 과도한 주식 거래가 과속 딱지의 개수뿐 아니라 다른 것과도 관련이 있다는 흥미로운 사실을 발견했다. 여기서 '다른 것'은 바로 운전자의 성性이었다. 성별로 나누자면 남성이 여

---

* 이것을 어떻게 계산하는지 궁금한 사람들을 위해 하나의 기준을 제시한다. 투자자들이 보유한 주식을 매년 75퍼센트 거래했다는 것은, 바꾸어 말하면 주식 네 주당 세 주를 팔았다는 뜻이다.

성에 비해 과속 딱지를 더 많이 받는 편이다. 연령에 따른 차이는 있지만 이것은 청년이든 노인이든 남성에게서 나타나는 공통적인 현상이다. 또한 남성은 여성에 비해 주식도 더 자주 거래한다. 한 연구에서는 남성의 주식 거래 횟수가 여성에 비해 45퍼센트나 많은 것으로 조사되었다. 남녀 간의 이런 차이는 나이가 들면서 조금 줄어들기는 하지만 평생에 걸쳐 일관되게 나타난다. 특히 결혼하지 않은 남성에게서는 이 차이가 더 많이 벌어진다. 독신 남성은 독신 여성에 비해 주식을 67퍼센트나 더 자주 거래한다는 연구 결과도 있다.

:: 남성의 과신

그 이유는 지금도 논란거리다. 그중 가장 설득력 있는 설명은 남성과 여성이 지닌 자신감의 차이와 관련된다. 다음 장에서도 살펴보겠지만, 인간의 실수를 유발하는 한 가지 중요한 원인이 바로 과신이며, 남성뿐 아니라 여성도 자신감 차원을 넘어 스스로를 과신하는 경우가 많다.

그러나 일반적으로는 여성보다 남성이 과신할 때가 더 많으며, 그 차이도 남녀의 실수를 설명하는 하나의 바탕이 된다. 한 예로 자신의 IQ를 추측해보라는 요구에 남성은 여성보다 평균적으로 더 높은 수치를 제시한다. 하지만 남성이 자신들의 생각처럼 그렇게 똑똑한 것은 아니다. 실제 IQ도 그들의 예상보다 낮게 나왔다. 반면에 여성은 자신들이 예측한 것보다 IQ 수치가 높았다. 바꾸어 말하면, 남성은 자신의 IQ를 과대평가하는 반면에 여성은 과소평가한다는 뜻이다. 이것은 비단 IQ만의 문제가 아니다. 남성은 자신의 매력에 대해서도 실제보다 호의적으로 평가한다.

이런 자신감의 차이는 전쟁이나 금융처럼 이른바 남성의 분야라고 일컬어지는 영역에서 더 분명하게 드러난다. 남성은, 심지어 소년들조차도 이런 분야에서는 자신이 여성보다 낫다고 생각한다. 예를 들어 학령기의 소녀들은 수학처럼 전통적으로 남성이 유리하다고 생각되는 분야에서는 자신들의 성적을 실제보다 낮게 평가했다. 소년들과는 반대였다.

호전성에서도 남성은 여성보다 심한 경향이 있다. 프린스턴 대학교의 도미닉 존슨Dominic Johnson 교수와 하버드 및 캘리포니아 대학교의 교수 대여섯 명이 최근에 공동으로 일련의 전쟁놀이 실험을 했다. 물론 실제 전쟁 준비와는 전혀 다른, 하나의 게임이었다. 이 실험에서 연구진은 무엇보다 성性과 공격성, 과신 사이의 연관성을 눈여겨 관찰했다. 연구진은 200명에 가까운 남녀 자원자를 모집하여 컴퓨터 앞에 앉힌 뒤 과제를 제시했다. 영토 분쟁 지역에서 발견된 다이아몬드 매장지를 두고 다른 나라와 갈등이 있을 때 국가의 수반으로서 어떤 역할을 해야 하는지를 묻는 과제였다.

연구진은 자원자들을 두 명씩 짝지어 컴퓨터 게임으로 대결하게 했고, 상대방의 신분이나 성별에 대해서는 알려주지 않았다. 게임은 7분씩 총 6단계에 걸쳐 진행되었고, 자원자는 각 단계마다 적절한 판단을 내려야 했다. 무대응으로 일관하든, 협상을 하든, 전쟁을 일으키든, 혹은 항복을 하든(항복을 선택한 경우는 없었다) 선택은 자유였다.

연구진은 게임을 시작하기 전에 자원자들에게 자신이 이 상황에 얼마나 잘 대처할 것인지 예측하게 했다. 가장 잘 대응할 자신이 있다면 '1'로, 최악일 경우에는 '200'으로, 중간 정도라면 '100'으로 순위를 매기게 했다. 또한 연구진은 게임이 종료되었을 때도(결과가 나오기 전에) 다시 한 번 자신의 순위를 예측하게 했다.

예상대로 자원자들은 전반적으로 자신의 순위를 실제보다 높게 예측했다. 하지만 연구진이 실험 결과를 면밀히 분석했더니 자신의 순위를 상대적으로 높게 매긴 사람들은 대부분 남성이었다. 그에 반해 여성 대부분은 중간인 100 전후의 순위를 매겼다.

그런데 존슨과 연구진은 더 중요한 사실을 발견했다. 특별한 이유 없이 공격을 감행한 비율도 여성보다 남성 집단에서 훨씬 높았다는 점이다. 왜 그랬을까? 과신 때문이다. 연구진이 정보를 분석한 결과, 남성은 전쟁에서 승리할 가능성을 과신하며 도전적으로 전쟁을 감행하는 경향이 있었다.

이 실험은 의도적으로 조성된 실험실 환경에서 시행되었기 때문에 현실 세계에서도 이와 동일한 결과가 나타난다는 보장은 없다. 그렇다고 해서 현실 세계에서 이와 유사한 형태의 전쟁 발발 사례를 전혀 발견할 수 없는 것도 아니다. 조지 부시 전 대통령이 CIA 국장 조지 테닛을 불러 사담 후세인이 정말로 대량살상무기를 보유하고 있는지 확신하느냐고 물은 적이 있다.

"걱정하지 않으셔도 됩니다. 확실합니다." 테닛 국장은 이렇게 대답했다고 한다.

:: 위험과 보상

남성이 스스로를 여러 측면에서 낫다고 '생각'한다고 해서 실제로 그들이 더 나은 것은 아니다. 남성의 업적이 여성에 비해 떨어지는 경우도 많다. 실제로 어느 해의 연간 주식 매매 수익률을 비교했더니 남성은 평균 2.65퍼센트 포인트 줄어든 데 반해 여성은 그 비율이 1.72퍼센트 포인트에 그쳤다. 연간 0.93퍼센트 포인트라는 차이는 결코 적은 수치가 아니다. 게다가 이 손해는 전적으로 남성의 몫이었다. 그런데 (거래 판단 과정에서 아내의 영향을 받지 않는) 미혼 남성들의 거래 실적을 조사했더니 여성과의 격차가 연간 1.44퍼센트 포인트로 더 벌어졌다.*

오랫동안 시행된 여러 연구 사례를 살펴보면, 여성과 남성이 삶을 인식하고 기억하는 방식은 서로 다르다는 사실을 알 수 있다. 이 차이가 어려서부터 나타나는 경우도 적지 않으며, 따라서 우리가 범하는 실수의 근원을 이런 인식과 기억의 차이에서 찾아야 할 때도 있

---

* 주식 종목을 고를 때 남성이든 여성이든 꼭 해로운 선택을 하는 경향이 있다. 즉 매도한 주식의 가격은 오르고 매수한 주식은 내릴 때가 많다.

다. 그렇다면 남성과 여성이 위험을 인식하는 과정은 어떻게 다를까? 분야에 상관없이 여성은 남성에 비해 위험을 회피하는 경향을 보였다. 특히 미국 육군의 아군 오발 가능성에 대한 연구에서 이 점이 두드러지게 드러났다. 아군에게 발사할 수도 있는 위험 상황에 처하자 여군은 사격을 중단했다.

위험을 회피하는 경향은 운전 같은 일상적인 행동에서도 확인되었다. 예컨대 여성의 안전띠 착용률은 남성에 비해 높았으며, 노란 신호에서 그대로 주행하는 등의 위험 행동을 하는 비율도 여성이 남성보다 훨씬 적었다. 이런 경향을 감안할 때, 미국에서 치명적인 자동차 사고를 일으키는 비율에서 남성이 여성보다 세 배나 많다는 점도 그다지 놀라울 게 없다. 또한 익사나 약물 중독 등에 의한 사망자 수도 남성이 여성보다 많다.

위험 회피 현상이 이처럼 눈에 보이는 분야에만 해당되는 것은 아니다. 콜롬비아 대학교의 엘케 베버Elke Weber 교수와 동료 연구진이 남성과 여성의 위험 인식차에 대해 연구를 시행했다. 연구진은 일상의 주된 위험 영역을 다음의 다섯 가지로 설정했다.

1. 재정
2. 건강과 안전
3. 여가
4. 윤리
5. 사회

몇 년 전, 베버와 연구진은 10대에서 40대 중반까지의 남녀 피험자 500여 명을 대상으로 설문지를 나눠주었다. 설문지에는 각 영역별로 20항목 정도의 질문이 포함되었다. 몇몇 항목의 질문 내용을 예로 들면 다음과 같다.

재정	친구가 자동차를 구입할 때 연대보증서에 서명할 의향이 있습니까?
여가	번지점프에 도전할 생각이 있습니까?
사회	사람들과 대화할 때 익숙하지 않은 화제에 대해서도 자기 생각을 적극적으로 표명하겠습니까?

제시된 각각의 질문에 대해 '전혀 위험하지 않다'고 판단하면 최저점 '1점'을, '매우 위험하다'고 생각하면 최고점 '5점'을 기록하게 했다.

다섯 영역 중에서 네 가지를 검토한 베버는 여성이 남성에 비해 위험을 회피하는 성향이 훨씬 강하다는 점을 확인했다(검토에서 제외된 하나는 '사회' 영역이었다). 마찬가지로 남성은 여성에 비해 위험한 행동도 더 많이 했다(역시 '사회' 영역은 제외되었다).

여기서 관심사는 당연히 '왜 그럴까?'였다. 그 이유를 밝히기 위해 베버와 연구진은 피험자들에게 각 행동의 비용편익을 분석하게 했다. 이를테면 그 행동에 어느 정도의 위험이 따르는지 판단하고, 그 위험을 받아들였을 때 어떤 이익이 있을지 계산하게 한 것이다.

피험자들의 응답을 분석한 베버는 약간은 의외의 사실을 발견했다. 남성이 반드시 위험을 선호하는 것은 아니었다. 그들은 단지 위험의 가치를 여성에 비해 더 크게 생각할 뿐이었다(이번에도 '사회' 영역은 제외되었다).

베버는 이러한 발견이 처음에는 언뜻 납득이 잘 되지 않을 수도 있다고 했다. 어떤 행동을 하든, 그에 따르는 가치는 남성이나 여성 모두에게 동일하다고 말할 사람도 있을 것이다. 로프 끝에 매달린 사람이 남성이든 여성이든, 번지점프는 번지점프일 뿐이라고 생각하면서 말이다. 그러나 베버가 발견한 바로는, 이런 행동의 '인식 가치perceived value'에는 차이가 있으며 여성이 남성에 비해 번지점프를 원치 않는 경우가 더 많은 이유도 바로 이 차이 때문이라고 했다. 즉 여성은 위험을 무릅쓸 정도로 번지점프에 호감을 느끼지 못한다는 뜻이다.

:: 거짓말과 복권

남성과 여성은 주변 세계를 인식할 때뿐 아니라 자기 자신을 인식하는 방식도 다르다. 예를 들어 실수를 했을 때 여성은 남성에 비해 자신을 더 엄히 책망한다. 여러 연구 결과를 보더라도, 남성은 여성에 비해 실수를 빨리 잊는 편이나. 또한 남성이라면 별로 개의치 않을 실수에도 여성은 고민에 사로잡힐 때가 많다. 한 예로 여성은 성공적인 행동에서 얻는 자부심보다 실패한 행동에서 느끼는 실망감을 훨씬 더 크게 받아들인다고 한다. 하지만 남성에게서는 이런 현상을 발견할 수 없었다.

이 외에도 여성에게는 남성에 비해 낙관적이지 못한(또는 지나치게 현실적인) 성향도 있다. 대학생들을 대상으로 연구한 바에 따르면, 남학생은 여학생에 비해 미래를 낙관할 뿐 아니라 무언가를 해냈을 때 자신의 능력을 상대적으로 높게 평가했다. 이 연구에서 시행한 몇 가지 실험에서 남성이 두각을 드러낸 경우도 있었지만(기하학 도형 작업 등) 상당수 실험에서는 오히려 여성이 더 좋은 성과를 보였다(글자 수수께끼 등). 결과적으로 이 연구에서 여성은 남성 못지않거나 오히려 더 나은 모습을 보여주었다. 그런데도 점수를 어느 정도 받을 것인가라는 질문에는 여성보다 남성이 더 낙관적으로 응답했다.

한편, 남성과 여성은 거짓말을 하는 방식도 달랐다. 남자 대학생들은 (특히 여성과 이야기할 때) 계획이나 성적을 과장하는 등 자신에 대해 거짓말을 많이 했다. 반면에 여대생들은 다른 사람을 치켜세우는 거짓말을 많이 했다.

자신의 능력에 자신감이 넘칠 때 실수를 하기도 한다. 이 사실은 실험으로 입증되었다. 연구원들이 어느 기업의 남녀 직원들에게 복권을 1달러씩에 팔았다. 판매가 끝난 후 연구진은 복권 구입자들을 찾아가 복권을 되팔 생각이 있는지, 되판다면 가격을 어떻게 정할 것인지 물었다. 이때 여성들이 제시한 판매가격은 남성들에 비해 평균적으로 더 저렴했다. 여성들이 원한 가격은 1.33달러로 원래 가격보다 크게 높지 않았지만 남성들은 무려 네 배 이상을 요구했다.

:: 컴퓨터의 오류

명확하지는 않지만 성性의 차이를 보여주는 사례가 더 있다. 컴퓨터 사용법도 그중 하나다. 수학과 전쟁뿐 아니라 컴퓨터도 남성이 주도하는 영역이다. 컴퓨터 공학 부문에서 여성의 학사 비율은 1985년 37퍼센트로 정점에 이르렀다가 꾸준히 줄어들고 있다. 요즘은 그 비율이 22퍼센트쯤으로, 이는 남성 다섯 명 중 여성 한 명에 지나지 않는다.

최근에 컴퓨터 공학박사 학위를 취득한 마이크로소프트의 직원 로라 베크위드Laura Beckwith는 이 차이를 누구보다 잘 아는 여성이다. 베크위드는 사람들이 일상의 문제를 컴퓨터로 해결하는 방식을 전문적으로 연구했다. 몇 년 전, 그녀는 여성에 비해 남성이 일상의 문제를 해결하거나, 특히 컴퓨터의 오류를 수정하는 데 필요한 소프트웨어를 더 적절히 활용한다는 사실을 발견했다. 컴퓨터의 오류 수정 과정을 디버깅debugging이라고 부르는데, 소프트웨어를 원활하게 작동시키려면 이 과정은 필수적이다.

베크위드는 이처럼 여성보다 남성이 더 직극직으로 오류를 수정하는 이유를 능력의 차이보다는 자신감의 차이에서 비롯된다고 생각했다. 문제를 해결하려 할 때 자신감이 부족하면 결과뿐 아니라 해결 방식도 달라진다. 그 차이는 작지만 매우 중요한 의미가 있다. 자신에게 회의적인 사람은 잘못된 전략을 과감히 버리지 못하고 대안도 받아들이려 하지 않는다. 그저 지금껏 해오던 대로 고수할 뿐이다.

베크위드는 동료들의 도움을 받아 자기만의 연구 기법을 개발했다. 먼저, 그녀는 여러 공식으로 가득한 스프레드시트의 오류를 찾아서 수정할 수 있겠느냐는 질문에 남녀 피험자들이 얼마나 자신 있게 대답하는지를 관찰했다. 그 다음에는 그들을 컴퓨터 앞에 앉히고 시계를 맞춘 다음 실제로 오류를 수정하게 했다.

문제 해결의 핵심은 스프레드시트 소프트웨어의 디버깅 기능을 활용하는 것이었다. 그러나 베크위드는 이 문제를 해결할 수 있다고 믿었던 여성들, 즉 자신감이 높아 보였던 여성들만이 자동 디버깅 툴을 활용한다는 사실을 발견했다. 반면에 자신감이 부족해 보였던 여성들은 자신의 지식을 바탕으로 오류를 하나씩 수정하는 원시적인 방법을 사용했다. 하지만 이 방식은 결과적으로 더 많은 오류를 초래하는 역효과를 낳았다.

실험 결과는 예상 밖이었다. 실험 후에 설문지를 통해 살펴본 바로는, 피험자로 참여한 여성 대부분이 디버깅 툴의 존재를 알고 있으면서도 상당수가 그 기능을 사용하지 않았다고 한다. 왜 그랬을까? 해답은 위험을 인식하는 남녀 간의 방식 차이와 관련된다. 베크위드의 실험에 참여한 여성들은 자기만의 방식대로 비용편익분석을 했으며, 상당수 여성들은 디버깅 툴을 사용하면서 실수할 위험보다 직접 오류를 수정함으로써 얻는 잠재적 보상이 더 크다고 판단했다.

"디버깅 툴의 정확한 사용법을 익히려면 시간이 걸리는데다, 어설프게 사용했다가 자칫 문제라도 생긴다면 처음부터 사용하지 않은 것보다 더 복잡한 상황이 될 수 있다고 생각한 것이지요." 베크위드는 상당수 여성 피험자들의 의도를 이렇게 해석했다.

:: 임기응변의 중요성

베크위드는 실험에 참여한 남성들은 임기응변식이었지만 여성들에 비해 디버깅 프로그램을 사용할 의사를 더 많이 보였고, 그 결과도 비교적 고무적이었다고 말했다. 학생들을 대상으로 한 실험에서도 결과는 같았다. 남녀 초등학생을 대상으로 수학, 지리, 게임 등의 분야에 대해 연구했더니 남학생이 여학생보다 실험적이고 창의적으로 도구를 활용했다. 그에 비해 여학생은 임기응변보다는 분명한 지침에 따른 단계적인 접근 방식을 선호했다.

이런 경향은 아동과 성인을 구분할 것 없이 현실 세계에서의 '길 찾기' 과정에서도 그대로 드러났다. 미국 교통부에 따르면, 운전자들은 전체 주행 거리의 약 20퍼센트 및 전체 주행 시간의 약 40퍼센트를 '탐색 실패'(연구진이 점잖게 붙인 용어다)에 허비하는 것으로 나타났다. 다시 말해, 길을 잃어버려 허비한 거리와 시간을 말한다.

그뿐만 아니라 이 현상은 운전자의 학력과 연령, 운전 경력과 상관없이 일관되게 나타났다. 나이가 많든 적든, 운전 경력이 길든 짧든, 운전자들은 하나같이 잃어버린 길을 찾느라 많은 시간을 허비했다. 그런데 이 과정에서 연구진이 발견한 것이 있다. 남성 운전자가 여성 운전자에 비해 빨리 길을 찾았다는 사실이다. 장소와 시기에 따라 편차가 약간 있을지도 모르지만, 어떻든 남녀 간의 차이를 확인할 정도의 근거는 충분히 얻었다.

:: **아이들의 길 찾기**

이 같은 차이의 출발점은 과거로, 특히 아이들이 부모의 손을 떠나 혼자서 세상을 돌아다니기 시작하던 무렵으로 거슬러 올라간다. 특히 남자아이들은 여섯 살만 되어도 남성 운전자의 가장 큰 문제점을 드러내기 시작한다고 한다. 그 문제점은 바로 길 묻기를 꺼리는 성향이다. 아이들의 길 찾기에 대해 지금까지 세상에 알려진 상식 중 상당수는 앨버타 대학교의 교수를 지낸 에드 코넬Ed Cornell이 발견한 것들이다. 지금은 은퇴한 에드 코넬은 길 찾기, 즉 A지점에서 B지점에 이르는 방법을 연구한 세계적 권위자다.

한 연구에서 코넬과 연구진은 6세, 12세, 22세로 구성된 세 집단의 길 찾기 능력을 비교했다. 180명에 이르는 피험자들 모두 안내자의 지시에 따라 앨버타 대학교 캠퍼스를 돌아다니게 했다. 그리고 정해진 시간이 되었을 때 피험자들이 걸어간 길을 그대로 밟아 출발 지점으로 되돌아오게 했다. 그런 다음 코넬과 연구진은 피험자들이 어느 정도의 거리를 걸었고 또 돌아올 때는 원래의 길에서 얼마나 벗어났는지 기록했다.

세 집단 중 어느 집단이 원래의 경로에서 가장 많이 벗어났을까? 6세 집단 중에서도 남자아이들이었다. 반면에 6세 여자아이들은 남자아이들에 비해 돌아오는 길에 주변에 도움을 요청하며 비교적 정확히 되밟아 왔다. "이 결과는 사람들의 평소 생각과도 일치합니다." 코넬이 내린 결론이다. "길을 잃었을 때 남자들은 이곳저곳 돌아다니며 헤매는 반면에 여자들은 가던 길을 멈추고 도움을 요청하는 경향이 있습니다."

아이들이 길을 찾는 과정에서 이런 차이를 보이는 이유에 대해서는 여러 가지로 추측할 수 있다. 그중에서도 가장 설득력 있는 이유로는 성장 과정의 차이를 들 수 있다. 즉 남자아이들은 어려서부터 여기저기 돌아다니며 크는 반면에 여자아이들은 그렇지 않다. 많은 학자들이 아이들의 '활동 범위(아이가 부모의 허락 없이 독자적으로 활동할 수 있는 영역으로, 집에서부터의 거리로 계산한다)'를 주제로 수십 년에 걸쳐 연구를 시행해왔다. 이 범위를 결정하는 요소는 여러 가지다. 예컨대 자녀에 대한 걱정이 많은 부모는 자녀가 멀리 가도록 허락하지 않기 때문에 활동 범위도 줄어든다. 그리고 도시 아이들에 비해 시골 아이들의 활동 범위가 훨씬 넓다. 어느 경우든 다음의 두 가지는 정설로 받아들여진다. 하나는 아이들의 활동 범위가 6세에서 9세 사이에 급격히 넓어진다는 점이며, 둘째는 여자아이들에 비해 남자아이들의 활동 범위가 일반적으로 넓다는 사실이다.

:: 지도 그리기

지도 그리기의 능력 차이가 여덟 살 전후부터 생기기 시작한다는 연구 결과도 있다. 이 시기는 부모가 자녀의 활동 범위를 더 넓게 허용해주는 때와 거의 일치한다. 여덟 살 이전까지는 남자아이와 여자아이의 활동 범위에 별 차이가 없다. 한 예로 7세 아이들의 일상적인 활동 범위를 측정했더니 평균 200미터에 조금 못 미치는 수준이었다. 그러나 여덟 살이 되면서부터 성에 따른 차이가 벌어지기 시작하며, 아홉 살이 되면 부모가 허락하는 범위에서도 두 배의 차이가 난다. 또한 이 격차는 도시와 시골을 가리지 않고 나이가 들수록 더 커진다.

연구에 따르면, 여덟 살 이후로 남자아이들은 집 주변의 모습을 풍부하고 정확하게 묘사하기 시작한다고 한다. 그뿐만 아니라 이 남자아이들이 그린 지도는 또래 여자아이들의 지도보다 상세하고 정보량도 두 배 정도 많다고 한다. 열한 살이 되면 남자아이들의 지도는 더 크고 복잡해지며 다양한 상징까지 등장한다. 여기에다 이들의 지도에는 여자아이들의 지도보다 뛰어난 공간 인지력까지 표현된다. 공간 인지력 측면에서는 나이와 상관없이 남자아이들이 더 뛰어나다. 한 연구에서 유치원생과 초등학교 2학년 및 5학년 학생들을 대상으로 교실을 묘사하게 했더니 남학생들의 묘사가 훨씬 정확했다.

흥미로운 사실은, 이런 차이가 타고나는 것 같지는 않다는 점이다. 다시 말해 남성이 여성에 비해 지리적 과제를 더 잘 수행할 수 있는 능력을 타고나지는 않는다는 뜻이다. 예컨대 인근 지역을 자유로이 활보하는 일부 여자아이들의 경우에는 남자아이들 못지않게 지도를 상세히 그린다는 사실이 연구를 통해 입증되었다.

활동 범위에 대한 경험은 아이들이 주변 환경에 대처하는 방식을 보여주는 중요한 요소이기도 하다. 학습이란 것이 그렇듯이, 능동적인 경험은 수동적인 경험보다 훨씬 효과적이다. 버스를 타고 먼 거리를 달려 통학한다고 해서 아이들의 활동 범위가 넓어지지는 않는다. 길고 단조로운 통학길이 아이들의 흥미를 유발할 수는 없다. 무심코 창밖을 바라보며 주변 환경을 인지하기는 어렵다. 무엇을 인지하느냐가 중요하다. 자유롭게 활보하며 주변의 바위나 나무, 시냇가 등을 관심 있게 살펴보아야만 그 환경을 깊이 인지할 수 있다.

:: 왜 남자들은 길을 묻지 않을까?

어린 시절에 보이는 이런 성향은 어른까지 이어지는 경우가 많다.

한 예로 남성이 여성에 비해 방향감각이 뛰어나다는 객관적 근거는 거의 없다. 그런데도 남자들은 자신의 방향감각에 대해 평생 자신감을 갖고 산다. 이러한 자신감의 차이는 30여 년 전의 연구들에서도 보고되었다. 당시의 연구 사례에 따르면, 남성의 71퍼센트가 '방향감각이 뛰어나다'고 응답한 반면에 동일하게 응답한 여성의 비율은 47퍼센트에 불과했다. 비교적 최근에 시행된 연구에서도 결과는 비슷했다. 많은 여자들이 방향감각에 자신이 없으며 길을 잃을까 봐 걱정한다고 응답했다. 특히 집 주변에서 지름길을 선택하거나 차고에서 나올 때 어느 방향으로 돌아야 하는지 등의 일상적인 일에 대해서도 많은 여자들이 두려움을 느낀다고 했다.

컴퓨터의 오류 해결 과정을 연구한 베크위드의 사례에서도 보았듯이, 남성과 여성의 자신감 차이는 길을 찾는 방식과도 밀접히 관련된다. 남성은 길을 찾을 때 마일이나 킬로미터 같은 측정 거리와 동서남북 같은 방위 등 비교적 추상적인 접근을 선호한다. 실제로 길 가는 남자에게 길을 물어보면 대부분 이런 식으로 대답한다. "여기서 북쪽으로 1킬로미터 가서 다시 동쪽으로 3킬로미터 정도 가세요." 학자들은 이런 접근법을 '측량 전략survey strategy'이라고 부른다. 남성과 달리 여성은 이정표나 '좌우'와 같은 용어처럼 구체적이고 단계적인 접근법을 선호한다. 그래서 여성에게 길을 물으면 대답도 달라진다. "저기 소방서에서 우회전해서 길을 따라 쭉 내려가면 교회가 나와요. 그럼 교회를 끼고 좌회전하세요."

물론 이것은 남녀의 성향을 일반화한 것이다. 이런 성향이 모두에게 해당되는 것은 아니며, 모든 상황에 해당되는 것도 아니다. '측량 전략'을 선호하는 여자들도 있고, 일부 남자들은 '경로 전략route strategy'에 익숙하다. 그리고 상황에 따라 다른 전략을 사용하기도 한다. 하지만 여러 연구의 결과에서도 보듯이 남성과 여성은 일반적으로 선호하는 전략에서 차이를 보인다. 그리고 이 차이 때문에 남자들은 좀처럼 길을 묻지 않으려 한다.

"길을 묻지 않는 데는 그만한 이유가 있습니다." 이 문제를 연구한 캘리포니아 대학교의 대니얼 몬텔로Daniel R. Montello 교수의 말이다. 그는 남자들이 이 '남성 자아male ego'에 얽매이기 때문이라고 말했다.

에드 코넬의 실험에서 대학 캠퍼스를 돌아다닌 6세 남자아이들이 그랬듯이, 많은 성인 남자들도 현실에서 이렇게 배회하는 것을 그다지 불편하게 여기지 않는다. 몬텔로는, 남자들은 경로에서 벗어났다고 해서 반드시 방향을 상실했다고 생각지는 않는다고 했다.

SOTP
delete
SHCOOL

10

인간은 자신이 평균 이상이라고 생각한다

WHY WE MAKE MISTAKES

최근 프린스턴 대학교의 연구진은 여러 가지 판단 편향 항목들을 사람들에게 보여주고 나서 그들과 '보통 사람'의 반응이 어떻게 다른지 측정했다. 자신이 '보통'이거나 '보통 이하'라고 생각하는 사람은 없다. 누구나 '평균 이상'이라고 과신過信하며, 그 과신 이면에 많은 실수의 씨앗이 숨어 있다.

"우리는 과신이 인간 심리에서 매우 일반적인 현상이라고 생각합니다." 캘리포니아 대학교 버클리 캠퍼스의 경제학 교수 스테파노 델라비그나Stefano DellaVigna 교수의 말이다. 그는 이 과신 때문에 일상에서 많은 실수가 빚어진다고 했다. 제대로 이용하지도 않을 헬스클럽 회원권을 덥석 끊는다든지 신용카드의 미끼 금리에 유혹당하는 경우 등이 그 예다. 델라비그나는 연구 결과를 이렇게 정리했다. "좌절감에 빠져 있거나 현실주의자를 자처하는 일부를 제외한 거의 모든 사람들에게 스스로를 과신하는 경향이 있습니다."

:: 퍼팅 그린에서 얻는 교훈 1

스스로를 과신하는 현상은 생활 곳곳에서, 특히 예상치 못한 곳에서도 종종 나타난다. 골프 클럽의 프로샵*에서 일어나는 일을 예로 들 수 있다. 최근에 골프장을 가본 사람은 알겠지만, 프로샵에는 고객들이 신형 퍼터를 시험할 수 있게 작은 퍼팅 그린을 설치한 곳이 많다. 이 그린을 운영하는 목적은 당연히 고객의 퍼팅 실력을 향상시키기 위해서가 아니라 더 비싼 퍼터를 팔기 위해서이다. 한 실험에서 밝혀진 대로, 골퍼들은 약 90센티미터 거리에 불과한 이 퍼팅 그린에서의 성공이 마치 자신의 진짜 실력인 양 과신하는 경향이 있다. 실제로 90센티미터에서 퍼팅해본 사람들은 자신의 퍼팅 성공률을 35퍼센트 정도로 추정한 데 반해, 그보다 긴 3미터 거리에서 퍼팅한 사람들은 성공률을 15퍼센트 내외로 예상했다. 이처럼 자신감으로 가득한 자아는 매우 효과적인 판매 도구로 작용한다. 짧은 거리에서 퍼팅한 사람들은 먼 거리에서 시도한 사람들에 비해 고급 퍼터를 구입해야겠다는 생각이 훨씬 강했다.

이처럼 스스로를 너무 과신하는 것은 불필요하고 값비싼 클럽을 구입하는 것보다 더한, 큰 실수를 낳기도 한다. 한 가지 이야기를 하기에 앞서 이 질문부터 생각해보자. 최근 3년여 사이에 미국에서 투자할 종목을 고르라고 했다면, 당신은 과연 어떤 회사를 선택했을

* 골프장 안에 비치된 용품 판매점. —옮긴이

까? 누가 나에게 이런 질문을 했다면, 아마도 펜실베이니아 주 호샴의 다이어트 전문회사인 뉴트리시스템NutriSystem을 꼽았을 것이다. 이 회사는 체중을 줄이고 싶어하는 수많은 사람들에게 저칼로리 포장 음식을 우편으로 배송한다. (고객들의 다이어트 성공 여부와는 상관없이) 뉴트리시스템은 성공을 크게 거두었다. 2006년을 기준으로 이 회사 주식의 3년간 연평균 복리 수익률은 무려 233퍼센트에 이르렀다. 이것은 다이어트 업종뿐 아니라 월스트리트의 다른 산업들과 비교하더라도 거의 최고 수준이었다. 예를 들어 2003년에 이 회사 주식에 1,000달러를 투자한 사람은 불과 3년 뒤에 3만 6,855달러라는 엄청난 수익을 올렸다는 뜻이다.

:: 비만인의 살빼기

높은 주가 상승률 외에도 뉴트리시스템에는 인상적인 점이 또 하나 있다. 바로 고객이다. 그냥 고객이 아니라 이 회사를 과신하는 고객이다. 뉴트리시스템의 가장 전형적인 고객은, 월스트리트 애널리스트들에게 이 회사를 소개할 때 지어 붙인 호칭처럼 '정기 다이어트 도전자serial dieter'들이다. 즉 일정 기간 동안 다이어트에 도전했지만 체중 감량에는 실패한 사람들을 일컫는 말이다. 그들 대부분은 (80퍼센트) 여성이며, 평균 연령은 44세에 체중은 평균 95킬로그램 정도이다. 또한 30킬로그램 정도를 감량 목표로 정하고 다이어트를 시작했지만 실제 감량치는 10킬로그램 정도에 지나지 않는다. 그리고 다이어트를 시작한 지 평균 10~12주쯤 지나면 많은 사람들이 다이어트 프로그램을 포기한다.

여기서 궁금증이 하나 생긴다. 고객은 실패하는데 회사는 성공하는 이유가 무엇일까? 그 해답은—다른 대기업들이 흔히 그렇듯이—뉴트리시스템이 고객들의 믿음을 최대한 이용하는 데 있다. 즉 고객들이 '앞으로 도전할 일'이 아니라 '해낼 수 있다는 믿음'을 이용하는 것이다. 이 믿음은 주로 뉴트리시스템의 광고를 통해 퍼져나간다(작은 그린으로 골퍼의 과신을 유도하는 것과 마찬가지다). 이 광고에는 NFL 쿼터백 댄 마리노Dan Marino나 수비형 라인맨 출신으로 ESPN의 해설자를 맡고 있는 마이크 골릭Mike Golic 같은 스포츠 스타들이 주로 등장하여, 뉴트리시스템의 다이어트 프로그램으로 몇십 킬로그램을 뺐다며 고객들을 현혹한다.

그러나 광고를 유심히 살펴보면 몇 단어로 된 작은 문구를 확인할 수 있다. "결과가 항상 일정하지는 않습니다." 잠재고객들은 이 문구만 잘 생각해보더라도 뉴트리시스템의 프로그램이 결코 완벽하지 않다는 점을 눈치챌 수 있다. 하지만 잠재고객들의 실제 반응은 전혀 다르다. 다이어트를 바라는 사람들에게는 결과가 일정하냐 그렇지 않으냐의 문제는 중요하지 않다. 왜냐하면 사람들 대부분은 자신이 '실패한 부류'에 속한다고 생각하지 않기 때문이다. 사람들은 자신이 평균 이상이라고 생각한다. 그래서 결과도 평균 이상일 것이라고 확신한다.

:: 사용하지도 않을 헬스클럽 회원권을 사는 이유

따지고 보면, 뉴트리시스템은 다이어트 산업이 아니라 희망 산업에 종사하는 셈이다. 이 관점에서 본다면 은행과 헬스클럽 등도 희망 산업이긴 마찬가지다. 미국에서 헬스클럽 산업의 규모는 수십억 달러에 이른다. 조사에 따르면, 매년 미국인 3,300만 명이 헬스클럽에서 운동하기 위해 약 120억 달러를 투자한다고 한다. 그중 대부분은 회원제 등록 방식이다. 하지만 등록해놓고 며칠이나 갔던가?

델라비그나와 캘리포니아 대학교 버클리 캠퍼스의 동료 울라이크 말멘디어Ulrike Malmendier는 미국의 헬스클럽 세 곳의 자료를 분석했다. 이 자료에는 8천 명에 육박하는 회원들이 지난 3년간 헬스클럽을 이용한 날짜 등이 자세하게 기록되어 있었다. 흔히 그렇듯이, 이곳의 회원들 역시 세 가지 회원제 방식 중에서 하나를 선택했다.

1. 연회원
2. 월회원
3. 1회 이용권(주로 10장씩 판매한다.)

세 가지 중에서 당신은 어느 것을 선택하겠는가?

대부분은 연회원이나 월회원 중 하나를 선택한다. 그러나 이 두 방식을 선택하면 필요 이상으로 많은 돈을 지출할 가능성이 높다. 헬스클럽 회원들도 다이어트 도전자들처럼 스스로를 과신하는 경향이 있다. 그래서 이번에는 헬스클럽을 꾸준히 이용하리라 자신한다. 그러나 델라비그나와 말멘디어가 조사한 바로는, 회원들이 실제로 헬스클럽을 이용한 횟수는 처음 예상의 절반에 불과했다(월 10회 정도를 예상했지만 실제로는 4, 5회에 지나지 않았다).

결국 회원들은 헬스클럽을 이용할 때마다 비용을 과다 지출하는 셈이다. 두 교수는 회원들이 초과 지출하는 비용이 연평균 700달러에 이른다고 추정했다. 그리고 월회원들의 80퍼센트는 1회 이용권을 구입하는 편이 경제적이라는 사실도 발견했다. 그렇다면 헬스클럽 회원들이 이렇게 비용을 낭비하는 이유는 무엇일까?

"자신의 절제 능력을 과대평가했기 때문입니다." 델라비그나의 말이다. "'해야 할 것'과 '할 수 있는 것'을 혼동하는 것이지요." 결국 헬스클럽 회원들도 뉴트리시스템의 고객들과 다를 바 없다는 뜻이다.

그런데 미국의 헬스클럽들이 원래부터 회원제 시스템을 적용했던 것은 아니다. 1950년대에는 대다수 헬스클럽들이 '이용 횟수별 지불 시스템'을 운영했다. 따라서 고객들은 헬스클럽을 들어설 때마다 이용권을 구입해야 했다. 그러나 전자카드 시스템이 도입되면서 카드를 통해 회원들의 이용 여부를 관리하게 되었고, 이때부터 이용권이 사라지고 회원제 시스템으로 전환되었다.

델라비그나는 헬스클럽 산업도 다른 업종들처럼 고객들의 낙관주의적 성향을 이용하는 회원제 방식을 통해 더 많은 돈을 벌어들이는 방법을 터득했다고 생각한다. "많은 기업이 이런 식으로 지식을 이용합니다." 델라비그나의 설명이다. "소비자들이 이런 사실을 깨달으려면 더 현명해져야겠지요."

그러나 말은 쉬워도 현실은 그렇지 못하다. 작은 퍼팅 그린에서도 보았듯이, 우리의 지나친 자신감이 오히려 스스로를 속인다는 사실을 깨닫기란 그리 녹록지 않다. 처음 제시된 가격이 저렴하다고 생각되면 스스로 만족해버릴 때도 많다. 라스베이거스의 호텔 객실이 저렴하고, 휴대전화 요금제에 '무료통화 시간'이 포함되어 있는 데에는 그만한 이유가 있다. 카지노와 휴대전화 사업자들도 고객들이 스스로의 절제 능력을 과대평가한다는 사실을 잘 알고 있다. 고객이 자신감을 앞세워 계획보다 많은 돈을 도박 기계에 집어넣고 필요 이상으로 많은 시간 동안 휴대전화기를 붙들고 있는 사이에, 카지노와 휴대전화 사업자들의 주머니는 점점 부풀어 오른다.

:: 과신 성향을 이용하는 신용카드 대출

신용카드 회사들이 미끼 금리를 내세우는 이유도 여기에 있다*. 미국 연방준비은행은 자국 가구의 신용카드 평균 부채가 약 8,500달러라고 밝혔다. 신용카드 대출이 있는 사람이라면 당연히 이자 지급 비용을 줄이고 싶어할 것이다. 때마침 오늘 우편함을 보았더니 신용

* 미끼 금리란 금융권에서 고객을 유혹하기 위해 보통 6개월 정도 제공하는 저금리를 말하며, 약정 기한이 지나면 금리는 다시 올라간다.

카드 대출을 권유하는 우편물이 세 통이나 도착해 있다. 우편물을 뜯어 대출 조건을 따져보았더니 각각 이러했다.

- 첫번째 조건 : 첫 6개월간 6.9퍼센트, 이후에는 16퍼센트
- 두번째 조건 : 첫 6개월간 4.9퍼센트, 이후에는 16퍼센트
- 세번째 조건 : 첫 6개월간 6.9퍼센트, 이후에는 14퍼센트

당신이라면 어느 조건을 선택할까?

미국 최대의 신용카드 회사에서 1990년대에 소비자들에게 발송된 거의 200만 건에 달하는 신용카드 발급 권유 우편물DM을 조사한 적이 있다. 우편물을 통해 실제로 늘어난 신용카드 신규 발급자 수는 1만 5천 명에 불과했다. 즉 우편물을 받은 사람들 중 99퍼센트 이상이 우리의 예상대로 그 우편물을 쓰레기통에 버렸다는 뜻이다. 이 정도라면 은행권이 신용카드 회사들 때문에 고민할 필요도 없지 않을까?

그러나 나머지 1퍼센트의 행동양식부터 잘 이해해야 한다. 위의 세 가지 조건 중에서 신용카드 대출자들이 가장 선호한 것은 첫 6개월의 금리가 가장 낮은 두번째였다. 그것도 압도적으로 많은 사람들이 두번째를 선택했다. 왜 그럴까?

이 문제 역시 인간의 과신 성향과 밀접한 관련을 맺고 있다. 30킬로그램을 줄이려고 했다가 10킬로그램 감량에 만족했던 뉴트리시스템의 비만인들처럼, 신용카드 신청자들 역시 고금리 기간에 들어서

기 전에 대출 잔고를 해결할 수 있으리라고 자신한다. 그래서 6개월 이후의 금리(16퍼센트)와 상관없이 6개월 이내의 금리가 낮은 상품을 선호하는 것이다. 그러나 뉴트리시스템에서도 그랬듯이, 낙관이 항상 현실로 이어지지는 않는다. 특별 금리 기간 동안 대출금을 모두 상환하는 사람들은 많지 않으며, 대부분은 고금리 기간으로 대출을 이어간다.

:: 당신의 한계를 인식하라

영화 〈매그넘 포스Magnum Force〉에서 클린트 이스트우드는 해리 칼라한이라는 터프가이 형사 역할을 맡았다. 마지막 장면에서 이스트우드가 악한에게 총을 겨누며 유명한 한마디를 던진다. "사람은 자신의 한계를 알아야 하는 법이야."

사람들의 자신감 수준을 평가하는 과정에서 사회학자들은 '자신의 한계를 아는 것'을 의미하는 '조응calibration'이라는 신조어를 만들었다. 조응照應이란 실제로 가진 능력과 인식하고 있는 능력이 대등함을 의미한다. 즉 자신의 실제 능력이 자신이 생각하는 수준에 근접할 때 그 사람을 '잘 조응된 사람'이라 말할 수 있다. 반대로 인식하는 능력과 실제 능력 사이에 격차가 클 때는 '조응되지 못한 사람'이라고 할 것이다.

불행히도 우리 대부분은 조응되지 못한 존재들이다. 몇 년 전,

미국 육군에서도 이 점을 확인했다. 조지아 주 포트 베닝의 병사들에게 이렇게 물었다. "당신의 사격 능력은 어느 정도입니까?" 병사들 대부분은 예상대로 사격을 잘한다고 답했다. 그들은 M-16 소총으로 사격할 때, 육군의 연간 기준 점수를 충분히 넘길 수 있으리라고 예상했다. 이후 육군은 그 병사들을 사격장으로 네리고 갔다. 여기서 실제 소총 사격을 한 후에 점수를 계산하여 처음의 예측과 비교했다. 결과는 실망스러웠다. 처음에 예상했던 점수보다 실제 점수가 낮게 나온 비율이 75퍼센트였다. 게다가 기준 점수에도 미치지 못할 정도로 사격 점수가 엉망인 병사들도 25퍼센트나 됐다. "병사들은 자신의 실제 능력을 과대평가했으며, 자신의 능력을 예측하는 과정에서 심각한 편향을 보였다." 조사 결과 보고서는 이렇게 결론지었다.

이 조사에서 재미있는 부분은, 육군이 특정 피험자 집단의 예측만큼은 매우 정확했다고 인정한 점이다. 그들은 다름 아닌 사격 능력에서 최하위 집단이었다. 물론 이 집단의 인원은 극히 적었다. 사격 능력 평가에 참여한 병사들 153명 중에서 기준 점수에 못 미칠 것으로 예측한 병사는 다섯 명에 불과했다. 하지만 그들의 예측은 상당히 정확했다. 다섯 명 중에서 세 명이 실제로 통과하지 못했고 나머지 두 명은 가까스로 기준 점수를 채웠다.

"실패를 예측한 병사들은 상대적으로 매우 정확한 편이었지요." 조사관들은 이렇게 비꼬았다.

조사관들은 이런 '부조응 현상'이 병사들의 수입이나 지능, 학력과 상관없이 다른 임무에서도 나타난다는 사실을 발견했다. 포트 베닝의 병사들을 대상으로 실험한 지 얼마 지나지 않아 조사관들은 위스콘신 대학교 학생들을 대상으로 비슷한 실험을 했다. 물론 학생들에게 요구한 것은 사격이 아니라 학구적인 실험이었다. 학생들에게 한 단락의 문서를 읽은 후에 그 내용을 얼마나 정확히 이해하는지 예측하게 했다. 그런 다음 실제로 문서를 나눠주고 읽게 했다. 예상대로 학생들은 군인들과 별다를 게 없었다.

"조응 수준은 정말 형편없었습니다." 조사관들의 말이다. "글을 읽은 학생들은 무엇을 이해했고 무엇을 이해하지 못했는지조차 구분하지 못했습니다."

:: 기상 예보관들에게 배운다

반대로 조응 능력이 매우 뛰어난 사람들도 있다. 대표적인 부류가 기상 예보관들이다. 그 이유는, 오래전 미국에서 UFO의 본산으로 불리던 뉴멕시코 주 로즈웰에서 기상 예보관 일을 시작한 클리브 할렌벡Cleve Hallenbeck이라는 젊은이에게로 거슬러 올라간다. 학업을 마친 할렌벡은 철도원, 식품점 점원, 교사 등 이 직장 저 직장을 전전했다. 그러다가 마지막으로 취직한 곳이 미국 기상국이었다. 기상국은 신입 직원인 할렌벡을 머나먼 오지인 뉴멕시코 주 페이커스 밸리로 보냈다.

지금도 그렇지만 그때도 페이커스 밸리는 알팔파 재배지로 유명했다. 작물은 주로 우물에서 물을 끌어다 키웠기 때문에 농부들은 자기네 물을 사용할 때(돈이 든다)와 비를 기다려야 할 때(돈이 들지 않는다)를 알아야 했다. 또한 비가 오지 않는 때도 알아야 했다. 알팔파를 재배하여 건조시키기 위해서는 한동안 마른 날이 계속되어야 하기 때문이다. 따라서 농부들에게 비가 올 '확률'이 있다는 정도의 예보로는 부족했다. 농부들은 비가 올 확률이 50퍼센트인지, 75퍼센트인지, 아니면 100퍼센트인지를 알고 싶어했다. 그래서 할렌벡은 페이커스 밸리의 일기를 예보할 때는 '확률'을 언급하기 시작했다. 그때가 1920년이었다.

그 후 시간이 꽤 걸리긴 했지만 확률 예보는 미국 전역으로 퍼져나갔다. 코네티컷 주 하트포드에서는 1954년부터 기상 예보에 우천 확률을 포함시켰다. 1956년에는 샌프란시스코에서, 1957년에는 로스앤젤레스에서도 이 방식을 따랐다. 그리고 1965년부터는 미국 기상국에서도 공식적으로 확률 예보를 도입하여 지금까지 시행하고 있다.

덕분에 기상 예보관들은 오랜 기간에 걸친 예측 자료뿐 아니라 실제 기상 자료도 보유하고 있다. 그래서 과거의 어떤 날이라도 날씨 정보를 정확히 제시할 수 있다. 예측 자료와 실제 기상 자료를 비교해보면 기상 예보관들의 능력이 어느 정도인지 가늠할 수 있다. 지난 2년여 동안 약 15만 명의 예보관들을 조사했더니 그들의 조응 수준은 거의 완벽에 가까웠다. 예를 들어 미국의 기상 예보관이 비 올 확률을 30퍼센트로 예측했을 때, 실제로 비가 온 비율도 거의 30퍼센트에 근접한 것으로 조사되었다(이 조사 과정에서 예보관들이 우천 확률을 30퍼센트로 예측한 경우가 모두 1만 5천 건 이상이었다).

:: 피드백의 위력

다른 직종과 달리 유독 기상 예보관들의 조응 수준이 이렇게 탁월한 이유는 무엇일까? 그 이유는 과신을 통제하는 시스템, 즉 오류를 신속히 교정하는 피드백feedback 덕분이다. 피드백이란 무엇인가? 피드백은 원래 일종의 신호signal다. 이용자는 무엇이 실제로 어떻게 진행되었고 어떤 결과가 도출되었는지를 피드백을 통해 알 수 있다. 피드백은 정보통신 부문에서도 중요한 개념이다. 전화기 다이얼을 돌리거나 버튼을 누를 때 삑삑거리는 소리가 들리는 것도 이용자가 정확한 정보를 입력했는지를 확인해주는 피드백 장치이다.

피드백은 인간의 행동양식에 영향을 미치는 중요한 매개이기도 하다. 슬롯머신 게임에서 이기는 순간 돈이 쏟아져 나오는 이유도 그 때문이다. 카지노 사업자들은 고객들이 도박을 계속하기를 바란다. 그래서 게임에서 이긴 고객에게 한 달 뒤에 수표로 돈을 보내는 게 아니라 곧바로 현금을 지급하여 주머니를 불려준다. 여유롭게 도박을 즐기라는 신호, 이것이 피드백이다.

자신감이 지나친 상황에서는 피드백의 효과도 줄어든다. 수적인 피드백이든, 양적인 피드백이든, 혹은 둘 다든 마찬가지다. 다니지도 않을 헬스클럽 회원권을 사는 경우를 다시 생각해보자. 사람들이 운동을 위해 지나치게 많은 돈을 지출한다는 사실을 목격한 델라비그나는 그 이유가 의문스러웠다. "왜 성인들이 같은 실수를 반복할까?" 그가 내린 결론은, 스스로를 통제할 능력을 갖추기가 말처럼 쉽지 않기 때문이라는 것이었다. 달리 말하면, 주변으로부터 오는 피드백이 적을 경우 자제력을 갖기가 어려워진다.

모든 신호가 그렇듯이, 피드백도 강할 때와 약할 때가 있다. 전화를 걸었는데 통화 중이라는 메시지가 흘러나온다면 이 피드백은 매우 강하게 작용한다. 통화 중인 사람에게 자꾸만 전화를 거는 경우는 드물다. 대부분은 잠시 기다렸다가 다시 통화하고자 한다. 그러나 헬스클럽에 가지 않을 경우 돌아오는 피드백 신호는 매우 약하다. 따라서 자신이 운동하러 가지 않는 이유에 대해 생각조차 하지 않는다. 피드백이 약하면 그 신호를 무시하거나 왜곡할 가능성도 있다. 회원권이 이미 있고, 운동하지 못할 다른 특별한 이유가 없는데도 헬스클럽에 가지 않는 것은, 그 사람이 게으르다는 피드백을 받은 것과 같다. 하지만 사람들은 이 신호가 마음에 들지 않기 때문에 쉽게 무시한다.

"피드백을 무시하는 이유는 기분이 썩 유쾌하지 않기 때문입니다"라고 델라비그나는 말한다. 그래서 실수의 원인을 자신의 게으름이 아니라 다른 무언가로 돌리며 피드백을 왜곡한다. "헬스클럽에 가지 못하는 이유에 대해 다른 변명들을 늘어놓지요. 아이가 아프다거나 하는 식으로 말입니다."

피드백을 왜곡하기에 안성맞춤인 직업도 있다. 기업의 재무를 담당하는 직종이 좋은 예다. 특정 기업의 주식을 매수하거나 기업을 통째로 인수하려는 사람들은 자신의 판단이 현명한지 당분간은 판단하기 어렵다. 이때 그 기업을 인수하기 위해 재무 상태를 파악했던 사람들이 다른 곳으로 슬며시 자리를 옮기는 경우가 종종 있다. 그리고 남아 있는 사람들도, 마치 헬스클럽에 가지 않는 사람들이 아이가 아픈 탓으로 이유를 돌리듯이 재무 분석의 실수에 대해 다른 변명을 늘어놓곤 한다.

:: 워런 버핏이 저지른 최악의 실수

메인 주 덱스터의 덱스터 슈 컴퍼니Dexter Shoe Company와 관련된 흥미로운 일화가 있다. 1993년, 억만장자 투자가인 워런 버핏Warren Buffett이 오랜 파트너인 찰리 멍거Charlie Munger와 함께 4억 3,300만 달러의 거금을 들여 이 회사를 인수했다. 그 무렵, 버핏은 이것이 매우 유익한 거래라고 생각했다. "찰리와 내가 평생 이 분야에서 몸담으면서 살펴본 많은 기업 중에서도 가장 관리가 잘된 사례였습니다." 당시에 버핏이 자신의 투자회사인 버크셔 해서웨이Berkshire Hathaway의 주주들에게 한 말이다.

그러나 2008년에 들어서는 말투가 완전히 달라졌다.

"지금까지 내가 거래한 기업 중에서 덱스터가 최악입니다"라고 버핏은 주주들 앞에서 말했다.

무슨 일이 있었던 것일까? 버핏이 덱스터를 인수한 후로 지속되리라 믿었던 경쟁력은 어느 순간부터 사라져버렸다.

"하지만 이것은 시작에 불과합니다." 버핏은 이 사태를 모면하려고 현금이 아닌 버크셔의 주식을 정확히 2만 5,203주나 투자했다. 실수를 만회하려고 엄청난 대가를 치른 것이다. 결국 버크셔의 주주들은 4억 3,300만 달러가 아니라 35억 달러의 손실을 입었다. "쓸모없는 기업을 인수하느라 현재 가치가 2,200억 달러에 달하는 잘나가는 기업의 지분 1.6퍼센트를 날렸지요."

워런 버핏이 저지른 이 실수는 여러 면에서 흥미롭다. 첫째는, (다른 최고경영자들이라면 몰라도) 버핏이라면 그 사실을 알 수도 있었다는 점이다. 둘째, 버핏은 이 실수에 대해 상세하게 해명했다(이 회사의 경쟁력이 얼마나 지속될지를 잘못 계산했다는 점도 인정했다). 비유하자면, 헬스클럽에 가지 않는 이유를 진지하게 고민하여 그 피드백에 정직하게 화답한 것이다. 셋째는 수면 위로 잘 드러나지 않은 부분이었지만, 버크셔의 아래위를 막론하고 어느 누구도 이 결정에 책임지고 사임한 사람이 없다는 사실이다. 버핏은 버크셔의 시작부터 수장으로 자리해왔고, 그의 바로 다음 서열이며 버크셔의 40여 개 사업부를 총괄하는 최고경영자도 자리를 그대로 보전했다. ("지난 42년간의 역사에서 자발적으로 최고경영자 자리를 떠난 사람이 얼마나 될까요?" 2006년, 주주들에게 보내는 편지에서 버핏이 물었다. "정확히 한 명도 없습니다.")

요컨대 버크셔의 임원들은 수많은 피드백에 부딪혀 오랜 고민을 한 끝에 교훈을 얻었다. 이 회사의 실적이 남달리 눈부신 이유도 여기서 찾을 수 있다. 1964년부터 2007년까지 버크셔는 총 40만 863퍼센트 성장이라는 위대한 업적을 달성했다. 이와 비교하면, 주식시장의 성장을 의미하는 광범위 지표인 스탠더드 앤드 푸어스 500 지수의 성장률은 6,840퍼센트에 그쳤다.

이처럼 인상적인 성장에도 불구하고 워런 버핏에게서는 세계 최고의 부호에서 느껴질 만한 자만심 같은 것은 전혀 보이지 않았다. 2007년, 그가 주주들에게 보내는 편지에 이런 문구가 있었다. "미래에는 더 많은 실수를 할지도 모릅니다. 그러니 여러분께서도 잘 가려서 투자하시기 바랍니다."*

:: 통제에 대한 환상

해결하기 어려운 과제일수록 과신 성향은 줄어들기는커녕 오히려 더 심해지는 경향이 있다. 어려울수록 자신을 과신한다는 뜻이다.

* 워런 버핏은 브리지 게임을 누구보다 좋아한다. 이 게임을 좋아하는 사람들은 조응 능력이 상대적으로 뛰어난 편이다. 언젠가 버핏이 이런 농담을 했다. "한창 브리지 게임에 빠져 있을 때는 벌거벗은 여인이 다가와도 전혀 깨닫질 못합니다." Blackstone(2008), Keren(1987) 참조.

심지어 거의 불가능할 듯한 임무를 부여했을 때도 마찬가지다. 한 예로 아시아의 어린이들과 유럽의 어린이들이 그린 그림의 차이를 설명하라는 난해한 요구에 직면해서도 사람들은 자신의 지적 능력을 실제보다 과대 포장하곤 한다.

동전 뒤집기 같은 확률 게임에서조차 사람들은 자신의 통제력을 지나치게 높게 평가한다. 하버드 대학교의 엘런 랭어Ellen Langer 교수는 예일 대학교의 학부생들을 대상으로 이 성향을 입증하는 실험을 했다. 랭어는 학생들을 두 명씩 짝지어 카드 게임을 시켰다. 규칙은 간단했다. 카드 한 벌에서 아무거나 하나씩 뽑아 높은 쪽이 이기는 방식이었다. 그리고 매번 카드를 뽑을 때마다 최대 25센트까지 내기도 할 수 있게 했다. 물론 내기를 하지 않아도 상관없었다.

이 게임은 사전에 계획되었다. 학생들 중에는 유독 정장을 말쑥하게 차려입고 마치 도박에 익숙한 듯한 인상을 풍기는 학생이 한 명 있었고, 또 한 학생은 너저분한 차림에 도박이라고는 전혀 못할 것 같은 인상이었다. 일부 학생들은 말쑥한 학생과 게임을 했고, 다른 일부는 촌스러운 차림의 학생과 했다. 어느 경우든 높은 카드를 뽑을 확률은 동일했으며 상대방이 누군지는 전혀 상관이 없었다. 그런데도 학생들은 상대방에게 신경을 썼다. 이것이 이 실험에서 중요한 부분이었다. 촌스러운 학생과 게임을 한 학생들은 자신들이 더 높은 카드를 뽑을 것으로 자신했다. 이 자신감은 그대로 내기로 이어졌다. 말쑥한 학생보다 촌스러운 학생과 게임할 때 학생들은 돈을 더 많이 걸었다.

학생들에게 동전 던지기 결과를 예측해보라고 했을 때도 랭어는 이와 비슷한 결과를 목격했다. 이 실험 역시 사전에 계획된 것이다. 한 학생이 동전을 위로 던지면 그 동전이 떨어지기 전에 나머지 학생들이 앞인지 뒤인지를 외치게 했다. 그러면 이 학생은 미리 정해진 순서대로 동전의 앞뒤를 불렀는데 물론 그 사실을 다른 학생들은 모르게 했다. 그리고 몇 번 시도한 학생들 중 일부에게는 맞았다고, 다른 일부에게는 틀렸다고 말해주었다.

그러자 처음 몇 번의 시도에서 맞췄다는 말을 들은 학생들은 자신감이 급격히 향상되었다. 이 학생들은 동전 맞추기에 재능이 있다고 자신하며, 게임을 하더라도 절반 이상을 맞출 수 있으리라고 확신했다. 더 흥미로운 점은, 게임 후에 학생들이 한 말이다. 40퍼센트의 학생들이 연습만 충분히 한다면 동전 맞추기 기술을 향상시킬 수 있다고 대답한 것이다. 이 현상에 대해 랭어는 이렇게 언급했다. "통제에 대한 환상이지요."

:: 정보 과잉

이런 환상이 계속되는 이유는 무엇일까? 정보에 현혹되는 것도 한 가지 이유이다. 많이 보고, 듣고, 읽을수록 사람들은 아는 것도 많아진다고 생각한다. 그러나 많은 연구 사례들을 살펴보면 꼭 그런 것만은 아닌 것 같다. 때로는 아는 것이 많아지는 것이 아니라, 많이 안다는 자신감만 커질 수도 있다.

예컨대 정보가 담긴 문서의 요약본이 마치 전체 문서와 동일하거나 더 좋은 역할을 하는 경우도 있다. 카네기 멜론 대학교의 연구진이 일련의 실험을 통해 5천 단어 분량의 대학 교재 전문全文(한 장章 분량)과 이를 1천 단어 분량으로 압축한 요약본을 비교했다. 교재는 러시아 역사, 아프리카 지리, 거시경제학 등 여러 가지였다. 하지만 교재의 종류는 중요치 않았다. 모든 실험에서 전문보다 요약본이 더 효과적이었다. 학생들에게 20~30분의 시간을 주고 전문과 요약본을 구분하여 읽게 했더니 요약본을 읽은 학생들의 이해도가 더 높았다. 글을 읽은 지 20분 후와 1년 후에 각각 시험을 쳤을 때도 결과는 동일했다. 두 경우 모두 요약본을 읽은 학생들이 내용을 더 잘 기억했다(그러니 요약본이라고 해서 하찮게 보아서는 안 된다).

그러나 우리의 내면은 이 사실을 받아들이려 하지 않는다. 인간에게는 소용이 있든 없든 정보를 과도하게 축적하려는 욕구가 숨어 있다. 실제로 '정보 과잉'은 어제 오늘 등장한 용어가 아니다. 텔레비전, 신문, 비디오, 이메일 등 수많은 경로를 통해 쉴 새 없이 정보가 날아든다. 정말로 쓸모 있는 정보가 어떤 것인지도 모른 채, 우리는 지금도 정보를 열망한다.

:: 상식을 따르라

"경마광들은 정보광입니다." 질 번Jill Byrne의 말이다. 번은 미국의 유명한 경마 대회인 켄터키 더비Kentucky Derby의 본고장으로 불리는 처칠다운 경마장에서 일하는 두 명의 경마 예측가 중 한 사람이다. 그녀는 미국 전역으로 방송되는 경마 텔레비전 방송인 TVG에도 자주 출연한다. 그녀가 하는 일은 이길 가능성이 높은 말의 정보를 도박꾼들에게 알려주는 것이다. 항상 미래를 예측하며 살아야 하는 증권 애널리스트처럼 그녀도 틀릴 때가 적지 않다. 처칠다운 경마장에서 그녀의 적중률은 32퍼센트로 50퍼센트에도 채 미치지 못하지만, 이 정도면 경마 예측가들 사이에서는 평균치보다 훨씬 높은 수준이다.

번은 이런 자신의 능력이 가정환경에서 비롯되었다고 말한다. 그녀의 어린 시절은 온통 말과 함께였다. 그녀는 두 살 때부터 버지니아 주 샬럿스빌의 가족농장에서 말을 타기 시작했다. 일곱 살 때에는 동생과 함께 축사를 관리했고, 열두 살이 되던 해에는 뉴욕 주 출신의 말 조련사였던 아버지에게서 첫 경주마를 선물받았다. 대학 4학년 때 부모가 이혼하자 그녀는 학교를 그만두고 뉴욕으로 건너와 벨몬트와 사라토가에서 주로 거주하던 아버지와 함께 지냈다. "그때부터 이 일이 무척 매혹적으로 느껴졌습니다"라고 번은 말했다.

크고 작은 경주에 대비하여 그녀가 분석하는 경주마의 수는 한 해에 수천 마리에 이른다. 특히 5월 첫 토요일에 열리는 대규모 대회인 켄터키 더비를 앞두고는 전년도 10월부터 분석을 시작한다. 이렇게 해서 최종으로 서너 마리를 압축한다. 경주마를 분석할 때는 과거의 성적뿐 아니라 부모 말과 조부모 말 및 형제자매 말까지 모두 조사한다. 혈연 관계의 이 말들이 장거리와 단거리 경주 중 어느 경우에 더 강했는지, 풀밭과 흙길 중 어느 토양에서 더 잘 달렸는지, 비가 와서 땅이 질 때에도 잘 달렸는지 등 수많은 변수를 분석한다. 이 외에도 경주 상황에 대해서도 조사한다. 즉 경주 속도는 어느 정도였는지, 다른 말보다 앞서 달리기를 좋아하는지 아니면 뒤에서 달리는 편인지, 많은 말들과 어울려 달리기를 좋아하는지 아니면 독주를 좋아하는지 등도 자세히 살펴본다.

이처럼 다양한 항목을 분석하려면 시간이 많이 필요하다. 그녀는 말 한 마리를 분석하는 데 50시간 정도가 필요하다고 말한다. 하지만 이 모든 정보가 과연 얼마나 정확할까?

오래전, 오리건 연구원에서 일하던 폴 슬로빅이 번 같은 전문 경마 예측가들의 예측 능력을 평가하기 위한 실험을 시작했다. 슬로빅은 경마 예측가들에게 유명 경마지 등에 수록된 '과거 성적 차트'와 유사한 형태로 자신들의 판단을 차트로 정리하게 했다. 이렇게 해서 차트에는 각 경주마의 특징과 이력, 지난 성적 등에 대한 정보가 100가지 가까이 수록되었다.

슬로빅의 연구에서 예측가 여덟 명이 40회의 경주를 예측했다(이 경주는 실제로 열렸기 때문에 슬로빅은 예측가들의 자료를 실제 결과와 비교할 수 있었다). 먼저 슬로빅은 예측가들이 차트에 적힌 정보 중 경주마 한 마리당 다섯 가지 정보만을 참고하여 승부를 예측하게 했다. 이를테면 기수의 몸무게, 1위나 2위 혹은 3위를 차지한 경주의 비율 등 다양한 정보 중에서 예측가가 원하는 다섯 가지만 활용할 수 있었다. 두번째는 한 마리에 열 가지 정보를, 그다음에는 스무 가지, 서른 가지, 마흔 가지로 늘려가며 예측하게 했다.

이렇게 예측에 활용한 정보의 수가 많아질수록 예측 정확도도 높아졌을까?

그렇지 않았다.

참고한 정보의 수가 다섯 가지든 마흔 가지든, 정확도의 차이는 다를 게 없었다. 다만, (이 부분이 중요하다) 참고한 정보의 수가 많을수록 예측가의 자신감은 확연히 높아졌다. 다섯 가지 정보만을 활용했을 때 예측가들의 자신감은 20퍼센트 미만이었지만 마흔 가지를 참고했을 때는 30퍼센트 이상으로 향상되었다.

:: 경영자의 판단

이 같은 경향은 기업가들에게서도 발견되었다. 기업가들은 자신이 잘 안다고 생각하는 비즈니스와 관련된 판단에서만큼은 과도한 자신감을 내보인다. 텍사스 주 포트워스에 본사를 둔 미국 최대의 주택 건설회사 호턴Horton의 최고경영자 도널드 톰니츠Donald Tomnitz의 사례를 살펴보자. 2005년 12월, 육군 대위 출신으로 은행 간부를 지낸 톰니츠가 호턴의 임직원들을 향해 단호히 선언했다. "대공황만 아니라면 우리는 어떤 경제 환경에서도 우리의 길을 영위할 수 있습니다."

사람들도 그를 믿었다. 투자자들이 호턴에 막대한 자금을 쏟아부으면서 주가는 사상 최고치에 근접할 정도로 급등했다. 그러나 대공황의 재현은 없을지 몰라도 주택시장의 붕괴 가능성은 엄연히 존재했다. 머지않아 호턴의 이익률은 모두의 예상을 깨고 급락하기 시작했다. 2007년 여름, 톰니츠의 호언장담 후 불과 19개월 만에 호턴은 상장기업으로서 15년 역사에서 처음으로 분기 적자를 발표했다. 적자 수준은 만만치 않았다. 아니, 터무니없을 정도로 적자폭이 컸다. 무려 8억 2,400만 달러에 육박하는 규모였다. 게다가 적자가 지속되리라는 예상 속에 호턴의 기업가치는 땅에 떨어졌다. 톰니츠가 장담할 때만 해도 호턴의 주가는 주당 36달러 선이었지만 2008년 여름에는 3분의 2가 하락한 12달러에 불과했다.

펜실베이니아 대학교 와튼 경영대학원의 폴 슈메이커Paul Schoemaker 교수와 코넬 대학교의 에드워드 루소J. Edward Russo 교수는 톰니츠와 같은 경영자들의 과신을 주제로 오랫동안 연구해왔다. 기업 경영자의 과신 현상은 워낙 흔하기 때문에 두 교수는 이 과신 현상을 '경영 판단의 숨은 결함'이라고 언급했다.

여기에 대해 당사자들은 과연 무슨 말을 할까? 두 교수는 자신들이 명명한 '초지식metaknowledge*' 수준을 측정하기 위해 '자신감 퀴즈'라는 것을 고안하여 시행했다. 이 퀴즈는 결국 조응 수준을 평가하는 것이다. 퀴즈에는 보통 열 가지 문항이 수록되어 있으며, 응시자는 문제에서 요구하는 자신감 수준에서 답을 제시해야 한다. 예를 들어 '나일 강의 길이는 얼마입니까? 90퍼센트 확신하는 답을 적으시오'라는 질문에 800~950킬로미터 사이라는 답에 90퍼센트의 확신이 있다면 '800~950킬로미터'라고 적어내는 식이었다.

슈메이커와 루소는 여러 업종의 수많은 노동자들을 대상으로 이 퀴즈를 시험했다. 퀴즈의 내용은 매우 다양했다. '일정 기간의 특허 건수'나 '뉴욕에서 이스탄불까지의 거리'와 같이 상식적인 질문이 있는가 하면, 특정 업종이나 특정 기업에만 해당되는 전문적인 질문도 있었다. 퀴즈 내용이 전문적이라면 시험을 치르는 사람들도 조금 더 권위 있게 보일지도 모른다. 기업 경영자들이 일반인에 비해 기업이나 비즈니스에 대해 더 잘 알 것이라고 당연시하는 것처럼 말이다. 그러나, 결과적으로는 맞춤형 질문이라고 해서 다를 건 없었다.

"어느 집단이든 그 업종이나 기업에 대해 실제보다 많이 안다고 자신했다"고 두 교수는 결론지었다.

한 예로 광고업계의 경영자들을 대상으로 한 퀴즈에서 자신감 수준을 90퍼센트로 설정했다. 그렇다면 답이 틀릴 가능성은 10퍼센트라는 뜻이다. 하지만 실제 오답률은 61퍼센트였다. 컴퓨터 업종을 대상으로 한 퀴즈에서도 오답이 5퍼센트만 나와야 했지만 실제로는 80퍼센트나 나왔다(두 사례 모두 퀴즈 내용은 각 업종에 해당되는

---

* 아는 것과 모르는 것을 인식하는 것.

전문적인 문제였다).

슈메이커와 루소가 이런 식으로 퀴즈를 풀게 한 사람들은 지금까지 2만 명도 더 된다. 슈메이커는 그 많은 응시자들 중에서 99퍼센트 이상이 자신의 지식을 과신했다고 말한다.

SOTP
delete
SHCOOL

11

인간은 틀에서 벗어나지 못한다

WHY WE MAKE MISTAKES

옳고 그름을 판단하는 능력을 계속해서 발전시킬 수 있다면, 정말 멋지지 않을까? 그러나 안타깝게도 경험이 많다고 해서 이 능력이 반드시 향상되는 것은 아니다. 미국 프로골프협회PGA 골프대회를 생각해보자. 1980년대 말에 PGA 현장요원들이 선수들의 퍼팅 능력을 은밀히 관찰한 적이 있다. 퍼팅은 골프 경기에서 전체 스트로크의 43퍼센트를 차지할 정도로 중요한 요소이다. PGA에서 현장요원들까지 동원하여 알아내려고 한 것은 세계 최고의 골프 선수들이 약 6피트1.8미터 거리의 퍼팅을 얼마나 성공시키느냐 하는 것이었다. PGA는 『스포츠 일러스트레이티드』의 후원을 받아 1988년 하반기의 15개 토너먼트 경기의 퍼팅을 분석했다. 각 토너먼트 때마다 현장요원들은 비교적 매끈하고 평탄한 그린을 골라 나흘 내내 모든 퍼팅을 관찰했다.

:: **퍼팅 그린에서 얻는 교훈 2**

PGA 현장요원들이 정리한 퍼팅 횟수는 모두 1만 1,060회였다. 통계상의 이유로 18인치(약 45센티미터) 이내의 단거리 퍼팅 2,593회는 대상에서 제외했다. 나머지 중 6피트 거리에서 퍼팅한 횟수는 272회였다. 과연 세계 최고의 골프 선수들은 6피트 퍼팅을 얼마나 성공시켰을까?

정답은 절반을 겨우 넘는, 정확히 54.8퍼센트였다.*

이 수치 자체는 그리 놀라울 게 없다. 미국 골프계의 대표집단인 미국 골프협회USGA는 1963년과 1964년, 1988년의 US 오픈경기에서 특정 거리의 퍼팅을 관찰했다. 그 결과 역시 PGA에서 발견한 사실과 비슷했다.

무엇보다 흥미로운 점은 PGA 투어에서 골프 선수들이 보여준 반응이었다. 선수들 대부분이 6피트 퍼팅의 성공률이 70퍼센트 이상일 것으로 예상했다. 미국 아마추어 챔피언 출신으로 퍼팅에 유독 강했던 PGA 신인 빌리 메이페어Billy Mayfair는, 선수들의 평균 성공률이 80퍼센트 이상일 것으로 추정하며 자신은 평균 91~92퍼센트 수준까지 자신 있다고 말했다. 베테랑 선수인 데이브 바Dave Barr의 대답은 PGA 선수들의 전형이었다. "6피트 거리에서 최소 85퍼센트 이상 성공시키지 못한다면 상금을 따기 어려울 겁니다"라고 그는 말했다. 하지만 실제 평균 성공률이 54.8퍼센트에 불과하다는 말을 듣고

* PGA의 이 조사에서는 다른 흥미로운 점들도 밝혀졌다. 동일한 거리의 퍼팅이라도 버디를 시도할 때보다 파에 도전할 때의 성공률이 더 높았고, 몇몇 경우에는 그 차이가 더 벌어졌다. 특히 5피트(약 1.5미터) 퍼팅에서는 버디보다 파 성공률이 25퍼센트나 높았다. 이 사례는 아무리 뛰어난 골프 선수라도 심리적 압박감을 이겨내기란 쉽지 않음을 의미한다. 프로 농구선수들의 자유투를 조사한 사례에서도 이와 유사한 결과를 얻었다. Camerer(1998) 참조.

는 어리둥절한 표정을 지으며 나직이 말했다. "믿기지가 않네요."

앞서 살펴보았듯이 사람들은 자신을 실제보다 나은 존재로 평가하는 경향이 있다. 그러나 이른바 전문가들의 이력을 자세히 살펴보면 그들이 평판만큼 뛰어나지 않다는 사실을 깨닫게 된다. 특히 판단이나 예측 상황에 직면하여 그들이 이룬 성과를 유심히 관찰해보면 그들의 기대치보다 떨어질 때가 많다는 사실을 종종 발견할 수 있다. 뇌 손상을 진단하는 데 사용되는 정보를 임상 심리학자들과 그 조수들에게 제시하고 실험을 했다. 그랬더니 심리학자들의 진단과 조수들의 진단에 별 차이가 없었다.

금전적 조언을 얻기 위해 많이들 의존하는 증권 애널리스트 같은 경우는 더 심각하다. 애널리스트의 기업 실적 예측능력을 연구한 사례가 있다. 결론부터 말하면, 그들의 예측 정확도는 기대에 못 미쳤을 뿐 아니라 시간이 흐를수록 오히려 악화되었다. 1980년에는 예측이 빗나간 애널리스트의 비율이 30퍼센트였지만 1985년에는 52퍼센트로, 1990년에는 65퍼센트로 점점 늘어났다.*

다른 분야 전문가들의 예측 정확도를 조사한 결과도 크게 다르지 않았다. 캘리포니아 공과대학의 콜린 캐머러Colin Camerer 교수는 약 100건에 가까운 이런 연구 사례를 다시 고찰했다. "전문가다운 예측을 한 경우는 한줌에 지나지 않았습니다"라고 그는 결론지었다. 그

* 애널리스트들의 생각은 한쪽으로 치우칠 때가 많다. 1990년 당시에 약 95퍼센트의 애널리스트들이 투자자들에게 주식의 '매수' 또는 '보유'를 권고했고 '매도'를 주문한 경우는 전혀 없었다. 미국 최대의 증권중개회사인 메릴린치는 2008년부터 '시장 수익률 하회' 또는 '매도' 비율을 전체 포트폴리오의 20퍼센트 이내로 제한했다. Anderson & Bajaj(2008) 참조.

가 연구한 전문가 집단에는 대학입학사정관, 상습범죄 전문가, 의료 전문가 등 여러 직종이 포함되어 있었다. 일부 '전문가'들은 일반인에 비해서 정확하게 예측은 했지만 통계치와 비교하면 별로 나을 게 없었다.

"실망스러운 사실은 임상의학 부문의 전문가라는 사람들의 판단이 의학을 갓 접하기 시작한 초보자들과 별로 다를 게 없다는 점입니다"라고 캐머러는 말했다.

이런 사실을 아는 전문가들이라면 조금 더 겸손해질 필요가 있다. 하지만 그들은 그렇지 않다. 정치 전문가들의 예측 능력을 시험했더니 '전문가와 비전문가 모두 우리가 기대했던 확률보다 아주 조금 나은 수준에서 비슷한 결과를 보였다.' 그런데 두 집단 사이에는 분명한 차이가 있었다. 그것은 바로 겸손이었다.

"많은 전문가들은 자신이 실제보다 많이 안다고 생각합니다." 캐머러의 말이다. 심지어 전문가들은 그들 자신의 주장을 반박하는 명백한 근거에도 불구하고 '자신이 옳았다고 끝까지 고집하는 모습'을 보였다.

:: 연습 또 연습

이것이 소위 전문가들의 참모습이라면 자연스레 이런 의문이 떠오르게 마련이다. "전문가를 '진짜' 전문가답게 만들어주는 요소는 무엇일까?" 미국 공군도 이 문제로 고민한 적이 있었다. 그래서 탑건top gun으로 불리는 최고 조종사들을 관찰하면서 중요한 사실을 발견했다. 탑건은 대부분 생각이 매우 깊은 사람들이었다. 그들에게는 체스 챔피언들처럼 대여섯 수 앞을 내다보는 능력이 있었다. 다시 말해, 문제에 대해 남보다 빠르게, 남보다 깊이 생각하는 힘이 있다는 뜻이다. 그렇다면 그들은 이런 능력을 어떻게 계발했을까?

보통은 뛰어난 기억력 덕분이라고 플로리다 주립대학교의 앤더스 에릭슨K. Anders Ericsson 교수는 말한다. 웨이터에서 체스 선수, 비행기 조종사, 음악가에 이르기까지 다양한 분야의 전문가들을 30년 넘게 연구한 그는 분야에 상관없이 이들에게서 몇 가지 공통점을 발견할 수 있었다. 첫째, 전문가들은 어려서부터 두각을 나타냈다. 세계적인 권위자들 중에는 여섯 살이 되기 전에 그 분야에 본격적으로 진출한 이들이 많았다. 하지만 신체적이든 정신적이든, 타고난 능력은 우리가 생각하는 만큼 큰 영향을 미치지 못했다. 예를 들어 예술과 과학 등의 분야를 연구한 결과, 지능지수IQ가 개인의 능력을 형성하는 데 기여한 수준은 미미했다. 스포츠에서도 마찬가지였다. 키를 제외하고는, 세계적인 선수로 성장하는 데 영향을 미치는 선천적 조건은 거의 없었다.

중요한 것은 연습이다. 세계적 권위자들은 지독한 연습벌레였다. 어느 분야에서든 세계적인 전문가가 되기 위해서는 10년 이상 부단하게 노력해야 한다는 것이 정설이다. 에릭슨과 그의 동료들이 연구한 전문가 집단 중에는 바이올리니스트들도 있었다. 청장년층의 일류 바이올리니스트들이 스무 살이 되기까지 소화한 연습 시간은 1만 시간 이상이었다. 반면에 동일 연령층의 이류 바이올리니스트 두 집단은 스무 살 때까지 각각 2,500시간과 5,000시간을 연습했다고 한다.

:: 머릿속의 대형 도서관

물론 연습만 열심히 한다고 해서 아무나 세계적인 수준에 이르지는 못한다. 경험과 전문성이 반드시 비례하지는 않는다. 즉 동일한 행위를 반복한다고 해서 반드시 더 나은 존재가 되는 것은 아니라고 에릭슨은 말한다. 연습이란 그 행위에 대한 기억력을 향상시키는 방향으로 진행되어야 한다. 장기간에 걸친 정확하고 신중한 연습만이 특별한 지식의 보고寶庫, 즉 머릿속에 소중한 지식의 도서관을 만들 수 있다. 머릿속에 도서관을 보유한 전문가는 다른 이들이 인식하지 못하는 패턴을 재빨리 포착할 수 있다.

이런 능력은 오래전에 체스 선수들을 대상으로 한 여러 연구 사례에서 이미 입증되었다. 체스 선수들을 두 집단으로 나눈 뒤 한창 진행 중인 체스판을 잠시 보여주었다. 그중 한 집단은 명실상부한 체스 그랜드 마스터grand master들로 구성되어 있었다. 그들은 최고의 체스 대가들일 뿐 아니라 약 3만 시간의 경기 경력을 보유한 베테랑들이었다. 두번째 집단은 첫번째보다는 못하지만, 그래도 3,000시간

이상 경기를 해본 체스 전문가들이었다. 그랜드 마스터들은 진행 중인 체스판을 힐끗 보고도 거의 모든 말의 위치를 정확히 기억했다. 반면에 두번째 집단은 마스터들에 비해 정확도가 크게 떨어졌다. 그들은 평균 50~70퍼센트의 말 위치만을 정확히 기억했다.

이런 차이는 어디서 오는 것일까? 단순히 그랜드 마스터들의 기억력이 좋아서가 아니다. 연구진은 두 집단을 다시 시험했다. 이번에는 말을 체스판 위에 아무런 의미 없이 무작위로 배치했다. 그러자 마스터들이나 전문가들이나 별 차이가 없었다. 즉 그랜드 마스터들의 기억력은 말의 위치가 의미가 있을 때만, 다시 말해 그들의 머릿속 도서관 속에 인식된 패턴일 때만 발휘된다는 뜻이다.

이처럼 각 분야 전문가들의 머릿속에는 커다란 도서관들이 하나씩 있기 때문에 이들은 상황을 빠르게 이해하고 문제점도 재빨리 파악할 수 있다. 예컨대 마스터 수준의 체스 선수들은 눈을 감고 경기를 하더라도 실력에 별 차이가 없다고 한다. 전문 피아니스트들도 연주 중인 음악의 작은 실수까지 포착하며, 무엇을 어떻게 고쳐야 하는지도 거의 반사적으로 파악한다.

:: 인식 지도

70여 년 전, 작고한 캘리포니아 대학교 버클리 캠퍼스의 에드워드 톨만Edward Tolman 교수가 일련의 실험을 진행했다. 톨만은 동물 인지

능력 연구 분야의 창시자이자 권위자이다. 동물의 머릿속에서 벌어지는 일들에 관심이 많았던 그는 획일적인 상황에서 동물들의 반응을 관찰하는 것만으로는 만족하지 못했다. 그가 알고 싶었던 것은 동물들이 특정한 반응을 보이는 '이유'였다. 그 이유를 밝히기 위해 그는 일련의 실험을 고안했다.

한 실험에서 톨만은 쥐들을 미로 속에 집어넣었다. 여러 갈래의 꼬불꼬불한 길 중에서 한 갈래만 먹이로 이어지는 미로였다. 실험용 쥐들에게 모두 다섯 번씩 기회를 주었다. 그런 다음 미로의 형태를 조금 바꿨다. 먹이를 종전과 같은 곳에 두되 먹이에 이르는 원래의 길을 막았다. 대신에 바퀴살처럼 중앙에서 외곽으로 퍼져나가는 길을 만들었는데, 그중 하나가 먹이에 이르는 지름길이었다. 톨만이 이 실험에서 궁금했던 것은 과연 쥐들이 지름길을 택할 수 있느냐는 것이었다.

실험 결과, 쥐들은 대체로 지름길을 찾아냈다. 전체 실험쥐 가운데 3분의 1 이상이 18갈래의 길 중에서 지름길을 찾아냈다. 쥐들이 미로를 바라보는 것은 마치 체스 마스터들이 체스판을 바라보는 듯한 느낌을 주었다. 즉 상황을 일종의 의식적 패턴으로 인식한 후에 여러 대안 중에서 최선의 경로를 선택한 것이다. 쥐들은 톨만의 표현대로 상황에 대한 '인식 지도'를 만들어 효과적으로 경로를 발견하고 보상을 손에 넣었다.

사람도 이와 같다. 우리 인생의 많은 부분은 결국은 치즈로 향하는 지름길을 찾는 과정이라고 할 수 있다. 하지만 우리는 그 길을 얼마나 정확히 찾았던가? 불행히도 우리 대부분은 전문가가 아니다. 우리에게는 대형 도서관이 존재하지 않는다. 그리고 수천 시간, 수만 시간씩 연습을 하지도 않았다. 게다가 우리는 생각이 그리 깊은 사람들도 아니다. 이런 우리가 하루에 수없이 직면하는 문제들을 어떻게 다 해결할 수 있을까? 하지만 우리에게도 인식 지도는 있다. 비록 전문가들의 그것처럼 조직적이고 전문적이지는 못하더라도 말이다. 술 한 잔 마시고 냅킨에 아무렇게나 그린 그림처럼 너저분하기는 하지만 그래도 우리에게는 분명히 지도가 있다.

워싱턴 주 벨뷰에서 소프트웨어 컨설턴트로 일하는 스티브 맥코넬Steve McConnell의 예를 살펴보자. 그가 7학년 때 미술 선생님이 학생들에게 한 가지 제의를 했다. 선생님의 지시에 충실히 따르는 학생들은 미술 재능과 상관없이 B학점을 주겠다는 것이었다. 약 100킬로그램의 거구에 해병대 출신이기까지 한 미술 선생님은 매주 한 번씩 이 사실을 학생들에게 상기시켰다. 시키는 대로만 하면 최소한 B학점을 받을 수 있었지만, 결과는 의외였다. 너무 많은 학생들이 그 이하의 학점을 받았던 것이다. 학생들의 작품을 살펴본 맥코넬은 학생들이 자신의 지침을 따르지 않은 이유가 미술적 시각차 때문은 아니라고 판단했다. 그의 표현대로, 학생들은 "무언가 잘못하고 있는 게 아닌가" 하는 의구심 때문에 선생님의 지침을 엉뚱하게 해석했던 것이다.

우리도 살아가면서 이런 경험을 할 때가 많다. 연구에 따르면, 사람들은 설명서를 제대로 읽지 않을뿐더러 읽어도 무시하거나 잘못 이해하는 경우가 많다고 한다. 예컨대 한 실험에서 성인 24명에게 일상에서 사용하는 가정용 전기 플러그와 전선을 연결하게 했다. 그런데 시도하기에 앞서 귀찮더라도 설명서를 찾아본 사람은 24명 중에서 10명뿐이었다. 10명 중 7명마저도 설명서의 전선 색상 부분만 확인하고 나머지 내용은 무시했다. 결국 이 실험에서 전선과 플러그를 제대로 연결한 사람은 다섯 명에 불과했다.

설명서 내용이 매우 중요한 상황에서도 사람들은 좀처럼 관심을 보이지 않는다. 모의 배심원들을 모집한 뒤 판사의 지침을 얼마나 이해하는지 평가하는 실험을 해보았다. 결과는 실망스러웠다. 모의 배심원들이 판사의 지침을 이해한 수준은 평균 12퍼센트에 지나지 않았다.

오히려 사람들은 어려운 길을 자초한다. "무척이나 생소한 상황에서도 사람들은 깊이 생각하기보다 행동을 먼저 시작하려고 합니다." '전기 플러그 연구'를 시행했던 한 연구원의 말이다.

:: 못을 머리에, 심장에, 목에

이 편향을 설명할 때 내가 자주 드는 예가 네일건nailgun, 못총 사고다. 네일건은 나무에 못을 박기 위한 용도로 압축공기를 사용하기 때문에 자칫하면 사람의 몸에 못이 박힐 수도 있다. 미국 질병통제예방센터CDC에 따르면, 미국에서 한 해에 일어나는 네일건 사고가

3,700건에 이른다고 한다. 그중 상당수는 손이나 손가락에 못이 박히는 사고다. 하지만 못이 표적을 크게 빗나가는 경우도 자주 있다. 실제로 경동맥에 못이 박힌 남자가 있었는가 하면, 어느 10대는 심장에 박혀 사망할 뻔한 사례도 있다. 심지어 자기 머리에 두 번이나 네일건을 쏜 50세의 남자도 있었다. 응급실로 실려온 그는 머리가 깨질 것 같다며 극심한 고통을 호소했다고 한다. 의사들이 급히 X선 촬영을 했더니 아니나 다를까 그의 머릿속에서 못이 두 개나 발견되었다. 다행히도 여기서 소개한 세 명은 무사히 치료를 마쳤다.

그런데 이런 사고는 해마다 급증하고 있다. 2001년과 비교해 2005년 CDC에 신고된 네일건 사고 수는 거의 두 배에 이르렀다. 왜 그럴까? 물론 판매량이 늘어난 탓이 크다. 네일건의 가격이 저렴해지고 사용이 빈번해지면서 사고도 덩달아 급증했다.

하지만 네일건 사고를 유심히 분석한 CDC는 또 다른 사실에 주목했다. 사고가 빈번한 경우를 살펴보니 부상자들은 대부분 전문 건설업자들이 아니었다. 그들의 사고율은 비교적 일정했다. 네일건으로 손발을 다친 사람들의 상당수는 스스로 가사를 손보던DIY 일반인들이었다.

:: 700쪽이나 되는 사용설명서

DIY 소비자들이 설명서를 읽기보다 굳이 힘든 길을 선호하는 이

유도 납득이 간다. 2차 세계대전 이후로 공업이 크게 발달하면서 새롭고 다양할 뿐 아니라 복잡한 제품들이 속속 출시되었다. 시각적 인식을 연구했던 심리학자 어빙 비더먼Irving Biederman은 평범한 성인들 주변에 '눈에 쉽게 띄는' 물건의 수가 3만여 가지에 달한다고 추정한다. 인지 심리학자인 도널드 노먼Donald Norman은 그 수를 2만여 가지로 조금 줄였다. 어느 조사가 사실에 가깝든 적지 않은 수치다. 그리고 대부분은 설명서가 따라다닌다. 심지어 요즘에는 옷에도 설명서가 붙어 있다. 1951년에 시셀 매뉴팩처링 컴퍼니에서 최초의 회전식 건조기를 출시하기 전만 하더라도 스웨터를 건조기로 돌려도 되는지 사람들은 정확히 알지 못했다. 그러다가 1971년부터 연방정부에서 의류의 세탁 방식을 표기하도록 규제하면서 지금처럼 옷에 작은 표식이 붙게 되었다.

사용설명서 중에는 마치 한 권의 소설에 버금갈 정도로 내용이 많은 것도 있다. 메르세데스 벤츠의 S-클래스 승용차(10만 3,895달러)를 구입할 때 제공되는 설명서는 무려 700쪽이나 된다. 물론 이 많은 내용을 모두 읽는 운전자는 거의 없을 것이다. 그 때문에 설명서에서 경고한 사고가 심심찮게 일어난다. 한 예로, 몇 년 전에 스바루Subaru 미국법인에서 자사 자동차의 품질에 대해 소비자들의 불만을 접수했다. 그런데 상황 파악에 돌입한 이 회사 경영진은 그 문제가 자동차에 있지 않고 소비자들 탓이라는 사실을 알아냈다. 설명서를 제대로 읽지 않아 작동 요령을 정확히 몰랐기 때문에 발생한 문제였던 것이다. 실제로 스바루의 콜센터로 걸려오는 문의전화 다섯 통중 한 통은 바로 이 문제와 관련된 것이었다. 사용설명서에 그 해답이 버젓이 있었는데도 말이다.

설명서를 무시한 대가가 그저 한번 웃고 넘어갈 정도로 경미하다면 문제될 것도 없다. 그러나 그 대가가 치명적이라면 이야기가 달라진다. 카시트의 중요성을 강조하는 수많은 공익광고에도 불구하고(카시트만 제대로 장착해도 자동차 사고로 인한 아동 사망률을 71퍼센트나 줄일 수 있다) 여전히 카시트를 엉터리로 장착하는 부모들이 많다. 미국 연방정부의 조사에서도 카시트의 '심각한 오용' 사례가 73퍼센트에 달했다. 즉 네 개 중에 거의 세 개가 잘못 장착되어 있는 셈이다. 왜 부모들은 이런 실수를 습관적으로 반복할까?

"지침을 제대로 따르지 않기 때문입니다." 카시트 조사를 주도한 연구원 래리 데시나Larry Decina의 말이다. "오늘밤에 당장 자동차 설명서를 찾아보세요. 그리고 설명서의 분량이 얼마나 되는지도 살펴보세요. 아마도 상당할 겁니다. 그 많은 내용을 사람들이 다 읽을까요? 한가한 사람이라면 그럴지도 모르지요. 하지만 바쁘게 살아가는 현대인들이 과연 그럴까요?"

할 일이 산더미처럼 많은데 한가로이 설명서나 읽고 있을 사람은 없다. 그래서 구입한 물건의 사용 방법도 자기 머리에서 짜낼 때가 많다. 하지만 전문가들과 달리 보통 사람들의 사고방식은 그리 전문적이지 않기 때문에, 자칫 치명적인 실수로 이어질 수도 있다. 한 예로 어떤 장치의 작동방식에 대한 우리의 직관이 항상 옳지만은 않다. 그 장치가 움직이는 것일 때는 더더욱 그렇다. 많은 사람들은 뉴

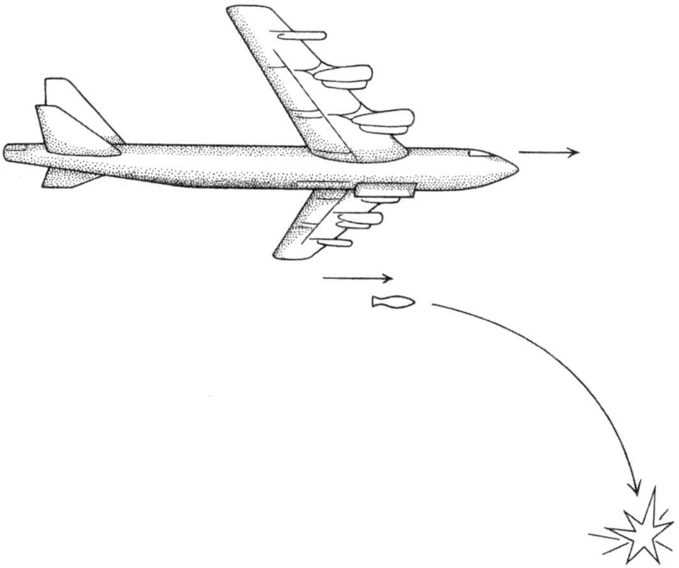

턴이 탄생하기 300년 전에나 유행하던 물리학 이론들을 여전히 신봉한다. 그 사실을 입증하는 전형적인 예가 비행기의 폭탄 투하 실험이다. 날아가는 비행기에서 폭탄을 떨어트릴 때 폭탄은 어느 방향으로 떨어질까?

대다수 사람들은 폭탄이 수직으로 떨어지거나 비행기 뒤쪽으로 떨어져 내릴 것으로 생각한다. 그러나 실제로는 정면으로 곡선을 그리며 떨어진다. 일반인뿐 아니라 물리학과 학생들조차도 착각하는 경우가 많다. 그래서 '수직낙하 효과straight-down effect'라는 말까지 생겼다. 이런 착오는 우리 일상에서 매우 흔하게 일어난다. 미식축구에서 러닝맨이 열심히 달리다가 공을 떨어뜨린 장면을 떠올려보자.

그때 공이 어느 방향으로 떨어졌던가? 비행기에서 떨어진 폭탄과 같은 방향이다. 이 질문을 보스턴 스쿨의 6학년생들에게 했더니 정답을 맞힌 비율은 겨우 3퍼센트에 불과했다.

:: 한 가지 재주뿐인 조랑말

다른 무언가에 의존하지 않고 스스로 해결하려 할 때 생기는 또 다른 문제점은 자신이 '재주가 하나뿐인 조랑말one-trick pony'이 될 수도 있다는 사실이다. 사람들은 무언가를 처리하는 방법을 배우고 나서는 그 방식 하나에만 집착하는 경향을 보인다. 이 같은 성향을 심리학자들은 '기능적 고착functional fixity'이라고 부른다. 이 성향에 대해 반세기 전에 시행된 유명한 연구 사례가 있다. 실험 방식은 간단했다. 에이브러햄 루친스와 에디스 루친스Abraham & Edith Luchins 부부는 피험자들에게 각각 용량이 다른 항아리 세 개 중에서 하나를 채우게 했다. 이를테면,

A항아리에는 21컵의 물을 담을 수 있다.
B항아리에는 127컵의 물을 담을 수 있다.
C항아리에는 3컵의 물을 담을 수 있다.

어떻게 하면 정확히 100컵의 물을 얻을 수 있을까? 해답은 다음과 같다.

1. B항아리에 127컵의 물을 담는다.
2. B항아리에서 21컵을 A항아리에 붓는다. 그러면 B항아리에는 106컵만 남는다.
3. B항아리에서 3컵을 C항아리에 붓는다. 이제 B항아리에는 103컵만 남는다.
4. C항아리의 물을 부어버리고 다시 B항아리에서 3컵을 담는다. 그러면 B항아리에는 정확히 100컵만 남게 된다.

그다지 쉬운 문제는 아니다. 하지만 피험자들은 몇 번을 고민한 끝에 해답을 알아냈다. 또한 이 문제의 패턴을 인식하고 나서는 이와 동일한 패턴(B항아리에서 A를 채우고 다시 C를 두 번 채우는 방식)의 다른 문제들도 무리 없이 풀어냈다.

이번에는 문제에 변화를 주었다. 패턴은 이전과 비슷했지만 해결방식은 훨씬 단순한 문제였다. 예컨대 항아리 A에 14컵, B에 36컵, C에 8컵을 담을 수 있다고 할 때, 정확히 6컵을 얻기 위해서는 어떻게 해야 하느냐는 문제였다. 해답은 훨씬 간단하다. A항아리에서 8컵을 C항아리에 부으면 바로 해결된다.

연구진은 이런 식의 실험을 수없이 반복했다. 그랬더니 놀라울 정도로 비슷한 결과가 도출되었다. 즉 피험자들의 64~83퍼센트는 더 새롭고 간단한 방법이 있는데도 처음에 인식했던 복잡하고 고리타분한 방법에 집착했다.

그런데 여기서 또 다른 반전이 있다. 루친스 부부가 첫번째 실험에 참여하지 않은 피험자들에게 바로 두번째 실험을 적용하자 그들 대부분이 곧바로 쉬운 방법을 찾아냈다. 쉬운 방법을 찾지 못한 피험자들은 1~5퍼센트 이내였다.

루친스 부부는 이 실험에서 분명한 결론을 얻었다. 첫번째 실험에 참여한 사람들은 사고방식이 고착되어 새롭고 손쉬운 해결책에 눈을 뜨지 못했다. 그러나 두번째 실험에 곧바로 참여한 사람들은 더 간단한 해결책을 찾아냈다.

:: 틀에 박힌 사고에서 벗어나라

인간은 당면한 문제를 해결할 때 그리 창의적인 편은 아닌 것 같다. 특히 현재와 비슷한 상황을 과거에 겪으면서 그 해결책을 이미 학습한 상황에서는 더더욱 그러하다. 비교적 해결하기 쉬운 상황에서도 이런 경향은 뚜렷이 드러났다. 집에서 친구와 함께 손쉽게 할 수 있는 한 가지 실험을 소개해본다. 벽에 흠집이 생겨도 괜찮다면 이 방법을 직접 실행해보기 바란다. 방법은 이렇다. 먼저 아무런 의심이 없는 친구에게 성냥과 압정상자, 양초를 준다. 그리고 과제를 낸다. 친구가 해결해야 할 과제는 '양초를 벽에 붙이는 것'이다.

이 과제를 해결하려 할 때 많은 사람들은 양초를 압정으로 벽에 붙이려는 생각부터 한다. 그러나 압정 길이에 비해 양초가 너무 두껍기 때문에 이 방법은 곤란하다. 아니면 양초를 녹여 벽에 붙이는 방법을 생각한 사람도 있을 것이다. 그리고 매우 드물겠지만 압정상자를 양초 받침대로 활용할 방법을 생각한 사람도 있을 것이다. 압정으로 상자를 벽에 고정한 다음 그 위에 양초를 올리는 식이다. 하지만 대다수 사람들은 이 상자를 압정상자로 생각할 뿐 그 위에 양초를 올릴 생각은 하지 못한다. 이른바 틀에 박힌 사고에서 벗어나지 못하기 때문이다.

SOTP
delete
SHCOOL

12

인간은 스스로를 제약하지 못한다

WHY WE MAKE MISTAKES

실수를 줄이는 한 가지 방법은 '제약'이다. 제약이란 무엇인가? 그것은 우리가 가진 다른 대안들을 제한함으로써 정도正道를 유지하게 도와주는 의식적 도구로 정의된다. 나 역시 제약을, 정해진 코스로 주행할 수 있게 도와주는 일종의 '범퍼'와 같다고 생각한다. 달리 생각하면, 제약은 실수를 막아주는 차단막이기도 하다.

제약은 형태와 크기가 제각각이다. 형체가 있는 것도 있고 없는 것도 있으며, 색깔이나 냄새가 있을 수도 있고, 눈으로 보거나 소리로 판단할 수도 있다. 예를 들어 붉은색은 제약을 표현하는 색으로 쓰기에 좋다. 사람들은 붉은색을 보고서 행동을 중단해야 할 듯한 느낌을 받기 때문이다. 무언가를 제약하기 위해 음악을 사용할 수도 있다. 예컨대 국가를 들으면서 국민들은 이 노래를 잊어서는 안 될 듯한 느낌을 받는다.

이른바 이런 제약 도구들은 형체가 분명할 수도, 애매할 수도 있다. 정교하게 디자인된 제품이라면 심지어 그 물건 어느 부분에 제약이 내포돼 있었는지조차 눈치채지 못할 것이다. 가위를 생각해보자. 가위의 어느 부분이 효과적으로 제약을 이끌어내는지 찾을 수 있겠는가? 손잡이 구멍의 크기와 모양이 바로 그것이다. 한쪽은 둥

글고 엄지손가락 하나가 들어가기에 적당한 크기이며, 다른 한쪽은 길쭉해서 나머지 네 손가락이 모두 들어갈 수 있다. 이 두 구멍 덕분에 우리는 가위를 안전하게 붙잡고 효과적으로 통제하며 사용할 수 있다.

제약과 유사한 개념 중 하나가 '유도誘導'다. 사용방식을 유도하는 것도 결국은 사용방식을 제약하는 것과 비슷하다. 유도의 방식도 다양하다. 제품의 형태, 구조, 크기 등을 통해 사용방식을 유도할 수 있다. 예를 들어 공은 바닥에 튀기거나 던지기에 좋은 생김새다. 자동차의 운전대는 돌리기 좋게 되어 있고, 현금 투입구에는 슬롯slot이 있어 지폐를 밀어 넣기에 편하다. 처음 접한 물건도 유도의 의미만 잘 이해하면 그것의 기능과 작동 방식을 쉽게 이해할 수 있다.

제약과 유도의 효과를 가장 잘 활용한 제품으로 레고 블록을 들 수 있다. 블록 중에서도 원통형 돌출 부분과 구멍은 물리적 제약 도구로 작용된다. 따라서 두 부분을 맞물리는 방법 외에는 다른 어떤 방식으로도 블록을 결합시킬 수 없다. 벨크로도 좋은 예다. 특정 제품에 벨크로가 붙어 있다는 것은 두 부분을 붙이라는 유도의 의미를 담고 있다. 이 외에도 플라스틱 원반에서 훌라후프, 포스트잇 메모지에 이르기까지 많은 제품들이 유도 효과를 이용한다. 굳이 설명서가 없어도 사람들은 이 제품들의 사용법을 쉽게 이해하며, 더 중요한 것은 실수 없이 사용할 수 있다는 점이다.

그렇지만 우리가 평소에 사용하는 많은 물건들 중에는 기능적 설계 측면에서 부족한 것도 많다. 큰 건물의 유리문을 들어서면서 밀어야 할지 당겨야 할지 고민했던 경험이 누구나 한 번쯤은 있을 것이다. 이것은 유리문을 제작할 때 제약 도구를 제대로 적용하지 못한 탓이다. 이런 경우 때문에 일어나는 실수는 별 문젯거리도 아니다. 잠시 헷갈려하며 문을 밀었다 당겼다 하는 것이 전부이니까 말이다.

:: 같은 실수의 반복

그러나 효과적인 제약 도구가 없다면 자칫 이보다 더 심각한 실수를 낳을 수도 있다. 2007년 11월, 쌍둥이 신생아들의 생명을 위태롭게 했던 한 사건이 좋은 예다. 그해 11월 8일, 토머스 분 퀘이드와 조 그레이스 퀘이드 쌍둥이가 조산으로 세상에 태어났다. 며칠 뒤, 두 아기는 부모와 함께 병원을 떠나 집으로 향했다. 부모는 영화배우인 데니스 퀘이드와 킴벌리 퀘이드였다. 그런데 쌍둥이가 집에 온 지 며칠 지나지 않아 병원균에 감염되었다. 11월 17일, 소아과 의사는 퀘이드 부부에게 쌍둥이를 미국에서 가장 유명한 병원 중 하나인 로스앤젤레스의 세다르 시나이 의료센터로 옮기도록 권유했다. 사건은 바로 이곳에서 일어났다.

다음 날인 11월 18일, 의료진은 혈액 응고를 방지하는 헤파린이 과다 처방된 주사약을 쌍둥이에게 두 번이나 주사했다. 헤파린은 유아의 정맥 주사에 사용되는 튜브 내부를 청소하는 데도 종종 사용된다. 문제는 병원 간호사들이 오전 11시 30분과 오후 5시 30분에 주사하는 과정에서 기준치보다 무려 천 배나 많은 양의 헤파린을 잘못 투여했다는 점이다. 즉 1밀리리터에 보통 10단위가 정량인 데 비해 간호사들은 1밀리리터에 무려 만 단위를 투여한 것이다.

어떻게 이런 실수가 그것도 두 번이나 반복되었을까?

'인간의 오류' 때문이었다. 병원 측은 간호사들이 주사약의 라벨을 제대로 확인하지 않은 바람에 '예방 가능한 실수'를 저질렀다고 인정했다.

하지만 그보다는 약병의 제약 효과가 부족했다는 설명이 훨씬 설득력이 있다. 라벨만 10단위와 만 단위로 구분되어 있을 뿐 약병의 크기와 생김새는 같았고, 라벨 색깔도 약간의 명암 차이가 있을 뿐 모두 파란색 계열이어서 얼마든지 혼동될 수 있었다. 실제로 두 약병을 혼동하여 문제가 된 사례는 2001년부터 2006년 사이에 무려 1만 6,000건이나 보고되었다. 2006년에는 인디애나폴리스의 한 병원에서 퀘이드의 아이들과 유사한 헤파린 과다 처방으로 유아 세 명이 사망했다. 이런 식의 사건이 계속 발생하자 헤파린 제조회사인 백스터 헬스케어Baxter Healthcare는 이런 경고 문구를 라벨에 포함시켰다. "두 가지 헤파린 제품을 혼동할 경우 치명적인 의료사고를 일으킬 수 있습니다."

이후 백스터는 약효가 강한 헤파린 제품의 라벨을 파란색에서 붉은색으로 바꾸었다. 그러나 라벨을 교체한 때는 2007년 10월로, 퀘이드의 아이들에게 사고가 발생하기 불과 한 달 전이었다. 약병의 라벨이 공식적으로 바뀌었지만 세다르 시나이 의료센터를 포함한 많은 병원에서 보유하고 있던 구형 약병들까지 회수되지는 않았다. 헤파린이 너무 많이 투여된 탓에 쌍둥이의 혈액은 비정상적으로 묽어졌고, 간호사는 정맥 주사기를 꽂은 조의 팔에서 흘러나온 피가 자신의 신발 뒤꿈치에 묻은 것을 보고서야 비로소 문제를 알아차렸다. 쌍둥이의 혈액은 헤파린의 약효를 상쇄할 수 있는 다른 약물 처리를 한 후에야 정상 수준을 회복했다. 그리고 중환자실에서 17일을 보내고서야 아이들은 정상으로 회복되어 집으로 돌아왔다.

:: 이름이 문제가 아니라 속에 든 것이 중요하다

퀘이드 가家의 쌍둥이에게 약물을 과다 투여한 사건이 보도된 지 몇 달이 지난 2008년 초, 미국 식품의약국은 혼동하기 쉬운 다른 두 약품을 제조하는 제약회사에 주의 조치를 내렸다. 두 약품에서 문제가 된 것은 포장의 형태라기보다는 약품의 명칭이었다. 두 약품의 명칭은 에데테이트 디소디움Edetate Disodium과 에데테이트 칼슘 디소디움Edetate Calcium Disodium이었다. 하나는 혈액의 칼슘 수치가 높은 환자에게, 다른 하나는 납중독을 치료하는 데 사용하는 약품이다. 그런데도 두 약품은 똑같이 EDTA라는 약어로 불렸다.

헤파린과 마찬가지로 EDTA의 문제점도 잘 알려져 있다. 미국 식품의약국은 납중독에 걸린 아동들에게 엉뚱한 약을 처방한 사례를 포함하여 지난 30년간 EDTA로 인한 아동과 성인의 사망 보고를 10여 건 접수했다. 2006년, 또 다른 연방기관인 미국 질병통제예방센터CDC는 사망 보고서의 내용을 구체적으로 언급했다. CDC에 따르면, 어느 자폐증 아동의 혈액 속에 존재하는 수은을 제거하기 위해 두 약물 중 하나를 잘못 투여했다가 사망에 이르게 했다고 한다.

미국에서 약품의 명칭을 승인하는 권한을 지닌 기관은 미국 식품의약국이다. 그런데 일부 처방약의 명칭에는 (제약이나 유도 등) 약품의 사용법을 의미하는 어떠한 실마리도 포함되어 있지 않다. 그중 상당수는 의미 파악은 둘째 치고 발음하기조차 쉽지 않다.

Zofran, Zosyn, Xigris, Cubicin……

모두가 실제 의약품의 실제 명칭들이다. 조프란Zofran은 항구토제이고, 조신Zosyn과 큐비신Cubicin은 항생제다. 또 시그리스Xigris는 패혈증 치료제다. 하지만 이름만 듣고는 이 약들이 어디에 쓰이는지 전혀 알 수 없다. 심지어 보드게임 이름이나 그리스 신화에 나오는 신神의 이름으로 오해하는 사람들도 있다.

물론 이의를 제기할 수도 있을 것이다. 약품이란 본래 전문적인 훈련을 받은 사람들이 사용하는 것이고 용법 또한 충분히 알 수 있기 때문에, 굳이 약품 명칭에 용법의 의미까지 담을 필요는 없다는 주장이다. 하지만 2교대로 일하는 간호사들이 약품 명칭만 보고도 그 용법을 파악할 수 있다면 오용 가능성도 훨씬 줄어들 것이다.

조종사들의 정상운행 방법

의사들이 보는 약품 라벨의 명칭과 비행기 조종사들이 차트에서 보는 명칭을 대조해보자. 조종사가 내슈빌에 도착하려면 PICKN*과 GRNIN** 및 HEHAW***를 거쳐야 한다. 이 세 가지는 상공에 고정되어 있는 점들로서, 조종사들은 테네시 주 내슈빌 국제공항에 이르기 위해 이 점들을 이용한다.

각 국가의 항공 당국들은 정규 항로를 설정하여 비행기를 안내한다. 그러기 위해 보통 다섯 문자의 코드로 된 운항점이라는 것을 만든다. 미국에서는 이 업무를 미국 연방항공청FAA에서 담당한다. 미국 식품의약국과는 달리 FAA는 특별한 의미, 특히 각 도시들의 잘 알려진 특징을 반영하여 명칭을 짓는다. 샌안토니오 상공을 지난다고 가정해보자. 이곳의 고정점 명칭은 ALAMO다. 여기서 올랜도로 향한다면 MICKI와 MINEE, GOOFY를 지나게 된다. 몇몇 명칭들은 약간 외설스러운 느낌을 주기도 한다. 서부에서 동부로 향하는 조종사들은 오리건 주 상공의 BUXOM****이라는 고정점을 지난다. 그리고 아이다호 주 상공에는 JUGGS*****라는 고정점도 있다.

원래부터 이런 의미 있는 명칭을 지은 것은 아니다. 오래전 FAA

---

* 소풍을 의미한다. —옮긴이

** 활짝 웃는 모습(grinning)을 구어로 표현한 것. —옮긴이

*** 히죽거리며 웃는 모습을 의성어로 표현한 것. —옮긴이

**** 살진 여성을 의미한다. —옮긴이

***** 얼간이를 의미한다. —옮긴이

는 고정점을 알리기 위해 모스 부호를 바탕으로 몇몇 문자들을 조합하여 의미 없는 명칭을 만들었다. 그러나 1976년부터 조종사들이 엉뚱한 항로로 들어서지 않고 안전하게 운항하도록 돕기 위해 다섯 문자로 된 발음하기 쉬운 명칭을 만들기 시작했다.

"우리는 쉽게 인식할 수 있는 명칭을 만들기 위해 애쓰고 있습니다." FAA에서 명칭 선정을 담당하는 부서에서 일하는 낸시 칼리놉스키Nancy Kalinowski의 말이다. "운항중에 불확실성이 존재한다는 것은 곧 위기상황을 의미하기 때문입니다."

:: 무결점 디자인에서 얻는 교훈

불확실성이 실수로 이어지는 것은 비단 항공 분야에만 해당되는 것이 아니다. 우리는 퀘이드 쌍둥이에게 투여된 헤파린 약병의 혼동에서 이를 알 수 있다. 비극에 이를 뻔했던 이 사건에서 우리는 인간이 왜 실수를 하는지에 대해 적어도 두 가지 교훈을 얻을 수 있다. 하나는 제품 디자인에서, 다른 하나는 실수의 속성에서 비롯된다. 일상에서 사용되는 많은 제품들은 필요 이상으로 복잡하고 때로는 그 사용법이 애매하여 인간의 실수를 유발한다. VCR이나 디지털시계 같은 것들이 좋은 예이다. 이런 제품의 사용법을 정확히 숙지하기란 대단히 어려운 일이다.

최근에는 VCR을 사용하는 경우가 많지 않지만, 그래도 우리 주변에는 필요 이상으로 복잡한 물건들이 넘쳐난다. 2001년, 고급 승용차의 대명사인 BMW는 7시리즈 모델에 당당히 아이드라이브iDrive 시스템을 적용했다. 작은 원통형으로 생긴 이 시스템은 날씨와 내비게이션 시스템을 포함해 잠금장치 및 전조등 설정에 이르기까지 700여 가지의 독립 기능들을 제어하는 역할을 한다.

그런데 예상과 달리 BMW 애호가들은 아이드라이브 시스템을 신랄하게 공격했다. 고객들의 불만은 자동차 전문지에도 여러 차례 등장했다. 무엇보다 사용법이 바로 와 닿지 않고 지나치게 복잡한 것이 문제였다. 가장 간단하다는 기능도 몇 단계를 거쳐야 했고, 그러는 사이에 운전자는 모니터를 보느라 도로에서 눈을 뗄 수밖에 없었다. 고객들의 불만이 몇 년 동안이나 끊이지 않자 BMW도 결국 고개를 숙였다. 그리고 2004년부터 아이드라이브의 '단순 버전'을 신모델에 장착하기로 발표했고 3시리즈 모델에는 옵션으로 적용했다.

이 사례에서도 분명한 교훈을 얻을 수 있다. 즉 최대한 단순화하고 실수를 예방할 제약 도구를 만들어야 한다. 백스터에서 헤파린에 대해 취한 조치도 결국은 이것이다. 백스터에서는 먼저 고용량 헤파린 병의 라벨 색상을 파란색에서 붉은색으로 바꿔 두 가지를 구분했다. 또한 고용량 헤파린 병에는 손으로 따는 형태의 뚜껑을 추가하여 간호사들이 저농도 헤파린과 쉽게 구분할 수 있게 했다. 마지막으로, 라벨을 더 크게 만들어 내용을 읽기 쉽게 하는 동시에 고용량과 저용량 헤파린 라벨의 문구도 달리했다.

:: 원인부터 찾아라

퀘이드 쌍둥이의 약물 오용 사례에서도 보았듯이, 인간의 결함에서 비롯되는 실수들은 그 원인이 다른 곳에서 연유한 경우도 있다. 사람들이 실수를 하고도 교훈을 얻지 못하는 이유도 그 때문이다. 다시 말해 근본적인 원인을 이해하지 못하기 때문이다.

원인을 찾아내는 일이 늘 쉽지만은 않다. 거실 천장에서 물이 새더라도 누수가 시작된 곳은 우리 눈에 보이는 지점에서 한참 떨어져 있는 경우도 많다. 인간의 실수도 마찬가지다. 실수의 원인을 분석하려면 인간이 가진 동기에 대해 깊이 이해해야 한다. 앞서 살펴보았듯이, 인간의 행동이 반드시 자기 의지대로 이루어지는 것은 아니다. 때로는 자신의 이익에 반하는 방향으로 행동할 수도 있다. 게다가 자신에게 편향이 존재한다는 사실조차 모르는 사람들도 많다. 과신, 뒤늦은 깨달음 등 여러 가지 이유로 인간의 판단은 왜곡된다.

진심으로 실수를 줄이고자 한다면 이런 점들을 기억해야 한다. 한 예로 어떤 제품을 사용할 때 스스로를 지나치게 과신하게 될 것 같다면 그 제품의 설계 단계부터 과신을 예방할 장치를 미리 준비하는 것이 현명하다. 헤파린을 과다 주입하여 유아 세 명을 사망케 한 인디애나폴리스의 감리교 병원에서 실제로 이런 처방이 내려졌다. 병원 측은 의료진이 두 약병을 혼동하지 않도록 만 단위 약병을 아예 주사기에 주입하여 보관했다. 또 헤파린을 신생아에게 주입하기 전에 반드시 의료진 '두 명'의 확인을 받게 했다.

고위험 직업군의 상당수가 이처럼 이중 안전장치를 도입했다. 한 예로 2004년부터 의사들이 수술할 때 엉뚱한 곳을 절개하는 실수를 예방하게 하기 위해 환자의 절개 부위를 사전에 지워지지 않는 펜으로 그려야 하는 의무가 더해졌다. 이렇게 하면 수술 담당 의사가 기억에 의존하지 않아도 된다. 비행기 조종사들도 오랫동안 이 같은 방법을 사용해왔다. 그들은 중요한 내용을 그저 기억에 맡기기보다 기억을 도와주는 간단한 물건인 체크리스트를 만들어 사용했다.

고위험 직업군이라고 보기 어려운 바텐더들도 손님의 주문을 정확히 기억하기 위해 기억력 이외의 다른 요소를 활용한다. 바텐더들이 복잡한 주문을 어떻게 다 기억하는지 궁금하지 않은가? 뉴욕 대학교의 연구진은 그 비밀이 술잔에 있다는 점을 밝혀냈다. 주문을 받으면서 술잔을 카운터에 올려놓으면 엉뚱한 술을 내놓을 확률을 많이 줄일 수 있다. 예를 들어 하이볼*은 하이볼 잔에, 샴페인은 길쭉한 샴페인 잔에 붓기 마련이다. 즉 술잔이 하나의 제약 도구가 되어 엉뚱한 술을 내놓지 않도록 도와주는 것이다.

:: 어디를 어떻게 바라보아야 하는가?

실수의 원인을 파악하려면 어디를 어떻게 보아야 할지를 이해해

---

* 위스키에 소다수를 넣은 칵테일.—옮긴이

야 한다. 무언가 잘못되었을 때 사람들은 '아래를 보는' 경향이 있다. 다시 말해 일련의 사건 중에서 맨 마지막으로 관련된 사람을 비난하고 그에게 책임을 묻는 식이다. 그러나 이렇게 해서 만족할 수 있을지는 몰라도 같은 실수를 (다른 사람이) 반복하는 것을 막을 수 없다. 퀘이드 쌍둥이에게 한 번도 아닌 두 번씩이나 엉뚱한 약물을 주입한 것도 그 때문이다. 여러 사람이 동일한 실수를 반복한다면, 그 실수의 원인부터 파악해야 한다. 그 원인은 개인이 아닌 조직에 있을 가능성이 높다. 따라서 이런 조직적인 실수의 원인을 찾을 때는 개인보다 그 위, 다시 말해 '아래'가 아닌 '위'를 바라보아야 한다.

실수의 많은 부분은 문화의 부산물이기도 하다. 사고뭉치를 꿋꿋이 인내하는 문화권도 있다. 그러나 그 반대도 있다. 미국 해군 같은 조직은 인내를 권장하지 않는다. 열악한 환경에서도 각자의 역할을 성공적으로 해내며 실수가 거의 없는 조직을 이른바 고신뢰성 조직High Reliability Organization, HRO이라고 부른다. 전문가들은 위험한 환경에서 끊임없이 이착륙을 거듭하면서도 거의 사고를 일으키지 않는 해군 항공대야말로 HRO의 전형이라고 말한다. 1999년 이후로 미국 해군에서 A급 사고(사망자 발생 또는 100만 달러 이상의 손실)는 10만 비행시간당 약 1.5건의 비율로 일어났다. 1950년대에 10만 시간당 약 50건의 A급 사고가 발생한 것과 비교하면 확연히 줄어든 수치다.

HRO를 자처하는 조직은 아주 많다. '무사고 ○○○일'이 적힌 플래카드가 나부끼는 직장에서 일하는 직원들이 부지기수다. 안전을 유별나게 내세우는 조직 중 하나가 병원이다. 병원들은 하나같이 안전을 내세운다. 하지만 어느 업종이 안전에 더 민감할까? 병원일까? 아니면 항공업계일까?

이를 알기 위해 '환자 안전' 분야의 저명한 학자 데이비드 가바 David Gaba와 스탠포드 대학교 및 해군 몬테리 대학원의 연구진이 15개 병원과 226개 해군 항공대를 대상으로 설문지를 배포했다. 설문지에는 모두 23개의 공통된 질문이 있었는데, 질문의 문장 구성은 제각기 달랐다. 예컨대 해군 조종사들을 대상으로 한 질문에서 '지휘관'으로 표현한 것을, 병원 관계자들을 대상으로 한 질문에서는 '병원 관리진' 또는 '우리 부서' 등의 표현을 사용했다. 그러나 질문의 본질은 다르지 않았다. 가바와 연구진은 답변서를 모아 특정 유형별로 분류했다. 예를 들어 '미심쩍은 대답'은 '안전 부재' 유형으로 구분했다. 그렇게 분석한 결과는 참으로 놀라웠다.

해군 조종사들의 '미심쩍은 답변' 비율은 5.6퍼센트에 지나지 않았던 반면에, 의사와 간호사들의 경우에는 세 배나 높은 17.5퍼센트나 되었다. 게다가 몇몇 질문에서는 병원 의료진의 미심쩍은 답변 비율이 조종사들에 비해 최고 12배나 높게 나왔다.

:: 태도와 실수

이 같은 차이에 대해 여러 가지로 설명할 수 있을 것이다. 군대와 달리 병원은 중앙집권적인 조직이 아니다. 병원에는 부하를 즉각 고용하거나 해고할 수 있는 장성도 없거니와, 의사들이 병원 안에서 자의적으로 움직이는 경우도 적지 않다. 가바는, 군대 지휘관들이 조직 속에서 안전 문화를 뿌리내리기 위해 많은 애를 썼고 또 큰 성과를 거둔 것과는 달리 병원의 리더들은 그렇지 않다고 결론지었다. "안전을 책임지려는 그들의 공개적 헌신은 조직 문화와 프로세스 속에 깊이 스며들지 못했다." 그는 또 이렇게 썼다. "그 때문에 병원에서는 이따금씩 안전이 등한시되기도 한다."

의사와 조종사의 태도 차이를 설명하는 또 하나의 요인을 업무 특성에서 찾을 수도 있다. 조종사와 달리 의사는 비행기를 몰고 지상으로 내려오지 않는다. 즉 조종사들은 실수를 줄이는 것만으로도 생명을 유지할 수 있다는 소중한 인센티브를 얻는다.

1950년대에 10만 비행 시간당 50건이나 발생했던 미국 해군의 A급 사고가 최근에 와서는 1.5건으로 줄어든 사실을 떠올려보자. 민간 항공업계에서도 이와 비슷한 변화가 있었다. 지난 10년 사이에 미국에서 발생한 치명적인 비행기 사고는 65퍼센트나 줄었다. 구체적으로 보면, 1997년에는 이륙한 비행기를 기준으로 거의 200만 대당 한 대의 비율로 치명적 사고가 발생했지만 2007년에는 약 450만 대당 한 대꼴로 줄었다. 이렇게 사고율이 줄어들자 미국 연방항공청

장은 퇴임사에서 이런 말을 했다. "지금은 인류 역사상 가장 안전한, 이른바 안전의 황금기입니다."

그렇다면 의사들의 과거와 현재는 어떨까? 의사들의 족적足跡을 확인할 방법은 여러 가지다. 그 한 가지 방법으로 시체 부검에서 얻은 수치를 소개한다. 부검 사례를 연구했더니 의사들이 치명적인 질병을 오진한 비율이 무려 20퍼센트에 달했다. 이는 다섯 번 진단 중 한 번은 오진이라는 뜻이며, 수많은 사람들이 오진을 받았다는 뜻이기도 하다. 그러나 더 놀라운 사실은 따로 있다. 오진 비율이 1930년대 이후로 전혀 낮아지지 않았다는 사실이다. 미국 의학협회저널은 "개선 없음!"이라는 제목으로 이 연구에서 밝혀진 사실을 요약했다.

물론 개선이 없는 이유도 여러 가지일 것이다. 의료 과실에 대한 내용을 책으로 쓰자면 몇 권을 가득 채워도 모자랄 것이다(미국에서 매년 의료 과실로 사망한 것으로 추정되는 환자 수는 4만 4천 명에서 9만 8천 명 정도이다. 다양한 사망 원인 중에서 의료 과실이 여덟번째를 차지한다). 게다가 인체는 비행기보다 훨씬 복잡하다.

여기서 '태도'란 것을 다시금 생각해보자. 조종실에 있는 조종사와 수술실에 있는 의사의 태도는 당연히 다르다. 수술실은 의사가 가장 높은 위치에 있는 위계적인 환경인 데 비해 조종실은 조금 다르다. 보통 조종실의 승무원은 기장과 부기장, 항법사로 구성되며, 무언가 이상한 점이 발견될 때는 직급에 상관없이 즉각 보고하게 되어 있다. 따라서 잠재적 실수의 가능성에 대해 모두가 그 책임을 공유하게 된다.

태도의 차이는 최근에 미국과 유럽, 이스라엘의 조종사, 의사, 기타 의료기관 관계자 등 수만 명을 대상으로 한 조사에서도 확인되었다. 연구진이 던진 질문 중에서 가장 인상적인 내용은, '하급자가 상급자의 판단에 서슴없이 의문을 제기할 수 있게 한다면, 과연 받아들일 수 있는가?' 라는 질문이었다.

이 질문에 대해 비행기 조종사들은 거의 전부인 97퍼센트가 '그렇다'고 대답했다. 그러나 같은 질문을 받은 의사들은 55퍼센트만이 긍정적으로 답했다.*

이런 차이는 승무원 자원 관리Crew Resource Management, CRM라고 불리는 근대 항공기 안전과학 덕분이기도 하다. 승무원 자원 관리는 1978년 오리건 주 포틀랜드 인근에서 발생한 비행기 사고 이후에 전 세계 승무원들이 교육받고 있는 내용이다. 사고 원인을 밝히는 것은 어렵지 않았다. 공항을 불과 10여 킬로미터 앞두고 유나이티드 항공사의 DC-8편의 연료가 바닥났다. 항공 기관사가 그 사실을 알았지만 기장에게 신속히 보고하지 않는 바람에 사고에 대처할 시간적 여유를 허비하고 말았다. 이 사고로 189명의 승객과 승무원 중 10명이 사망했다. 그리고 이 사건 이후로 조종사들은 승무원들과의 의사소통 및 협력 요령에 대해 새롭게 교육받았다. 오늘날 승무원 자원 관리는 항공업계의 표준으로 자리 잡았고, 전 세계의 모든 승무원들에

* 조종사들은 자신의 한계를 인정하는 데에도 상대적으로 적극적이었다. "몸이 피곤할 때에도 위기 상황에 효과적으로 대처할 수 있는가?"라는 질문에서 의사들은 70퍼센트가 긍정적으로 답했지만 조종사들은 불과 26퍼센트만이 '그렇다'고 답했다. Sexton, Thomas & Helmreich(2000) 참조.

게 이를 가르치고 있다.

:: 치명적 수술

애매한 태도나 팀원 간의 협력 부족 등이 어떻게 실수로 이어지는지를 명확하게 규명하기란 어렵다. 런던 임페리얼 대학의 임상안전 연구팀 교수인 찰스 빈센트Charles Vincent는 한 가지 충격적인 사례를 보여주었다. 미국 보건의료연구소AHRQ의 의뢰를 받은 그는 침윤성 외음부암 진단을 받은 33세 여성의 수술 과정을 재조사했다. 의사들은 암세포를 제거하기 위해 여성 음문陰門의 절반을 제거하는 응급 수술을 권유했다.

환자가 전신마취에 들어간 뒤 병원 수련의가 차트를 다시 한 번 살폈다. 차트에 기록된 현미경 조직검사 결과를 봐서는 암세포가 음문 왼편에 증식하고 있었다. 수련의가 그 부분을 절제하려는 순간, 지켜보던 지도교수가 그를 제지했다. 그러고는 오른쪽 부분을 절제해야 한다고 말했다.

지도교수의 말에 수련의는 순간 멈칫했다. 그는 차트를 보면 암세포가 오른쪽이 아닌 왼쪽에 있다고 교수에게 말했다. 그런데도 교수는 뜻을 굽히지 않았다. 그는 자신이 직접 조직검사를 담당하면서 암세포의 위치가 오른쪽에 있음을 정확히 확인했다고 수련의에게 말했다. 지도교수가 강하게 주장하자 수련의는 결국 교수의 말에 따라 음문의 오른쪽 절반을 절제했다.

절차에 따라, 절제 부위의 세포조직을 병원 연구실로 보내 암세포 여부를 확인했다. 그런데 검사를 담당한 병리학자는 놀라지 않을 수 없었다. 암세포를 전혀 발견할 수 없었던 것이다. 이 소식을 들은 수련의는 지도교수를 찾아가 엉뚱한 부위를 절제했다며 실수를 알렸다. 그런데도 교수는 실수를 인정하지 않았다. 오히려 그는 원래의 조직검사표의 라벨이 잘못 붙여졌을 것이라고 주장했다.*

수술 후에 일상적으로 이루어지는 조직검사를 받기 위해 환자가 다시 방문했을 때, 지도교수는 그녀의 음문 왼편의 조직에서 암세포를 확인했다. 결국 환자는 다시 수술을 받았고, 음문 전부를 절제했다.

빈센트 교수가 조사한 이 사례는 한 편의 일화 같지만, 이런 사건들이 결코 드물지는 않다. 실수로 엉뚱한 부위를 절제하는 일들이 매년 의사들 사이에서 심심찮게 일어난다. 공식 조사에서 나온 수치는 생각보다 낮았다. 수술 11만 3천 건당 한 번 꼴로 이런 일이 생기는 것으로 조사되었다. 그러나 많은 의사들은 보고되지 않은 사고 건수가 적지 않을 것이라고들 말한다. 최근의 한 조사에서 외과 의사들에게 수술할 때 엉뚱한 부분에 칼을 댄 적이 없는지 물었다. 그러자 의사라는 직업에 몸담은 후로 엉뚱한 곳을 수술한 적이 적어도 한 번 이상이라고 응답한 의사들이 20퍼센트에 달했다.

* 이 지도교수의 태도와 앞서 살펴본 '전문가들'의 태도 사이의 유사성에 주목하자. 확실한 반박 근거에도 불구하고 지도교수와 전문가들은 자신들이 옳았다고 고집했다.

SOTP
delete
SHCOOL

13

초원은 생각만큼 푸르지 않다

WHY WE MAKE MISTAKES

2000년 여름, 신혼부부인 피트와 제니퍼 마리노 부부가 아주 중요한 결정을 내렸다. 인생의 대부분을 살아온 위스콘신 주를 떠나 전혀 살아본 적 없는 캘리포니아 주로 이사하기로 한 것이다.

"따뜻한 곳에서 살 수 있다고 생각하니 너무 흥분됐죠." 피트 옆의 소파에 앉은 제니퍼가 말했다. 피트와 마찬가지로 제니퍼도 위스콘신에서 나고 자랐기 때문에 다른 지역에서도 살아보고 싶어했다. 밀러 양조회사에서 일하던 피트는 캘리포니아 대학교 로스앤젤레스 캠퍼스 경영대학원에서 입학 허가를 받았다. 이와 동시에 미시간 대학교과 듀크 대학교 경영대학원에서도 입학 허가를 받았지만, 미시간 주와 노스캐롤라이나 주에서는 남부 캘리포니아와 같은 매력을 느낄 수 없었다.

"그래서 로스앤젤레스로 가기로 했죠."

두 사람은 웨스트우드 지역의 주택을 빌려 곧바로 LA 생활을 시작했다. 헬리콥터를 타고 도시 전체를 둘러보았다. 차를 타고 할리우드 간판도 보았고, 해변과 산, LA 레이커스의 경기도 보았다.

황홀했다.

"가는 곳마다 유명인사들이 보였어요." 제니퍼가 말했다. "정말이에요. 놀라운 광경이었죠!"

"사실입니다. 주말에 교회에 갔더니 마크 월버그가 앞자리에 앉아 있더군요." 피트가 거들었다. "비벌리힐스의 굿셰퍼드 교회였습니다. 프랭크 시나트라의 장례식이 열렸던 그 교회 말입니다."

2003년, 제니퍼가 첫 아이인 맥스를 임신했다. 초보 부모들이 으레 그렇듯이, 임신과 출산으로 이 부부의 생활도 달라졌다.

"처음엔 그리 신경 쓰일 만한 일이 아니었지요." 피트의 말이다. "이를테면 아이가 태어나기 전에는 동네 사람들이 '아이가 태어나면 어디로 보낼 거예요?' 하고 묻는 정도였습니다."

"유아원을 말하는 것이었지요." 제니퍼의 말에 피트도 한마디 덧붙였다.

"아이가 태어나기 전에는 그랬지요!" 피트는 아이가 태어나면서 사람들의 질문도 달라졌다고 했다.

"아이를 보낼 유아원에서 아직 자원봉사를 시작하지 않았느냐고 묻더군요. 아이가 태어나는 대로 우리도 자원봉사를 시작해야만 한다는 이상한 논리를 들이대는 것 같았습니다."

:: "로스앤젤레스에서는 희한한 일들이 많았어요!"

그 당시 이웃들은 그랬다. 피트와 알게 된 이웃들은 퍼시픽 펠리세이드라는 부자 마을에서 무려 200만 달러에 가까운 대저택에서 생활했다. 그러나 피트는 경영대학원 공부를 마치는 대로 제니퍼와 함께 로스앤젤레스 서부에서 조금 더 수수한 주택을 찾아 이사했다.

"거의 매일 밤 경보장치를 작동시켜야 했습니다." 피트가 말했다. "경찰 헬리콥터가 불을 환하게 켠 채 수시로 날아다니며 마을을 수색했지요. 일주일에 적어도 닷새는 그랬습니다. 그만큼 범죄가 많았지요. 내 차도 부서졌고, 유모의 차도 우리 집 바로 앞에서 도난당했습니다."

게다가 전에 살던 밀워키에서는 볼 수 없었던 장면들도 눈에 띄었다.

"차를 타고 달리다 보면 모녀가 똑같은 옷을 입고 있는 거예요." 피트가 말했다.

"스타벅스 카푸치노까지 하나씩 들고요." 제니퍼도 거들었다.

"게다가 열서너 살밖에 되지 않은 여자아이들이 성형수술을 했다는 말도 자주 들리더군요. 생일선물로요."

두 사람에게는 생소한 일들이었다. 그런데 조금 더 지내다 보니 희한한 일들을 더 많이 겪게 되었다. 머잖아 두 사람은 새로 정착한 지역에서 심한 이질감을 느끼기 시작했다.

"로스앤젤레스에서는 희한한 일들이 많았어요." 다시 피트가 말했다. "맥스가 그곳에서 태어났으니 세례도 당연히 그곳에서 받았지요. 그래서 우리도 세례식에 참여해야 했습니다. 하지만 세례 하나 받는 것도 복잡해서 내가 불평을 많이 했지요. 그래도 제니퍼가 간곡하게 부탁해서 어쩔 수 없이 교회로 향했습니다. 그곳에는 우리 외에도 많지는 않았지만 몇몇 부부들이 더 있었습니다. 그런데 유독 한 여자와 그녀의 남편이 눈에 띄더군요. 그 부부가 우리에게 인사를 건넸습니다. 남자에게서 카리스마가 느껴지더군요. 아무튼 두 사람 모두 괜찮은 사람들인 듯했습니다. 남자도 신사였고 여자도 귀여운 인상이었지요. 하지만 몇 달 뒤에……"

"아뇨, 그때는 당신이 그 사람들을 그렇게 말하지 않았잖아요." 제니퍼가 피트의 어깨에 팔을 걸치며 말했다.

"사실 그녀가 누군지 나는 바로 알아차렸습니다." 다시 피트가 말했다. "그녀는 바로 카리스마 카펜터였습니다. 〈뱀파이어 해결사〉라는 TV 드라마에 출연한 여배우 말입니다. 아시죠?"

"이건 나중에 있었던 일입니다." 피트가 이어서 말했다. "그로부터 8개월 뒤에 밀워키로 다시 돌아가 밀러 양조회사의 홍보 이사실에 들어갔을 때였죠. 당시 밀러에서는 『플레이보이』에도 광고를 했기 때문에 이사실에도 이 잡지가 한 권 놓여 있었습니다. 탁자 위에 놓인 이 잡지에 자연스레 눈이 가더군요. 그런데 표지 인물이 유독 낯이 익었습니다. 바로 카리스마 카펜터더군요. 캘리포니아에서 우리 맥스와 그 집 아이가 함께 세례를 받았지요. 그 엄마의 얼굴이 대문짝만하게 잡지에 실려 있었습니다. 이렇듯 로스앤젤레스에서의 생활은 우리를 늘 혼란스럽게 만들었습니다."

자산 형성과 도덕성이라는 두 가지 가치관 사이에서 고민하던 피트와 제니퍼는 결국 캘리포니아가 가정을 꾸리기에는 적합하지 않다고 결론지었다. 그리고 2004년, 중서부에서 캘리포니아로 이주한 지 4년 만에 그들은 원래 살던 곳으로 되돌아가기로 결정했다. 물론 다시 이주를 결정하기까지 적지 않게 고민도 했다.

"떠나기 2주 전에는 펑펑 울기까지 했지요." 제니퍼가 말했다. 하지만 두 사람은 결국 돌아갔다. 이들 부부와 같은 사례는 캘리포니아 주에서 거주한 경험이 있는 수많은 다른 사람들에게서도 발견된다. 미국 통계청의 최근 인구조사 자료에 따르면, 220만 명 이상의 캘리포니아 주민들이 짐을 싸서 다른 주로 이사했다고 한다. 그중에서도 마리노 부부처럼 캘리포니아의 햇살과 해변 등의 매력에 흠뻑 빠져 이주를 결심했던 사람들 중에서는 거의 150만 명이 곧 되돌아갔다고 한다. 미국의 여론조사 기관인 해리스 폴Harris Poll에서는 해마다 미국인들을 대상으로 가장 살고 싶은 주州를 꼽는 여론조사를 벌인다. 이 조사에서 최근 5년간 연속으로 1위를 차지한 곳이 바로 캘리포니아다.

:: 나와 남들이 느낄 감정을 예측한다?

"캘리포니아에서 산다면 모두가 행복해야 하는 것 아닌가요?" 캘리포니아 대학교 샌디에이고 캠퍼스의 교수로 일하기 위해 최근 고향인 텍사스에서 골든 스테이트 캘리포니아로 이주한 데이비드 슈케이드David Schkade는 묻는다. 심리학자로서 이 학교 경영대학원 교수로 재직하고 있는 슈케이드는 사람들이 캘리포니아로 이주하면 행복해지리라고 생각하는 이유와, 더 나아가 그들이 미래에 느끼게 될 감정을 예측하는 방법에 흥미를 느꼈다. 예컨대 캘리포니아로 이사하면 어떨지, 직업에서 은퇴하고 여가를 즐기게 되면 어떨지 등 미래의 상황에 대해 사람들이 어떤 감정을 느낄지를 연구했다.

언뜻 생각하면, 이 주제에 대해 굳이 많은 연구가 필요할 것 같지는 않다. 사람들 대부분은 미래에 느끼게 될 감정을 예측하는 능력이 매우 탁월하기 때문이다. 집이 불타거나 애완견이 죽는다면 당연히 사람들은 슬픔을 느낀다. 반면에 회사에서 승진하거나 애타게 기다리던 아이를 가진다면 크게 기뻐할 것이다.

그러나 인생이란 현실로 다가오기 전까지는 그 실체를 알 수 없다. 실체를 확인하기 전까지는 그 느낌이 어떠할지도 정확히 알 수 없다는 뜻이다. 예컨대 젊고 건강할 때는 훗날 늙어 건강이 나빠졌을 때 생명을 유지하기 위해 받게 될 연명 치료를 거부할지도 모른다. 이 점에 대해 실제로 연구가 진행되기도 했다. 연구진이 의사와 다른 건강한 피험자들을 대상으로, 훗날 생명을 3개월이라도 연장시킬 수 있다면 화학요법 같은 연명 치료를 받을 의사가 있느냐고 물었을 때 대부분이 이를 거부했다.

실험에 참여한 사람들을 구체적으로 살펴보자.

방사선 치료사 전부가 연명 치료를 거부했다.

종양 전문의 중에서 6퍼센트만이 연명 치료를 받겠다고 했다.

건강한 사람들의 10퍼센트만이 연명 치료를 받겠다고 했다.

물론 피험자들은 모두 건강해서 죽음과는 거리가 먼 사람들이었다. 그러나 연구진이 죽음과 무관치 않은 암환자들을 대상으로 얻은 결과는 사뭇 달랐다. 그들의 42퍼센트는 연명 치료를 받아들이겠다고 했다. 또 다른 조사에서도 결과는 비슷했다. 중병에 걸린 환자들에게 의견을 물었더니, 죽음이 임박했을 때 '단 일주일이라도 연명이 가능하다면' 치료를 받겠다고 응답한 비율이 58퍼센트에 달했다.

삶과 죽음은 정말 특별한 사건이다. 그렇지만 일상에서 이사나 실연, 승진 탈락과 같이 (죽음에 비해 상대적으로 작지만 결코 만만치 않은) 작은 사건들을 수없이 겪다 보면 미래에 느낄 감정을 '체계적으로' 잘못 예측하기도 한다. 흡연하는 고등학생들을 대상으로 장기간에 걸쳐 연구한 사례가 있다. 하루에 한 개비 이하의 담배를 피우는 경증 흡연자들 중에서 5년 뒤에도 흡연을 계속하리라고 예상한 비율은 15퍼센트에 불과했다. 그러나 실제 5년 뒤의 흡연율은 43퍼센트였다.*

* 중증 흡연자들의 예상도 별반 다르지 않았다. 하루 한 갑 이상을 피우던 학생들 중에서 5년 뒤에도 흡연을 계속하리라고 예상한 비율은 32퍼센트에 불과했지만 실제로는 70퍼센트가 여전히 흡연을 계속했다.

:: 상품권이 현명한 발상이 아닌 이유

이런 식의 오류는 일상에서 자주 일어나며 우리에게 해가 되기도 한다. 할인쿠폰을 예로 들어보자. 할인쿠폰은 소비자의 구매 욕구를 부추기기에 효과적인 촉매제다. 연구에 따르면, 소비자의 구매 결정이 쿠폰이 있고 없음에 따라 엇갈리기도 하는 것으로 나타났다. 하지만 항상 그런 것은 아니다. 다른 많은 소비자들은 쿠폰에 눈길도 주지 않는다. 발급한 할인쿠폰 중에서 사용되지 않는 비율이 40퍼센트에 이른다는 조사 결과도 있다. 번거롭게 할인쿠폰을 발급하느니 차라리 가격을 그만큼 낮게 책정하면 되지 않을까? 굳이 쿠폰을 고집하는 이유가 무엇일까? 소비자라면 누구나 한 번쯤은 이런 궁금증이 들었을 것이다. 그 이유는 소비자들이(고등학교 중증 흡연자들처럼) 미래의 행동을 잘못 예측하는 경향이 있기 때문이다.

상품권이 소비자에게는 현명하지 못한 선택이지만 그것을 발행한 회사에는 더없이 소중한 수입원인 이유가 바로 여기에 있다. 오늘날 상품권은 최고의 선물 중 하나로 꼽히며, 미국 소비자들의 3분의 2 이상이 상품권을 구매할 의사가 있다고 한다. 그러나 상품권에는 근본적인 문제가 있다. 선물로든 다른 어떤 형태로든, 상품권을 받은 사람들이 실제로는 그것을 사용하지 않는 경우가 많다는 점이다. 미국 소비자들은 평균 서너 장의 사용하지 않은 상품권을 서랍이나 지갑에 넣어두는 것으로 조사되었다. 문제는 이처럼 사용하지 않는 상품권의 수가 점점 늘어나고 있다는 사실이다. 미국의 소비자들이 상품권을 사용하지 않아 입는 손실은 연간 80억 달러에 이른다. 소비자들이 상품권 때문에 입는 손실은 고스란히 은행에 저장되었다가 그 상품권을 발행한 기업들의 수입이 된다. 한 예로 여성 속옷 전문점인 빅토리아 시크릿 체인의 모기업인 리미티드 브랜즈Limited Brands는 사용되지 않은 상품권 덕분에 한 분기에 4,780억 달러, 주식 한 주당 8센트의 세전 이익을 얻었다고 발표했다. 하지만 이것이 전부가 아니다. 타깃Target, 베스트 바이Best Buy, 홈 디포 같은 대형 유통회사들도 소비자가 사용하지 않은 상품권으로 한몫 벌어들이고 있다.

학자들은 이러한 오류를 투사 편향projection bias이라고 부르는데, 이 편향은 일상에서 매우 익숙한 결정을 할 때에도 일어난다. 부부라 하더라도 배우자가 크리스마스 같은 기념일의 선물로 무엇을 바라는지 제대로 알지 못할 때가 많다. 이럴 때 사람들은 자신이 선호하는 몇 가지 선물을 선택한 후에 배우자도 이 물건에 관심이 있을지를 따져보고 그중에서 하나를 고르는 게 일반적이다. 그래서 많은 유통회사들은, 특히 명품을 판매하는 회사들은 이런 추측 과정 자체를 없애기 위해 애를 쓴다. 예를 들어 여성용 디자이너 의류와 액세서리 등을 판매하는 온라인 회사 네타포르테Net-a-Porter.com는 여성 소비자의 남자친구와 남편 들에게, 남성이 여성에게 가장 자주 선물하는 품목들을 소개하는 비디오 화면을 이메일로 보낸다. 화면에는 금발의 여성이 등장하여 애교까지 떨며 수신자들의 관심을 유도한다.

"생각해보세요." 그녀가 말한다. "그녀의 행복이 곧 당신의 행복이에요."

그러면서 모든 사람들이 동경하는 행복을 자꾸만 들먹인다. 하지만 이 행복 퍼즐에 몰입하다 보면 엉뚱한 결론에 도달하는 경우도 많다. '인공 항문 형성술'처럼 환자의 삶을 뒤바꿔놓는 중대한 의료 시술을 받은 사람들을 생각해보자. 인공 항문에 의존하여 평생을 살아야 한다고 생각하는 사람과 언젠가는 원래대로 돌아갈 수 있다는 희망을 가진 사람 중에 누가 더 행복할까?

카네기 멜론 대학교의 조지 뢰벤슈타인 교수와 동료 연구진이 인공 항문 형성술을 시술받은 미시간 의료센터 환자들을 대상으로 연구를 시행할 때도 이 점을 무척 궁금해했다. 환자들 가운데 절반은 미래에 언젠가는 원래의 항문을 사용할 수 있으리라는 희망을 가진 사람들인 반면에, 나머지 절반은 영구적인 수술을 받아 평생 배변 봉투를 몸에 지니고 살아야 하는 사람들이었다. 이 환자들을 대상으로 6개월에 걸쳐 생활의 만족도를 묻는 연구를 진행했다.

보통 사람이라면 언젠가는 원래의 항문을 사용할 수 있으리라는 희망을 가진 환자들이 당연히 더 행복할 거라고 생각한다(나 역시 그랬다). 사람들은 누구나 돌이킬 수 없는 것에 두려움을 느끼기 마련이며, 어떤 상황에서든 결과가 더 좋은 쪽으로 달라질 수 있기를 바란다. 대출할 때 변동금리를 선호하고, 이혼에 대비해 결혼 전에 재산 분할 합의서를 만들고, 물건을 사더라도 자유롭게 반품할 수 있는 판매회사를 선호하는 이유도 그 때문이다. 잘못 판단했을 때 그 상황에서 빠져나오고 싶은 것은 모든 사람의 바람이다.

그런데 뢰벤슈타인 교수와 연구진은 영구 수술을 받은 사람들의 행복도가 더 높다는 사실을 발견했다. 6개월에 걸친 연구에서 영구 수술을 받은 환자들의 행복도가 크게 상승한 것이다. 반대로, 언젠가는 회복할 수 있으리라 기대하는 환자들은 현실에 만족하지 못했다. 왜 그럴까? 뢰벤슈타인은 "희망이 적응을 방해한다"라고 결론지었다. 다시 말하면, 인간은 무언가에서 빠져나올 수 없는 상황에서는 그 상황과 더불어 살아가는 방법을 배운다. 그리고 그 방법을 빨리 배울수록 행복이 빨리 찾아온다.

이 발견은 프로이트 시절의 심리학 연구와도 맥을 같이한다. 무언가를 결정했을 때, 사람들은 곧바로 그 결정이 그리 나쁘지 않다고 받아들인다. 예컨대 반대했던 후보자가 선거에서 당선되는 순간부터 많은 유권자들은 그 후보자도 그다지 나쁜 대안이 아니라며 그 사람의 장점을 인정하려는 경향을 보인다. 고등학생들은 원하던 대학으로부터 입학을 거절당한 순간부터 그 대학의 단점을 들추기 시작하고, 대학생들도 중요한 시험에 낙방하면 획일화된 시험의 문제점에 대해 열변을 토한다. 즉 그들 모두가 적응하기 시작한 것이다. 하지만 이 모든 심리 상태는 원래 그들이 예측했던 방향과는 전혀 다르다.

:: 엉뚱한 것에 집착하다

캘리포니아 대학교 샌디에이고 캠퍼스의 데이비드 슈케이드 교수는 사람들의 예상과 실제 미래의 행복 사이의 관계에 대해 흥미를 느꼈다. 그는 행복에 영향을 미치는 여러 요인들 중에서도 사람들이 특정 요인의 가치를 필요 이상으로 확대 해석하는 경향이 있다고 말한다. 그와 동료들은 이런 경향을 '매몰 환상focusing illusion'이라고 불렀다. 이 환상도 우리 삶에서 중요한 결정을 그르치게 하는 보이지 않는 요인이다.

데이비드 슈케이드, 대니얼 카너먼을 포함한 연구진이 일련의 실험을 통해 중요한 사실을 입증했다. 그들은 인간이 삶에서 중요한 선택의 기로에 섰을 때 캘리포니아의 날씨처럼 비교적 사소한 것에는 집착하는 반면에, 통근 거리나 생활비 같은 더 중요한 요소들은 등한시하는 경향이 있다는 것을 발견했다. 그 결과, 실제보다 행복한 것처럼 착각하는 경우도 종종 있다. 하지만 언덕 저편을 내려다보면 초원이 생각만큼 푸르지 않다는 사실을 깨닫게 된다.

언뜻 이해가 되지 않을지도 모르지만, 개인의 행복에 관한 한 그 사람이 처한 상황은 큰 문제가 되지 않는다는 사실을 입증하는 증거는 수없이 많다. 한 연구에서도 밝혀졌듯이, 사회적 지위와 학력, 소득, 배우자의 유무, 신앙 등이 사람들의 행복에 미치는 영향은 겨우 3퍼센트 남짓이라고 한다. 심지어 대마비*나 앞을 못 보는 장애를 가진 사람들조차도 현실에서 느끼는 행복감이 매우 높은 것으로 나타났다. 대마비 환자들의 93퍼센트가 살아 있다는 사실에 만족해했으며, 그중 84퍼센트는 자신의 삶이 평균 또는 그 이상이라고 평가했다. 이런 경향은 중증 복합 장애를 겪고 있는 사람들에게서도 발견되었다. 이 연구에서 피험자들은 대부분 직업이 없거나, 결혼을 하지 못했거나, 상대적으로 학력이 낮은 사람들이었다. 그런데도 96퍼센트가 현재의 생활수준에 만족하고 있었으며, 사회생활에 만족하는 비율은 82퍼센트, 학력에 만족하는 비율도 76퍼센트로 나타났다.

이 연구에서 실마리를 찾은 카너먼과 슈케이드는 또 다른 연구를 위해 학생 119명에게 설문지를 나눠주었다. 설문지에는 대마비 환자들의 기분이 나쁠 때와 좋을때에 대해 학생들이 어떻게 생각하는지를 묻는 내용이 담겨 있었다. 결과는 앞서와 동일했다. 대마비라는 질환을 아는 학생들과 그렇지 못한 학생들의 결과는 크게 엇갈렸다. 이 질환을 모르는 학생들은 43퍼센트 대 32퍼센트의 비율로 기분이 나쁠 때가 더 많을 것으로 예상했다. 그러나 친구나 가족 등이 대마비를 앓고 있어 이 질환을 잘 아는 학생들의 생각은 완전히 달랐다. 그들은 대마비 환자들이 20퍼센트 대 53퍼센트로 오히려 기분이 좋을 때가 더 많다고 생각했다. 슈케이드는 이 연구가 시사하는 메시지는 분명하다고 말했다. 즉 대마비라는 질환을 잘 모를수록 환자들의 심리를 부정적으로 평가하는 뚜렷한 경향을 보였다.

---

* 양팔이나 양다리가 좌우 대칭으로 마비를 일으키는 상태. ─옮긴이

그렇다면 다른 대상에 대해서는 어떨까? 사람들이 잘 모르는 다른 대상에 대해서도 이와 동일한 사고의 편향을 보일까? 구체적인 예로, 대마비 환자들에 대한 생각을 캘리포니아 이주와 같은 문제에 대해서도 동일하게 적용할까?

그 여부를 알아보기 위해 슈케이드와 동료들은 전문 여론조사 기관을 통해 미국 중서부와 캘리포니아 남부의 학생들 2천여 명을 모집하여 한 시간의 간담회에 참여토록 했다. 이 자리에서 학생들은 삶의 다양한 부문에서의 만족도를 묻는 설문지를 작성했다. 만족도 조사에는 자신의 삶뿐 아니라 두 지역에서 생활하는 다른 사람들의 만족도까지도 평가하게 했다. 연구진은 학생들의 답변 자료를 모아 분석했다. 그 결과는 대단히 놀라웠다.

첫째, 두 지역 학생들의 삶의 만족도는 대체로 비슷했다. 미국 중서부 지역의 학생들은, 날씨 같은 몇몇 측면에서는 차이가 있었지만, 캘리포니아 남부 학생들과 비교할 때 전체적인 삶의 만족도가 거의 비슷했다.

그러나 학생들 자신이 아닌 다른 사람들의 만족도를 평가하라는 질문에 대해서는 답변이 많이 달라졌다. 두 집단 모두 중서부보다는 캘리포니아 지역 사람들의 만족도가 더 높을 것으로 예상했다. 왜일까? 슈케이드는 학생들이 비록 자신들에게 중요하지 않다고 여기는 부분들이 다른 사람들에게는 중요할 수도 있다고 생각한다는 사실을 알아냈다. 직업적 혹은 경제적 기회, 범죄와 같이 대다수 사람들에게 중요한 요소들에 대해서는 평가가 거의 비슷했다. 반면에 날씨처럼 그다지 중요치 않은 요소들에 대해서는 평가가 크게 엇갈렸다.

"복잡한 무언가를 판단할 때 사람들은 쉽게 지나칠 수 있는 것에 필요 이상으로 집착하곤 합니다"라고 슈케이드는 말한다. 대상이 무엇이든 이것은 엄연한 사실이라고 그는 다시 한 번 강조한다. 실제로 그와 동료 연구진은 몸무게나 나이, 돈 같은 문제와 관련된 의사결정에서도 이와 같은 경향을 보인다는 사실을 확인했다. 한 예로 소득 수준이 높은 사람들은 텔레비전 시청 같은 여가활동보다는 일이나 육아처럼 스트레스가 많이 따르는 활동에 시간을 많이 쓰는 것으로 나타났다. 그런데도 그들은 잘 보지도 않을 대형 플라즈마 텔레비전을 구입한다고 슈케이드는 꼬집었다.

그는 "당신이 추구하는 것들이 실제로는 생각하는 만큼 중요한 것이 아닐 수도 있습니다"라고 말한다.

수백만의 캘리포니아 거주자들이 매년 이사를 떠나는 이유, 특히 마리노 부부가 고향으로 되돌아간 이유도 여기서 찾을 수 있다. "기후가 좋고 다른 여러 가지가 있다고 해서 굳이 캘리포니아까지 갈 필요는 없다고 생각합니다." 피트 마리노의 말이다.

2004년, 피트와 제니퍼 마리노 부부는 로스앤젤레스 서부의 집을 팔려고 내놓았다. 구입할 의사가 있는 사람들에게 집을 공개한 첫날, 무려 200명도 더 되는 사람들이 집을 구경하려고 몰려들었다. "일일이 대화하기조차 어려워 구입 희망가격을 자동차 후드 위에 적게 했지요." 제니퍼가 당시를 돌이키며 말했다.

마리노 부부는 캘리포니아의 집을 팔아 마련한 돈으로 시카고 북부의 교외에 새 집을 마련했다. 그 집이 바로 나와 이 두 사람이 이런 이야기를 나누던 곳이다. 맑은 가을날 오후, 우리는 이웃의 낙엽 치우는 소리를 들으며 그렇게 많은 이야기를 나누었다. 그렇다고 두 사람이 캘리포니아의 생활에 미련이 전혀 없었던 것은 아니다. 제니퍼는 크리스마스 쇼핑을, 피트는 일요일 오전 열 시에 풋볼 경기를 보러 다니던 생활을 그리워하기도 한다. "모두가 그렇게 소소한 것들이죠"라고 피트는 말한다.

맥스의 동생 소피가 태어나면서 이제는 이 집도 다른 주인을 찾고 있다. 예전처럼 200명이나 되는 사람들이 집을 사겠다고 오지도 않고, 자동차 후드에 가격을 적을 일도 없을 것이다. 그래도 마리노 부부는 새로운 보금자리를 찾겠다고 결정한 상태다. 이번에는 한 블록 떨어진 이웃으로……

작게 생각하라!

이제 무슨 이야기를 더 할까? 어떻게 해야 당신의 실수를 줄여줄 수 있을까?

내가 당부하고 싶은 말은 이것이다.

'작게 생각하라!'

미국의 병원에서만 매년 7천여 명의 환자가 사망한다. 중증 질환이나 사고 또는 신의 부름 때문이 아니라 의사들의 지저분한 필체 때문이다. 남아프리카 어느 대부은행의 사례를 기억하는가? 대출자의 관심을 유도한 것은 무엇이었나? 낮은 이자율? 자유로운 상환 기간? 물론 이런 것들도 대출을 유도하는 좋은 방법이다. 하지만 이 사례에서 효과를 발휘한 것은 여자 사진이었다. 여자 직원의 미모가 대출자들의 관심을 끈 것이다. 그러면 NHL이나 NFL에서 팀에 주어지는 벌칙의 경우는 어떨까? 벌칙을 유발하는 '범인'은 선수도, 코치도, 심판도 아니었다. 선수들의 유니폼 색깔이 바로 범인이었다.

모두가 사소한 것들이다. 하지만 이런 사소한 것들이 큰 의미를 지닐 때도 많다. 코넬 대학교의 톰 길로비치 교수에게 검정색 유니폼에 대한 이야기를 했더니 그는 이렇게 말했다. "제 생각에는, 그것도 우리 심리학 분야에서 그동안 일구어낸 한 가지 중요한 발견을 의미한다고 봅니다. 즉 상황의 작은 변화가 사람의 행동에는 매우 큰 영향을 미칠 수 있다는 것이지요."

그러나 여기서 얻은 통찰을 우리 일상에 적용하기는 어려울지도 모른다. 그 이유는 상황과 행동 사이의 연관성이 명확히 드러나지 않는 경우가 종종 있기 때문이다. 우리는 습관에 눈멀고, 편견에 갇힌다. 보고도 보지 못할 때도 있고, 보지 않은 것을 보았다고 할 때도 있다. 상대방의 정직함이나 그가 주는 호감을 한눈에 알아보았다고 하면서, 정작 바로 곁에서 문짝을 옮기는 사람의 얼굴은 기억조차 하지 못한다. 우리의 결정, 심지어 삶과 죽음 같은 중요한 문제와 관련된 결정조차도 우리에게 주어진 선택권이 아니라 그 선택권이 주어지는 방식에 의해 영향을 받기도 한다. 거부하려 해도 첫인상의 영향력에서 벗어나기 어려우며, 누구의 지시를 받기보다는 자신의 직관에 따라 행동하고 싶어한다.

최근에 일부 심리학자들은 인간의 의사결정이 두 가지, 즉 이성적 차원과 본능적 차원의 수준에서 이루어지며, 마치 자동차의 전조등으로 아래위를 비출 수 있듯이 이성과 본능이라는 두 가지 차원이 지속적으로 교차한다는 사실에 의견을 같이했다. 우리의 실수 중 상당수는 행동하는 상황과 생각하는 상황의 격차 속에서 일어난다. 예를 들어 대출을 받는 이유는 오로지 금전적인 이유 때문이라고 생각하지만, 사실은 대출 안내문에 붙은 아름다운 여성의 사진도 영향을 미친다. 선거를 할 때도 사람들이 오랫동안 선거방송을 경청한 후에 투표한다고 생각하지만, 남녀 후보자들을 처음 보는 순간 이미 마음을 정하는 경우도 많다.

이처럼 최근에 제기된 학설들은, 그것이 사실이라면, 인간의 특정 행동양식을 없애기가 그토록 어려운 이유를 설명하는 데에도 크게 도움이 될 것이다. 우리는 우리가 이성적이라고 생각하지만 실제로는 본능에 따라 움직일 때가 많다. 그리고 실수가 발생했을 때도 엉뚱한 것을 탓하곤 한다. ('이자율이 이렇게 높은데 대체 내가 왜 대출을 받았을까? 계산을 똑바로 했어야 했는데……') 그래서 쓰라린 경험을 하고도 아무것도 배우지 못한다. 어떤 경험에서 무엇을 배워야 할지조차 이해하지 못하기 때문이다.

설상가상으로, 어린이와 성인을 대상으로 한 몇몇 연구 사례에서는 많은 사람들이 실수를 너그럽게 받아들이지 못한다는 사실도 밝혀냈다. 이런 경향은, 지능intelligence이란 선천적으로 타고나는 것이어서 변하지 않는다고 생각하는 사람들에게서 좀 더 뚜렷이 나타났다. 그들의 눈에는 실수도 지능의 반영일 뿐인 것처럼 보였다. 그래서 그들은 무작정 어떻게든 실수를 피하려고 애쓰기만 하는 바람에 결과적으로는 실수에서 아무런 교훈도 얻지 못하고 만다. 이런 경향은 나이가 든다고 해서 나아지지 않는다. 오히려 사람들은 나이가 들수록 가정에서든 직장에서든 사고방식이 더 경직된다. 그래서 옳은 결정을 했을 때는(기억하자. 우리는 살아가면서 그른 결정보다는 옳은 결정을 할 때가 훨씬 많다) 그것이 본래 우리의 지능에서 비롯된 것이라고 생각하는 반면에, 그릇된 결정을 했을 때는 운이 없어서라고 치부한다.

:: 실패한 시추공에서 교훈을 얻다

그럼에도 불구하고 희소식도 있다. 인간이 지닌 심각한 편향의 일부는 충분히 교정할 수 있다는 것이다. 과신過信에 대해 다시 생각해 보자. 앞에서도 살펴보았듯이 자신이 평균 수준이라고 생각하는 사람은 많지 않다. 게다가 인간은 스스로의 오류를 보정補正, calibration하는 능력도 떨어진다. 그 근거로, 와튼 경영대학원의 폴 슈메이커 교수와 동료 에드워드 루소 교수는 세계적 석유회사인 로열 더치 쉘의 예를 든다.

쉘은 새로 고용한 지질학자들의 예측 능력이 그들 스스로 자부하는 수준에 비해 한참 떨어진다는 사실을 발견했다. 예를 들어 지질학자들이 특정 지역의 석유 매장 가능성을 40퍼센트 정도로 예상한 경우, 실제로 시추 작업을 했을 때의 성공률은 열 곳 중 한두 곳에 불과했다. 물론 실패했을 때, 거기에 들인 비용과 시간으로 인한 손해는 전적으로 쉘이 떠안아야 했다.

이런 현실을 극복하기 위해 쉘은 어떤 노력을 했을까? 엉뚱하게 들릴지 모르지만, 쉘은 지질학자들에게 기상 예보관과 같은 역할을 주문했다. 어떻게? 그들의 자체 보정 능력을 강화할 수 있도록 새로운 훈련 프로그램을 개발했다. 쉘은 훈련의 일환으로 우선 지질학자들에게, 석유 매장지와 관련된 요인들이 포함돼 있는 사례 자료집을 주었다. 그리고 그 후에, 각 사례에서 석유 매장 가능성을 단순히 '있다' '없다'로 예측하지 말고 그 가능성을 정확히 수치로 나타내도록 했다. 기상 캐스터들이 비 올 확률을 백분율로 나타내는 것과 비슷한 방법이었다. 그런 다음, 각 사례에서 실제로 석유가 발견되었는지 지질학자들에게 곧바로 알려주었다. 말하자면 실시간으로 피드백을 준 것이다.

슈메이커와 루소는 이 훈련의 성과가 "탁월했다"고 말한다. 현재 쉘의 지질학자들은 평균 열 곳 중 네 곳, 즉 40퍼센트의 예측 정확도를 자랑한다.

당신도 이 방법을 집에서 혼자 연습할 수 있다. 유정 대신에 주식 같은 것을 선택하면 된다. 종목을 선택했다면, 그 종목 외에 선택하려 했지만 결국은 포기한 다른 종목들의 주가 변화를 살펴보자. 이때 그 종목을 선택한 이유 또는 포기한 이유를 기록해두어야 한다(기록은 사후해석 편향에 따른 '장밋빛 안경' 효과를 막아준다). 포기한 종목들의 주가를 살펴봤으면 이제 선택한 종목들의 주가 변화를 확인할 차례다. 선택한 종목과 포기한 종목의 상대적 실적은 어떤가? 그런 결과가 나온 이유는 무엇일까? 처음에 그 종목을 선택한 이유가 현실에 반영되었는가? 그렇지 않다면 그 이유는 무엇 때문일까? 요컨대, 실패한 시추공에서 교훈을 얻어야 한다. 지질학자들의 선례를 짚어보는 것만으로도 당신의 발전에 큰 도움이 될 것이다.

:: 부정적으로 생각할 필요도 있다

앞으로 중요한 결정을 내릴 일이 있을 때는 이것부터 생각하자. '잘못되면 어떤 일이 벌어질까?' 이런 생각은 당신을 염세주의자나 패배자처럼 보이게 만들 수도 있다. 우리는 어려서부터 합리적인 근거를 바탕으로 긍정적으로 생각하도록 교육받았다. 힘든 상황에 처해 있더라도 긍정적인 생각을 버리지 않으면 그 어려움에서 한시바삐 벗어날 수 있다고 배웠다. 그러나 긍정적인 생각에도 한계는 있다. 특히 경계할 것은, 긍정적인 사고에 치우치면 우리의 생각 이면에 존재하는 함정을 놓칠 수도 있다는 점이다.

하버드 의과대학의 아툴 가완디Atul Gawande 교수는 어떤 일이 틀어졌을 때 일어날 나쁜 결과를 먼저 고려해보는 접근 방식을 '부정적 사고의 위력'이라고 명명했다. 그는, 상황에 따라서는 부정적 사고를 통해 실패의 가능성을 감지하고 이를 예측할 수 있다고 주장한다. 그리고 미국의 월터 리드 육군병원의 사례를 들었다. 그곳의 군인 사망률은 1차 걸프전 때는 25퍼센트에 달했지만 2차 걸프전에서는 10퍼센트로 낮아졌다. 그동안 의료 환경이 크게 개선되지도 않았고 의료 인력은 오히려 줄었다. 대신 의료진은 부상자 현황과 환자들의 생존율 자료를 매주 검토하여 의료적 실패 사례와 그 원인을 분석했다. 한 가지 사례를 소개하자면, 병사들의 눈 부상이 속출하자 의료진은 치료에만 치중하지 않고 그 원인을 파악하려고 했다. 그리하여 결국 원인을 알아냈다. 젊은 병사들이 보안경의 생김새가 마음에 안 든다며 착용하지 않은 탓에 일어난 문제였다. 그래서 군수뇌부는 보안경의 디자인과 기능을 변형하여 다시 보급했다. 이후로 병사들의 보안경 착용률이 높아지면서, 눈 부상 비율도 급격히 떨어졌다.

이와 같은 접근법을 비즈니스에도 적용할 수 있다고 폴 슈메이커는 말한다.

"직원들에게 일부러 반대자의 편에 서서 그 근거를 물색하게 해보세요. 아마도 그 사람들의 자만은 어디론가 사라지고 없을 겁니다."

우리도 이 방법을 시도해보자.

:: 원고 교정은 배우자에게 맡기자

실수를 줄이는 또 다른 방법들도 있다. 그중에는 매우 간단하면서도 마음에 와 닿는 것들이 있는데, 자기 방식에 대한 고집을 내려놓는 것도 그런 방법 중 하나다. 습관은 우리의 시간과 정신노동을 아껴주는 좋은 친구다. 하지만 그 습관 때문에 창의력을 발휘할 기회를 놓치기도 한다. 시간이 지나면 결국 우리 눈에는 애초에 보려 했던 것만 보인다. 그리고 세부 요소들을 바라보지 못하고 오로지 패턴만을 인식하게 된다. 전문가들이 깨닫지 못하는 것을 초보자들이 찾아내는 골도프스키 연구 사례를 기억하는가? 당신의 인생에서 실수의 씨앗을 뽑아버리고 싶다면 이 사례를 꼭 기억하기 바란다. 예컨대 당신이 작성한 원고의 교정을 누군가에게 맡기고 싶다면 당연히 실력 있는 동료에게 부탁하고 싶을 것이다. 하지만 그 동료는 당신이 놓친 부분을 똑같이 놓칠지도 모른다. 그렇다면 배우자나 자녀에게 교정을 부탁해보자. 어쩌면 당신의 실수가 그들의 눈에는 보일지도 모른다.

속도를 늦추는 것도 한 방법이다. 멀티태스킹은 대다수 사람들에게 그저 신기루에 지나지 않는다. 인간이 한 번에 여러 가지 일을 수행하는 데는 엄격한 제약이 따르며 그 과정에서 실수할 가능성도 매우 커진다. 제트여객기를 몰고 지상으로 곤두박질친 로버트 로프트 기장이 기억나는가? 고작 12달러짜리 전구 때문에 정신이 산만해진 그는 비행기를 운전하고 있다는 사실을 잊어버리고 말았다. 우리도 이처럼 사소한 것에 정신을 빼앗길 때가 많다. GPS, 내비게이션, 아이팟 등에 몰입하느라 주변 상황을 놓치곤 한다. 미국 육상경기사무국USATF은 2007년부터 육상경기를 할 때 아이팟 같은 휴대용 음향기기와 헤드폰을 사용하지 못하게 했다. 헤드폰을 낀 주자들이 코스를 이탈했는데도 주변의 경고하는 소리를 듣지 못해 다른 주자들과 충돌하는 일이 빈번했기 때문이다.

제시된 사례를 경계하는 것도 좋다. 뉴트리시스템을 기억하는가?

이 회사의 경영진이 자사 제품 사용을 촉진하기 위해 어떤 방법을 동원했던가? 그들이 활용한 방법은 수치가 아니라 사례 제시였다. 무언가를 결정할 때 우리는 다이어트 체험기 같은 눈에 보이는 정보를 필요 이상으로 신뢰하는 경향이 있다. 그 때문에 그릇된 결정을 할 때도 많다. 실제로 미국 중앙정보국CIA은 한 연구 결과를 발표하면서 내부 정보 분석관들에게 사례 제시를 경계하도록 권고한 바 있다. 사례가 사람들을 혼동하게 하는 경우가 매우 많기 때문이다. 이 연구의 결론은 이렇다. "정보 분석가들은 매우 일반적이거나 정보로서 가치가 거의 없는 경우를 제외하고는 사례나 개인적인 상황에 큰 비중을 두지 말아야 한다." 훌륭한 조언이다. 우리도 누군가의 추천이 아니라 '상식'을 먼저 생각해야 한다.

:: 잠은 충분히

실수의 원인 중에서 사람들이 흔히 간과하는 또 하나가 바로 수면 부족이다. 잠을 제대로 못 잔 사람이 실수를 많이 한다는 사실을 모르는 사람은 없다. 그런데도 세상에는 수면 부족에 시달리는 사람들이 수도 없이 많다(우리도 거기 포함될지 모른다). 수면제를 처방받은 인구는 최근 미국에서만 4,200만 명에 이른다. 이는 미국 인구 일곱 명 중 한 명꼴이며, 이 수치는 지난 5년 사이에 60퍼센트나 급증했다. 그런데 이 수면제가 실수의 원인이 된다. 미국 연방정부는 수면제 복용으로 발생하는 새로운 문제들의 위험성도 경고했다. 그중 하나가 졸음운전이다. 수면제 복용으로 졸린 상태에서 운전하면 사고의 위험도 그만큼 높아진다. 또 하나는 졸면서 하는 식사다. 너무 졸려서 담배에 버터를 발라 먹는가 하면, 땅콩버터가 목에 걸려 졸다가 숨을 헐떡거리며 깼다는 보고가 있을 정도다.

수면 부족은 신체적, 정신적으로 영향을 미칠 뿐 아니라 기분까지 좌우한다. 잠이 조금만 모자라도 우리의 두뇌는 술을 마셨을 때와 같이 손상을 입는다. 피로가 심해지면 신체의 흥분도가 높아져 위험마저도 기꺼이 받아들일 가능성이 커진다. 예컨대 2003년부터 2007년 사이에 미국에서 조종사들이 비행 도중에 잠에 빠진 사례가 여섯 건 이상 보고되었다. 심지어 기장과 부기장이 워싱턴 DC의 덜레스 국제공항에 착륙하기 직전까지 깨어나지 않은 사례도 있었다. 또 프런티어 항공사는 2004년에 볼티모어에서 덴버로 향하던 야간비행 도중에 조종사 두 명이 잠을 잔 사실을 인정했다. 다행히 통제센터의 '필사적인 호출'로 한 명이 깨어난 덕분에 위기를 모면할 수 있었다.

확실히 몇몇 조종사들은 휴식이 더 필요한 것 같다. 그렇다면 항공사들은 어떤 조치를 취했을까? 2005년, 제트블루 항공사의 승객 수천 명이 본의 아니게 조종사들의 피로도 실험에 참여했다. 항공 컨설턴트들이 미국 연방항공청 본부의 승인도 구하지 않고 일부 조종사들의 몸에 각성 상태를 측정하는 장치를 설치한 것이다. 그런 다음 승무원들에게 평소보다 몇 시간씩 더 근무하게 했다. 즉 연방 정부에서 규정한 여덟 시간을 초과해 열 시간에서 열한 시간을 일하도록 했다. 제트블루 항공사는 50여 편 이상을 실험 대상에 포함시켜 조종사들이 피로에도 불구하고 안전하게 운항하는 모습을 기대하면서 위험천만한 실험을 한 것이다. 이처럼 조종사들로부터 더 많은 것을 짜내려 한 항공사는 비단 제트블루만이 아니다. 2007년 미국의 양대 항공사인 콘티넨탈 항공과 아메리칸 항공도 조종사들에게 더 많은 휴식을 주기는커녕 국제 운항에서조차 별다른 안전장비도 갖추지 않았다.*

조종사뿐만이 아니다. 젊은 의사들도 조종사들과 비슷하게 격무에 시달린다. 레지던트들이 교대하기까지 일하는 시간은 보통 24시간 이상이다. 이렇게 수면을 박탈당한 의사들은 환자에게 도리어 상처를 입히거나 심할 경우에는 환자를 사망에 이르게 하는 중대한 실수를 저지르곤 한다. 한 추정치에 따르면, 미국에서만 약 10만 명의 레지던트가 이처럼 격무에 시달린다고 한다. 하버드 의과대학의 찰스 차이슬러Charles Czeisler 교수와 동료들이 1년차 레지던트 2,700명을 대상으로 실행한 연구가 있다. 레지던트들의 응답에 따르면, 장시간의 교대 근무를 한 달에 다섯 차례 할 경우, 그로 인한 피로 때문에 환자들에게 해를 끼칠 위험이 일곱 배 증가하는 것으로 나타났다. 그중에서 환자를 사망에 이르게 할 정도로 심각한 실수를 할 가능성도 세 배 가까이 높아진다고 보고됐다. 연구에 참여한 레지

* 항공 관제사들도 비슷한 어려움에 처할 때가 많다. 2007년, 미국 교통안전위원회는 최근에만 피로에 찌든 관제사들로 인한 비행기 사고가 네 건에 이른다고 지적했다. 위원회는 2006년 켄터키 주에서 발생한 콤에어 항공사고를 예로 들었다. 그날 아침 관제 책임자는 직무를 교대하기까지 낮잠을 겨우 두 시간 잔 게 전부라고 말했다.

던트 중에서 실제로 피로 때문에 환자에게 실수를 저지른 경우는 156명에 달했다. 그중 31명은 실수로 환자를 죽음으로 내몬 아픈 경험도 갖고 있었다.

수면 부족의 부작용을 짐작하기란 그리 어렵지 않다. 사고는 늘 우리를 기다리고 있다. 이미 예정된 사선이 벌어지는 것을 우연이라고 할 수 있을까?

:: 행복의 힘

실수는 행복과도 관련된다. 한 설문조사 결과에 따르면 행복하다고 느끼는 사람들은 그렇지 못한 사람들보다 창의력이 뛰어나며 습관에 의한 실수에 노출될 가능성도 적은 것으로 드러났다. 행복감과 특정 유형의 실수 사이에 존재하는 연관성은 여러 연구에서 밝혀졌다. 아직 연구가 더 필요한 부분이긴 하지만, 기분이 좋을 때 사람들은 여러 대상을 조합하고 그 관련성을 이해하는 수준도 높은 것으로 나타났다. 이 사실을 입증하는 한 예로 앞서 설명한 '양초를 벽에 붙이기'를 들 수 있다. 행복하다고 생각하는 사람일수록 이 과제에 대해 창의적인 해법을 많이 내놓았다.

흥미로운 사실은, 사람들을 행복하게 만드는 데 많은 시간이 필요하지 않다는 점이다. 적어도 실험실 안에서는 그렇다. 사탕 몇 개를 선물받거나 코미디 프로그램을 잠시 시청하는 것만으로도 사람들은 행복을 느낀다. 실제로 피험자들을 두 집단으로 나눈 뒤, 한 집단에는 재미있는 영화와 텔레비전 프로그램의 일부를 보여주고 다른 집단에는 수학과 관련된 복잡한 영상을 보여주었다. 그리고 10분 뒤에 양초 퀴즈를 내고 10분의 시간을 주었다. 그랬더니 후자에 포함된 사람들은 20퍼센트만이 정답을 맞힌 데 비해 전자에서는 정답률이 75퍼센트에 이르렀다.

가전제품이나 자동차를 사고파는 현실 세계에서도 이와 유사한 효과가 나타난다. 행복한 사람들은 그렇지 못한 사람들에 비해 오래 머뭇거리지 않고 신속하게 의사를 결정하는 경향이 있다. 의사들에게도 행복은 중요했다. 환자의 상태를 얼마나 정확히 진단하는지, 의사들을 대상으로 한 실험에서 한 집단에는 초콜릿 봉투를 나눠주고 다른 집단에는 아무것도 주지 않은 채로 만성 간염 환자의 자료를 보여주었다. 그러자 초콜릿을 받은 집단의 의사들은 증세의 원인이 간에 있다는 사실을 더 빨리 찾아냈다.

:: 헛수고하지 말라

실수를 줄이는 데 도움이 되리라 흔히들 생각하지만 실제로는 예상만큼 효과가 없는 것이 하나 있다. 바로 돈이다. 금전적 인센티브가 인간의 행동에 미치는 영향을 이해하기 위해 최근에만 꽤 여러 번의 연구가 진행되었다. 이런 실험에서 얻은 공통적인 결론은 돈이 인간의 행동양식을 개선하는 데 별 도움이 되지 않는다는 사실이다. 물론 예외도 있다. 서류 정리나 물건 판매 같은 단순한 직종에서는 받는 돈이 많아지면 행동도 달라진다. 또한 금전적 보상은 고통을 참게 만드는 유인책이기도 하다. 한 실험에서 학생들에게 손을 얼음탱크에 집어넣고 최대한 오래 참아보라고 했다. 한 집단에는 그 대가로 돈을 지불하겠다고 하고 다른 집단에는 아무런 대가도 없다고 하자, 돈을 받기로 한 학생들이 평균 세 배나 더 오래 버텼다.

하지만 그렇다고 해서 사람들이 그 돈만 바라보고 '항상' 더 많은 고통을 견디거나 '언제까지나' 무의미하고 따분하기 그지없는 일을 계속해나갈 수 있는 것은 아니다. 금융 전문가들도 예외는 아니다. 그들은 주식을 거래하거나 투기성 자본이 넘치는 시장에서 제대로 된 상품을 고르는 것처럼 매 순간 복잡하고 어려운 업무를 수행하곤 한다. 이들의 행동이 돈 때문에 바뀌는 일은 많지 않다. 그들에게 금전적 인센티브는 특정 문제에 더 많은 관심을 쏟고 고민하게 만드는 도구일 뿐이다. 하지만 인센티브 때문에 특정 문제에 더 집중한다고 해서 반드시 더 '현명하게' 일을 처리하는 것은 아니다. 새로운 해결책을 찾기보다는 기존의 대안에 몰입할 뿐이다. 한마디로, 헛수고를 하고 있는 것이다.

실제로 일부 직종에서는 인센티브가 오히려 부작용을 일으키는 것으로 밝혀졌다. 이런 직종들 대부분은 판단이나 결정이 중요한 분야다. 현명하게 판단하려면 자신의 무의식적 행동양식부터 잘 알아야 한다. 한 예로 프로 농구 선수들은 정규 시즌에 비해 플레이오프

경기에서 자유투를 훨씬 적게 한다.

:: 삶을 흘러가게 하는 것은 시간

무엇이 사람을 행복하게 하는지에 대해 10년 넘게 연구를 계속해 온 데이비드 슈케이드 교수는 한 가지 결론에 이르렀다고 내게 말했다. 삶을 흘러가게 하는 것은 돈이 아니라 시간이라는 것이다. 이사나 은퇴처럼 살아가면서 중대한 변화에 직면했을 때 사람들이 범하는 가장 흔한 실수 중 하나가 바로 이전의 시간 활용 방식에서 한 발짝도 벗어나지 못한다는 점이다. 상황이 달라지면 시간을 활용하는 방식도 달라져야 하지만 많은 사람들은 그렇게 하지 못한다. 텍사스주에서 살아온 슈케이드는 이 철학을 완벽히 묘사한 구절을 어느 자동차의 범퍼 스티커에서 찾았다고 했다. "뉴욕을 ♥한다면, 30번 고속도로를 타고 동쪽으로 가시오!"

다시 말해, 텍사스에서 살고 싶으면 그 지역의 장점을 즐기는 법을 배워야 한다는 뜻이다. 뉴욕의 거대한 베이글 빵이나 로스앤젤레스의 멋진 해변을 기대하며 텍사스로 이사해서는 곤란하다. 텍사스에서 살고 싶다면 로데오나 댈러스 카우보이즈* 혹은 텍사스의 광활한 대지를 즐길 줄 알아야 한다.

* 텍사스 연고의 NFL 팀. —옮긴이

"그건 상식입니다." 슈케이드가 내게 말했다. "그런데도 사람들은 그러질 못하지요."

삶을 새롭게 설계하기 위해서는 중대한 결심과 노력이 필요하다. 은퇴한 사람 중 상당수가 다시 직업 활동에 복귀하는 이유도 여기에 있다. 주어진 시간을 미래의 새로운 생활을 위해서가 아니라 늘 해오던 일에만 투자하겠다는 생각 역시 실수의 한 형태로 볼 수 있는 것이다. 슈케이드 교수는 몇 년 전에 텍사스에서 캘리포니아로 이사하면서 남부 캘리포니아에서의 색다른 생활을 즐기리라고 다짐했다. 그래서 골프도 더 많이 다니고, 바다가 바라보이는 집 한 공간에 발코니도 마련했다. 또 일요일 아침이면 아내의 손을 잡고 해변을 거닐기도 한다. 슈케이드 교수는 최근의 달라진 생활에서 느낀 점을 한마디로 이렇게 표현했다. "사는 곳이 사람을 행복하게 만들지는 않습니다. 행복은 시간을 어떻게 활용하느냐에 달려 있습니다."

이 평범한 진리를 망각하는 것, 그것이야말로 세상에서 가장 큰 실수일지도 모른다.

많은 학자들의 연구가 없었다면 이 책의 지면을 채우지 못했을 것이다. 그들 모두에게 큰 빚을 졌다. 특히 일뿐 아니라 개인적인 시간까지도 기꺼이 할애해준 그들에게 깊이 감사한다. 로라 베크위드, 매리언 버트랜드, 앨런 브라운, 마이크 콜린, 에드 코넬, 캐런 대니얼, 앤더스 에릭슨, 톰 길로비치, 폴 그린, 저스틴 크루거, 엘런 랭어, 조지 뢰벤슈타인, 마이클 맥클로스키, 비키 맥크라켄, 댄 몬텔로, 딕 네이서, 린 레더, 크레이그 로버츠, 데이비드 슈케이드, 폴 슈메이커, 댄 사이먼스, 알렉스 토도로프, 바버라 트버스키, 엘케 베버, 제레미 울프, 모두에게 다시 한 번 감사드린다.

가정뿐 아니라 삶의 문까지 내게 활짝 열어준 사람들에게도 고마움을 전하고 싶다. 많은 이야기를 들려준 질 번과 노먼 아인슈타인, 클레어 휴잇, 피트와 젠 마리노 부부, 그리고 톰 밴더 몰렌에게 감사한다.

내 에이전트인 제인 다이스텔과 미리엄 골데리치에게도 깊은 감사의 인사를 전한다. 두 사람은 이 책에 생명을 불어넣기 위해 누구보다 애를 썼고 모든 작업에서 훌륭한 지휘자 역할을 했다. 더불어 브로드웨이 북스 출판사의 편집인 크리스 퓨오폴로에게도 고개 숙여 감사한다. 그녀의 노련한 손길과 현명한 조언, 그리고 스테파니 보웬의 열정적인 노력 덕분에 이 책이 세상에서 빛을 볼 수 있었다. 그리고 그렉 버그와 케반 밀러, 특히 짐 로이드 박사의 조언도 이 책의 가치를 더하는 데 크게 기여했다.

끝으로, 여기서 일일이 소개하지 못했지만 이 책의 기획에서 출간에 이르기까지 수고를 아끼지 않은 모든 분들에게 다시 한 번 머리 숙여 감사의 인사를 드린다.

참고문헌

Adams, Richard J., and K. Anders Ericsson. 1992. *Introduction to Cognitive Processes of Expert Pilots.* U.S. Department of Transportation, Federal Aviation Administration, Report No. DOT/FAA/RD-92/12.

Agence France Press. 2008. German Schoolboy, 13, Corrects NASA's Asteroid Figures: Paper. April 15.

Ahlers, Mike M. 2007. Air Controller Fatigue Contributed to 4 Mishaps. CNN.com, April 11.

Air Safety Week. 2005. Despite Headway, CFIT Remains Persistent, Deadly Threat. 19 (2), Jan. 10.

Akst, Daniel. 2001. Read the Instructions. *Industry Standard,* June 11.

Alexander, Amy L., Thomas E. Nygren, and Michael A. Vidulich. 2000. *Examining the Relationship Between Mental Workload and Situation Awareness in a Simulated Air Combat Task.* Air Force Research Laboratory, Wright-Patterson Air Force Base, Dayton, Ohio.

Anderson, Jenny, and Vikas Bajaj. 2008. Merrill Tries to Temper the Pollyannas in Its Ranks. *New York Times,* May 15, p. C1.

Angier, Natalie. 2008. Mirrors Don't Lie. Mislead? Oh, Yes. *New York Times,* July 22, p. D1.

Ariely, Dan, and Klaus Wertenbroch, 2002. Procrastination, Deadlines, and Performance: Self-Control by Precommitment. *Psychological Science* 13 (3), pp. 219-24.

Arkes, Hal R. 1991. Costs and Benefits of Judgment Errors: Implications for Debiasing. *Psychological Bulletin* 110 (3), pp. 486-98.

Arkes, Hal R., Robyn M. Dawes, and Caryn Christensen. 1986. Factors Influencing the Use of a Decision Rule in a Probabilistic Task. *Organizational Behavior and Human Decision Making* 37, pp. 93-110.

Arkes, Hal R., et al. 1981. Hindsight Bias Among Physicians Weighing the Likelihood of a Disease. *Journal of Applied Psychology* 66, pp. 252-54.

Armstrong, David. 2007. Your Doctor's Business Ties Are Your Business, Too. *Wall Street Journal,* Nov. 20, p. D1.

Associated Press. 2005. Body Hanging from Tree Mistaken for Halloween Decoration. Oct. 28.

——. 2007a. FDA Says Pills Can Cause "Sleep-Driving." March 14.

——. 2007b. Subtle Software Changes May Narrow Gender Gap. *Chicago Tribune,* Sept. 24, sec. 3, p. 5.

——. 2008a. 5th-Grander Finds Mistake at Smithsonian. April 3.

——. 2008b. Fox: Jackson Used N-Word in Off-Air Remarks. July 16.

——. 2008c. Fatal Medication Errors at Home Rise Sharply. July 29.

Atchley, P., and J. Dressel. 2004. Conversation Limits the Functional Field of View. *Human Factors* 46 (4), pp. 664-73.

Ausubel, Lawrence M. 1999. Adverse Selection in the Credit Card Market. Working paper, University of Maryland.

Bahrick, Harry P., Phyllis O. Bahrick, and Roy P. Wittlinger. 1975. Fifty Years of Memory for Names and Faces: A Cross-Sectional Approach. *Journal of Experimental Psychology: General* 104 (1), pp. 54-75.

Bahrick, Harry P., Lynda K. Hall, and Stephanie A. Berger. 1996. Accuracy and Distortion in Memory for High School Grades. *Psychological Science* 7, pp. 265-71.

Baker, S. L., and I. Kirsch. 1991. Cognitive Mediators of Pain Perception and Tolerance. *Journal of Personality and Social Psychology* 61, pp. 504-10.

Ballew, Charles C., II, and Alexander Todorov. 2007. Predicting Political Elections from Rapid and Unreflective Face Judgments. *Proceedings of the National Academy of Sciences* 104 (46), pp. 17948-53.

Barber, Brad M., and Terrance Odean. 2000. Trading Is Hazardous to Your Wealth: The Common Stock Investment Performance of Individual Investors. *Journal of Finance* 55 (2), pp. 773-806.

——. 2001. Boys Will Be Boys: Gender, Overconfidence, and Common Stock Investment. *Quarterly Journal of Economics,* Feb., pp. 261-92.

——. 2008. All That Glitters: The Effect of Attention and News on the Buying Behavior of Individual and Institutional Investors. *Review of Financial Studies* 21, pp. 785-818.

Barger, Laura K., et al. 2006. Impact of Extended-Duration Shifts on Medical Errors, Adverse Events, and Attentional Errors. *Public Library of Science-Medicine,* available online.

Barlyn, Suzanne. 2007. Cranky Consumer: Waiting for Rebate Checks to Arrive. *Wall Street Journal,* May 10, p. D2.

Barnes, Brooks, and Andrea Petersen. 2001. As Priorities Change, Some Question Why They Eschew the Fat. *Wall Street Journal,* Oct. 5, p. 1.

Barras, Colin. 2008. "Sexy" Voice Gives Fertile Women Away. *New Scientist,* May 1, p. 14.

Barlett, F. C. 1964. *Remembering: A Study in Experimental and Social Psychology.* Cambridge, U.K.: Cambridge University Press. (1st ed., 1932.)

Bateman, Don. 2008. Personal correspondence.

Beach, King D. 1988. The Role of External Mnemonic Symbols in Acquiring an Occupation. In *Practical Aspects of Memory: Current Research and Issues.* Vol. 1: *Memory in everyday Life,* edited by M. M. Gruneberg, P. E. Morris, and R. N. Sykes. Chichester, U.K.: Wiley.

Beck, Melinda. 2008. To Cut Risks of Sleeping Pills, Hide Car Keys, Unplug Phone. *Wall Street Journal,* May 6, p. D1.

Beckwith, Laura A. 2007a. Gender HCI Issues in End-User Programming. Ph.D. diss., Oregon State University.

——. 2007b. Author interview.

Begley, Sharon. 2005. Security's Blind Spot. *Wall Street Journal,* Dec. 30, p. A11.

Belenky, Gregory, et al. 1994a. Subjective Fatigue of C-141 Aircrews During Operation Desert Storm. *Human Factors* 36 (2), pp. 339-49.

——. 1994b. The Effects of Sleep Deprivation on Performance During Continuous Combat Operations. In *Food Components to Enhance Performance*, edited by B. Marriott Washington, D.C.: National Academy Press.

Berlin, Leonard. 2000. Hindsight Bias. *American Journal of Roentgenology* 175, pp. 597-601.

Bertrand, Marianne. 2007. Author interview.

Bertrand, Marianne, Dean Karlan, Sendhil Mullainathan, Eldar Shafir, and Jonathan Zimnam. 2006. Pricing Psychology: A Field Experiment in the Consumer Credit Market. Mimeo, University of Chicago.

Beyer, Sylvia. 1998. Gender Differences in Self-Perception and Negative Recall Biases. *Sex Roles* 38 (1/2), pp. 103-33.

Biederman, Irving. 1987. Recognition-by-Components: A Theory of Human Image Understanding. *Psychological Review* 94, pp. 115-47.

Bishop, Michal A., and J. D. Trout. 2002. 50 Years of Successful Predictive Modeling Should Be Enough: Lessons for Philosophy of Science. *Philosophy of Science* 69, pp. S197-S208.

Blackstone, John. 2008. Bringing Back Bridge. CBS News, Feb. 16, available online at cbsnews.com.

Blass, Thomas. 2004. *The Man Who Shocked the World: The Life and Legacy of Stanley Milgram*. New York: Basic Books.

Boehm, Thomas, et al. 1997. Antiangiogenic Therapy of Experimental Cancer Does Not Induce Acquired Drug Resistance. *Nature* 390, pp. 404-7.

Bonner, Sarah E., S. Mark Young, and Reid Hastie. 1996. Financial Incentives and Performance in Laboratory Tasks: The Effects of Task Type and Incentive Scheme Type. Unpublished manuscript. University of Southern California Department of Accounting.

Boot, Walter R., et al. 2006. Detecting Transient Changes in Dynamic Displays: The More You Look, the Less You See. *Human Factors* 48 (4), pp. 759-73.

Bower, G. H. 1981. Mood and Memory. *American Psychologist* 36, pp. 129-48.

Bower, G. H., and M. H. Karlin. 1974. Depth of Processing Pictures of Faces and Recognition Memory. *Journal of Experimental Psychology* 103, pp. 751-57.

Boynton, Robert D., Brian F. Blake, and Joe N. Uhl. 1983. Retail Price Reporting Effects in Local Food Markets. *American Journal of Agricultural Economics* 65 (1), pp. 20-29.

Bransford, John D., and Marcia K. Johnson. 1972. Contextual Prerequisites for Understanding: Some Investigations of Comprehension and Recall. *Journal of Verbal Learning and Verbal Behavior* 11, pp. 717-26.

Brennen, Tim, et al. 1990. Resolving Semantically Induced Tip-of-the-Tongue States for Proper Nouns. *Memory & Cognition* 18 (4), pp. 339-47.

Brouwer, W., et al. 1991. Divided Attention in Experienced Young and Older Drivers: Lane Tracking and Visual Analysis in a Dynamic Driving Simulator. *Human Factors* 33 (5), pp. 573-82.

Brown, Alan S. 1991. A Review of the Tip-of-the-Tongue Experience. *Psychological Bulletin* 109 (2), pp. 204-23.

——. 2007. Author interview.

Brown, Alan S., et al. 2004. Generating and Remembering Passwords. *Applied Cognitive Psychology* 18, pp. 641-51.

Brown, Alan S., and Tamara A. Rahal. 1994. Hiding Valuables: A Questionnaire Study of Mnemonically Risky Behavior. *Applied Cognitive Psychology* 8, pp. 141-54.

Brown, Norman R., and Robert C. Sinclair. 1999. Estimating Number of Lifetime Sexual Partners: Men and Women Do It Differently. *Journal of Sex Research* 36 (3), pp. 292-97.

Brownlee, Shannon. 2007. *Overtreated: Why Too Much Medicine Is Making Us Sicker and Poorer.* New York: Bloomsbury USA.

Bruce, Vicki, and Andy Young. 1998. *In the Eye of the Beholder: The Science of Face Perception.* Oxford: Oxford University Press.

Burson, Katherine A. 2007. Consumer-Product Skill Matching: The Effects of

Difficulty on Relative Self-Assessment and Choice. *Journal of Consumer Research* 34, pp. 104-10.

Byrne, Caroline. 2000. Confused Vigilantes Attack Doctor's Home. *Chicago Sun-Times,* Aug. 31, p. 34.

Byrne, Jill. 2007. Author interview.

Cain, Daylian M., George Loewenstein, and Don A. Moore. 2005. The Dirt of Coming Clean: Perverse Effects of Disclosing Conflicts of Interest. *Journal of Legal Studies* 34, pp. 1-25.

Camerer, Colin. 1998. Behavioral Economics and Nonrational Decision Making in Organizations. In *Decision Making in Organizations,* edited by J. Halpern and B. Sutton. Ithaca, N.Y.: Cornell University Press.

Camerer, Colin, Linda Babcock, George Loewenstein, and Richard Thaler. 1997. Labor Supply of New York City Cabdrivers: One Day at a Time. *Quarterly Journal of Economics* 112, pp. 407-41.

Camerer, Colin, and Robin Hogarth. 1999. The Effects of Financial Incentives in Experiments: A Review and Capital-Labor-Production Framework. *Journal of Risk and Uncertainty* 19, pp. 7-42.

Camerer, Colin, and Eric J. Johnson. 1991. The Process-Performance Paradox in Expert Judgment: How Can Experts Know So Much and Predict So Badly? In *Toward an General Theory of Expertise: Prospects and Limits,* edited by K. Anders Erricsson and Jacqui Smith. Cambridge, U.K.: Cambridge University Press.

Camerer, Colin, George Loewenstein, and Martin Weber. 1989. The Curse of Knowledge in Economic Settings: An Experimental Analysis. *Journal of Political Economy* 97 (5), pp. 1232-54.

Camerer, Colin, and Dan Lovallo. 1999. Overconfidence and Excess Entry: An Experimental Approach. *American Economic Review* 89 (1), pp. 306-18.

Campanelli, John. 2006. I Forget My Password! With More and More Codes to Clutter Our Brains, It's a Wonder We Don't All Crash. *Plain Dealer,* Sept. 3, p. L1.

Caplan, Jeremy. 2007. Cause of Death: Sloppy Doctors. *Time,* Jan. 15.

Carbaugh, David C. 2008. Personal correspondence.

Cash, James. 2005. Specialist's Factual Report of Investigation. National Transportations Safety Board, Accident No. IAD05FA023, Oct. 18.

Chapman, Gretchen B., and Brian H. Bornstein. 1996. The More You Ask for, the More You Get: Anchoring in Personal Injury Verdicts. *Applied Cognitive Psychology* 10, pp. 519-40.

Chapman, Loren J., and Jean P. Chapman. 1967. Genesis of Popular but Erroneous Psychodiagnostic Observations. *Journal of Abnormal Psychology* 72 (3), pp. 193-204.

Charness, Nei., 1991. Expertise in Chess: The Balance Between Knowledge and Search. In *Toward a General Theory of Expertise: Prospects and Limits,* edited by K. Anders Ericsson and Jacqui Smith. Cambridge, U.K.: Cambridge University Press.

Chase, William G., and K. Anders Ericsson. 1981 Skilled Memory. In *Cognitive Skills and Their Acquisition,* edited by John R. Anderson. Hillsdale, N.J.: Lawrence Erlbaum Associates.

Chase, William G., and Herbert A. Simon. 1973. Perception in Chess. *Cognitive Psychology* 4, pp. 55-81.

Choi, Jean, Erin Mckillop, Michael Ward, and Natasha L'Hirondelle. 2006. Sex-Specific Relationships Between Route-Learning Strategies and Abilities in a Large-Scale Environment. *Environment and Behavior* 38 (6), pp. 791-801.

Christensen-Szalanski, J. J. J. 1984. Discount Functions and the Measurement of Patient Values: Women's Decisions During Childbirth. *Medical Decision-Making* 4, pp. 41-48.

Christensen-Szalanski, J. J. J., and James B. Bushyhead. 1981. Physician's Use of Probabilistic Information in a Real Clinical Setting. *Journal of Experimental Psychology: Human Perception and Performance* 7 (4), pp. 928-35.

Christiansen, R. E., et al. 1983. Influencing Eyewitness Descriptions. *Law and Human Behavior* 7, pp. 59-65.

Clarke, Norm. 2006. Wynn Accidentally Damages Picasso. *Las Vegas Review-Journal,* Oct. 17, p. 3A.

Clothier, Mark. 2006. Retailers Find Profit Windfall-Unused Gift Cards. Bloomberg News, Feb. 27.

CNN Interactive. 1997. Lack of Sleep America's Top Health Problem, Doctors Say. March 17.

Cobb, James G. 2002. Menus Behaving Badly. *New York Times,* May 12.

Cohen, Gillian. 1990. Why Is It Difficult to Put Names to Faces? *British Journal of Psychology* 81, pp. 287-97.

Cohen, Gillian, and Dorothy Faulkner. 1986. Memory for Proper Names: Age Differences in Retrieval. *British Journal of Developmental Psychology* 4, pp. 187-97.

Conlin, Michael, Ted O'Donoghue, and Timothy Vogelsang. 2006. Projection Bias in Catalog Orders. *American Economic Review* 97 (4), pp. 1217-49.

Corcoran, D. W. J. 1967. Acoustic Factor in Proof Reading. *Nature* 214, pp. 851-52.

Corkery, Michael. 2007. Home Myths Meet Reality. *Wall Street Journal,* Aug. 4-5, p. B1.

Cornell, Edward H. 2007. Author interview.

Cornell, Edward H., and Deborah H. Hay. 1984. Children's Acquisition of a Route via Different Media. *Environment and Behavior* 16 (5), pp. 627-41.

Cornell, Edward H., C. Donald Heth, and Lorri S. Broda. 1989. Children's Wayfinding: Response to Instructions to Use Environmental Landmarks. *Developmental Psychology* 25 (5), pp. 755-64.

Cornell, Edward H., C. Donald Heth, and Wanda L. Rowat. 1992. Wayfinding by Children and Adults: Responses to Instructions to Use Look-Back and Retrace Strategies. *Developmental Psychology* 28 (2), pp. 328-36.

Cornell, Edward H., Autumn Sorenson, and Teresa Mio. 2003. Human Sense of Direction and Wayfinding. *Annals of the Association of American Geographers* 93 (2), pp. 399-425.

Cross, John F., Jane Cross, and James Daly. 1971. Sex, Race, Age, and Beauty as Factors in Recognition of Faces. *Perception & Psychophysics* 10 (6), pp. 393-96.

Dabbs, James M., Jr., et al. 1998. Spatial Ability, Navigation Strategy, and Geographic Knowledge Among Men and Women. *Evolution and Human Behavior* 19, pp. 89-98.

Dana, Jason, and George Loewenstein. 2003. A Social Science Perspective on Gifts to Physicians from Industry. *Journal of the American Medical Association* 290 (2), pp. 252-55.

Davis, Harry L., Stephen J. Hoch, and E. K. Easton Ragsdale. 1986. An Anchoring and Adjustment Model of Spousal Predictions. *Journal of Consumer Research* 13, pp. 25-37.

Davis, Robert. 2006. "Wrong Site" Surgeries on the Rise. *USA Today,* April 18, p. D5.

Dawes, Robyn, David Faust, and Paul E. Meehl. 1989. Clinical Versus Actuarial Judgment. *Science* 243, pp. 1668-74.

Dean, Cornelia. 2005. Scientific Savvy? In U.S., Not Much. *New York Times,* Aug. 30.

Dean, John, 2007. Author correspondence.

Decina, Larry. 2007. Ahthor interview.

Della Vigna, Stefano. 2007. Psychology and Economics: Evidence from the Field. Working paper.

——. 2008. Author interview.

Della Vigna, Stefano, and Ulrike Malmendier. 2004. Contract Design and Self-Control: Theory and Evidence. *Quarterly Journal of Economics* 119 (2), pp. 353-402.

——. 2005. Paying Not to Go to the Gym. *American Economic Review* 96 (3), pp. 694-719.

Della Vigna, Stefano, and Joshua M. Pollet. 2008. Investor Inattention and Friday Earnings Announcements. *Journal of Finance,* forthcoming.

Deloitte. 2007. Yes, Virginia, There Is a Santa Claus. Press release, Nov. 1.

DelVecchio, Devon, H. Shanker Krishnan, and Daniel C. Smith. 2007. Cents or Percent: The Effects of Promotion Framing on Price Expectations and Choice. *Journal of Marketing* 71 (3).

DePaulo, B. M., et al. 1996. Lying in Everyday Life. *Journal of Personality and Social Psychology* 70, pp. 979-95.

Diaz, Jaime. 1989. Perils of Putting. *Sports Illustrated,* April 3, pp. 76-79.

Diener, Ed, and Carol Diener. 1996. Most People Are Happy. *Psychological Science* 7 (3), pp. 181-85.

Dingus, T. A., et al. 2006. *The 100-Car Naturalistic Driving Study, Phase II-Results of the 100-Car Field Experiment.* National Highway Traffic Safety Administration, Report No. DOT HS 810 593, Washington, D.C.

DiVita, Joseph, et al. 2004. Verification of the Change Blindness Phenomenon While Managing Critical Events on a Combat Information Display. *Human Factors* 46 (20), pp. 205-18.

Doege, David. 2007. Man Mistakes Porn DVD as Woman's Cries for Help; He Faces Charges After Entering Apartment with Sword in Tow. *Milwaukee Journal Sentinel,* Feb. 20.

Doege, David, and Amy Rinard. 2007. Swordsman's Claim Disputed; Prosecutor Says Sounds on Neighbor's DVD Were Consensual Sex, Not Rape. *Milwaukee Journal Sentinel,* Feb. 21.

Donley, R., and M. Ashcraft. 1992. The Methodology of Testing Naïve Belief in the Physics Classroom. *Memory & Cognition* 20 (4), pp. 381-91.

Dooren, Jennifer Corbett. 2008. FDA Warns 2 Disodium Drugs Can Be Mistaken for Each Other. *Wall Street Journal,* Jan. 17, p. D4.

Douglas, Kate, et al. 2005. Attention Seeking. *New Scientist,* May 28, p. 38.

Dremen, David N., and Michael A. Berry. 1995. Analyst Forecasting Errors and Their Implications for Security Analysts. *Financial Analysts Journal,* May/June, pp. 30-41.

Dudokovich, Nicole, Elizabeth Marsh, and Barbara Tversky. 2004. Telling a Story or Telling It Straight: The Effects of Entertaining Versus Accurate Retelling on Memory. *Applied Cognitive Psychology* 18, pp. 125-43.

Dugas, Christine. 2007. Too Many 401(k)s Still Have Too Much Company Stock. *USA Today,* Dec. 14, 2007.

Duncker, K. 1939. The Influence of Past Experience upon Perceptual Properties. *American Journal of Psychology* 52, pp. 255-65.

Dunleavey, M. P. 2007. Disclosing Bias Doesn't Cancel Its Effects. *New York Times,* July 28, p. B6.

Dux, Paul E., Jason Ivanoff, Christopher L. Asplund, and Rene Marois. 2006. Isolation of a Central Bottleneck of Information Processing with Time-Resolved fMRI. *Neuron* 52, pp. 1109-20.

Dweck, Carol S. 1999. *Self-Theories: Their Role in Motivation, Personality, and Development.* Philadelphia: Psychology Press.

Ebbinghaus, Herman. 1964. *Memory: A Contribution to Experimental Psychology.* New York: Dover. (Originally published 1885; translated 1913.)

Einstein, Gilles, et al. 2003. Forgetting of Intentions in demanding Situations Is Rapid. *Journal of Experimental Psychology: Applied* 9, pp. 147-62.

Einstein, Norman. 2007. Author interview.

Epley, Nicholas, and Erin Whitchurch. 2008. Mirror, Mirror on the Wall: Enhancement in Self-Recognition. *Personality and Social Psychology Bulletin* 34 (9), pp. 1159-70.

Ericsson, K. Anders. 1996. *The Road to Excellence: The Acquisition of Expert Performance in the Arts and Sciences, Sports and Games.* Mahwah, N.J.: Lawrence Erlbaum Associates.

——. 2007. Author interview.

Ericsson, K. Anders, Roy W. Roring, and Nandagopal Kiruthiga. 2007. Giftedness and Evidence for Reproducibly Superior Performance: An Account Based on the Expert Performance Framework. *High Ability Studies* 18 (1), pp. 3-56.

Ericsson, K. Anders, and Jacqui Smith, eds. 1991. *Toward a General Theory of Expertise: Prospects and Limits.* Cambridge, U.K.: Cambridge University

Press.

Esch, H. E., and J. E. Burns. 1996. Distance Estimation by Foraging Honeybees. *Journal of Experimental Biology* 199 (1), pp. 155-62.

Etienne, Ariane S., et al. 1999. Dead Reckoning (Path Integration), Landmarks, and Representation of Space in a Comparative Perspective. In *Wayfinding Behavior: Cognitive Mapping and Other Spatial Processes,* edited by Reginald G. Golledge. Baltimore: Johns Hopkins University Press.

Fackelmann, Kathleen. 2006. Study: Long Hospital Shifts, Sleep Deprivation Can Kill. *USA Today,* Dec. 12, p. 1.

Feldman, R. S., J. A. Forrest, and B. R. Happ. 2002. Self-Presentation and Verbal Deception: Do Self-Presenters Lie More? *Basic and Applied Social Psychology* 24, pp. 163-70.

Ferraro, R., et al. 2005. Let Us Eat and Drink, for Tomorrow We Shall Die: Effects or Mortality Salience and Self-Esteem of Self-Regulation in Consumer Choice. *Journal of Consumer Research* 32, pp. 65-75.

Fielding Rachel. 2003. Password Problems Swamp Help Desks. Vnunet.com, Jan. 15.

Fischhoff, Baruch. 1975. Hindsight ≠ Foresight: The Effect of Outcome Knowledge on Judgment Under Uncertainty. *Journal of Experimental Psychology: Human Perception and Performance* 1 (3), pp. 288-99.

——. 2007. An Early History of Hindsight Research. *Social Cognition* 25 (1), pp. 10-13.

Fischhoff, Baruch, and Ruth Beyth. 1975. "I Knew It Would Happen"-Remembered Probabilities of Once-Future Things. *Organizational Behavior and Human Performance* 13, pp. 1-16.

Fisher, Ian. 1998. In Excitement over Cancer Drugs, an Caution over Premature Hopes. *New York Times,* May 5.

Fontes, Miguel, and Peter Roach. 2007. Condom Nations. *Foreign Policy,* Sept./Oct.

Frank, Mark G., and Thomas Gilovich. 1988. The Dark Side of Self- and Social

Perception: Black Uniforms and Aggression in Professional Sports. *Journal of Personality and Social Psychology* 54 (1), pp. 74-85.

Frank, Thomas. 2007. Most Fake Bombs Missed by Screeners. *USA Today,* Oct. 26.

Fryar, Cheryl D., et al. 2007. *Drug Use and Sexual Behaviors Reported by Adults: United States, 1999-2002.* Centers for Disease Control and Prevention, Advance Data No. 384, June 27.

Gaba, David M., et al. 2003. Differences in Safety Climate Between Hospital Personnel and Naval Aviators. *Human Factors* 45 (20), pp. 173-85.

Gabriel, Marsha T., Joseph W. Critelli, and Julianan S. Ee. 1994. Narcissistic Illusions in Self-Evaluations of Intelligence and Attractiveness. *Journal of Personality* 62 (1), pp. 143-55.

Galinsky, Adam D., and Thomas Musseweiler. 2001. First Offers as Anchors: The Role of Perspective-Taking and Negotiator Focus. *Journal of Personality and Social Psychology* 81 (4), pp. 657-69.

Gawande, Atul. 2007. The Power of Negative Thinking. *New York Times,* May 1.

Gervais, Simon, and Terrance Odean. 2001. Learning to Be Overconfident. *Review of Financial Studies* 14 (1), pp. 1-27.

Gibbons, Robert V., et al. 1998. A Comparison of Physicians' and patients' Attitudes Toward Pharmaceutical Industry Gifts. *Journal of General Internal Medicine* 13, pp. 151-54.

Gibbs, W. Wayt. 2005. Considerate Computing. *Scientific American,* May 28, pp. 54-61.

Gibson, James J. 1950. *The Perception of the Visual World.* Boston: Houghton Mifflin.

——. 1979. *The Ecological Approach to Visual Perception.* Boston: Houghton Mifflin.

Gilbert, Daniel. 2005. *Stumbling on Happiness.* New York: Knopf.

——. 2006. I'm O.K., You're Biased. *New York Times,* April 16, p. WK12.

Gilbert, Daniel, and Jane E. Ebert. 2002. Decisions and Revisions: The Affective

Forecasting of Changeable Outcomes. *Journal of Personality and Social Psychology* 82 (4), pp. 503-14.

Gilbert, Daniel, et al. 1998. Immune Neglect: A Source of Durability Bias in Affective Forecasting. *Journal of Personality and Social Psychology* 75 (3), pp. 617-38.

Gilovich, Thomas. 1981. Seeing the Past in the Present: The Effect of Associations to Familiar Events on Judgments and Decisions. *Journal of Personality and Social Psychology* 40 (5), pp. 797-808.

——. 1983. Biased Evaluation and Persistence in Gambling. *Journal of Personality and Social Psychology* 44 (6), pp. 1110-26.

——. 2007. Author interview.

Gilovich, Thomas, Victoria Husted Medvec, and Serena Chen. 1995. Commission, Omission, and Dissonance Reduction: Coping with Regret in the "Monty Hall" Problem. *Personality and Social Psychology Bulletin* 21 (2), pp. 182-90.

Glenberg, Arthur M., and William Epstein. 1985. Calibration of Comprehension. *Journal of Experimental Psychology: Learning, Memory, and Cognition* 11 (4), pp. 702-18.

Godden, D. R., and A. D. Baddeley. 1975. Context-Dependent Memory in Two Natural Environments: On Land and Underwater. *British Journal of Psychology* 66 (3), pp. 325-31.

Goldberg, Carey. 2005. If You Don't Find It Often, You Don't Often Find It. *Boston Globe,* May 31, p. C1.

Goldberg, Lewis R. 1968. Simple Models of Simple Processes? Some Research on Clinical Judgments. *American Psychologist* 23, pp. 483-96.

Golledge, Reginald G., ed. 1999. *Wayfinding Behavior: Cognitive Mapping and Other Spatial Processes.* Baltimore: Johns Hopkins University Press.

Gonzalez, Victor, and Gloria Mark. 2004. "Constant, Constant, Multi-tasking Craziness": Managing Multiple Working Spheres. *2004 Proceedings of Human Factors in Computer Systems,* Vienna, 6 (1).

Gowen, Annie, and Lila Arzua. 2004. 10 Teens Hurt as Tour Bus Slams into

Overpass. *Washington Post,* Nov. 15, p. B1.

Gramzow, Richard H., Greg Willard, and Wendy Berry Mendes. 2008. Big Tales and Cool Heads: Academic Exaggeration Is Related to Cardiac Vagal Reactivity. *Emotion* 8 (1), pp. 138-44.

Green, Paul. 1999. Visual and Task Demands of Driver Information Systems. Technical Report UMTRI-98-16. Ann Arbor: University of Michigan Transportation Research Institute.

——. 2004. Driver Distraction, Telematics Design, and Workload Managers: Safety Issues and Solutions. Convergence Transportation Electronics Association.

Greenberg, Richard N. 1984. Overview of Patient Compliance with Medication Dosing: A Literature Review. *Clinical Therapeutics* 6 (5), pp. 592-99.

Greene, Terry, and Helga Noice. 1988. Influence of Positive Affect upon Creative Thinking and Problem Solving in Children. *Psychological Reports* 63, pp. 895-98.

Grinblatt, Mark, and Matti Keloharju. 2008. Sensation Seeking, Overconfidence, and Trading Activity. Working paper available at www.anderson.ucla.edu/documents/areas/fac/finance/06-06.pdf.

Grow, Brian. 2005. The Great Rebate Runaround. *BusinessWeek,* Nov. 23.

Gruenberg, M. M., P. E. Morris, and R. N. Sykes, eds. 1978. *Practical Aspects of Memory.* London: Academic Press.

Hagerty, James R., and Kemba J. Dunham. 2005. How Big U.S. Home Builders Plan to Ride out a Downturn. *Wall Street Journal Online,* Dec. 1.

Hallenbeck, Cleve. 1920. Forecasting Precipitation in Percentages of Probability. *Monthly Weather Review* 48 (11), pp. 645-47.

Hallinan, Joseph T. 2005. Heal Thyself: Once Seen as Risky, One Group of Doctors Changes Its Ways. *Wall Street Journal,* June 21, p. A1.

——. 2007. Investor Appetite Is What Diet Firm May Really Lose. *Wall Street Journal,* Feb. 1, p. C1.

Hancock, H., A. Fisk, and W. Rogers. 2005. Comprehending Product Warning Information: Age-Related Effects and the Roles of Memory, Inferencing, and

Knowledge. *Human Factors* 47 (2), pp. 219-34.

Harbluck, Joanne L., Y. Ian Noy, and Moshe Eizenman. 2002. The Impact of Cognitive Distraction on Driver Visual Behaviour and Vehicle Control. *Transport Canada,* TP No. 13889 E, Feb.

Harper's. 2007. Harper's Index. July, p. 15.

Harris, Christine R., Michael Jenkins, and Dale Glaser. 2006. Gender Differences in Risk Assessment: Why Do Women Take Fewer Risks Than Men? *Judgment and Decision Making* 1 (1), pp. 48-63.

Harris, Gardiner. 2008. Drug Industry to Announce Revised Code on Marketing. *New York Times,* July 10.

Harrison, Yvonne, and James A. Horne. 2000. The Impact of Sleep Deprivation on Decision Making: A Review. *Journal of Experimental Psychology: Applied* 6 (3), pp. 236-49.

Haslam, Diana R., and Peter Abraham. 1987. Sleep Loss and Military Performance. In *Contemporary Studies in Combat Psychiatry,* edited by G. Belenky. Westport, Conn.: Greenwood Press.

Hastie, Reid, David A. Schkade, and John W. Payne. 1999. Juror Judgments in Civil Cases: Effects of Plaintiff's Requests and Plaintiff's Identity on Punitive Damage Awards. *Law and Human Behavior* 23 (4), pp. 445-70.

Held, Richard, et al. 2008. Revisiting the Molyneux Question. *Journal of Vision* 8 (6), pp. 523, 523a.

Herman, C. Peter, and Janet Polivy. 2003. Dieting as an Exercise in Behavioral Economics. In *Time and Decision,* edited by Daniel Read. New York: Russel Sage Foundation.

Hertwig, Ralph, Thorsten Pachur, and Stephanie Kurzenhauser. 2005. Judgments of Risk Frequencies: Tests of Possible Cognitive Mechanisms. *Journal of Experimental Psychology: Learning, Memory, and Cognition* 31 (4), pp. 621-42.

Heuer, R. 1999. *Psychology of Intelligence Analysis.* Center for the Study of Intelligence, Central Intelligence Agency, Washington D.C. Available at www.cia.gov/library/.

Hewitt, Claire. 2007. Author interview.

Heywood, Simon. 1972. The Popular Number Seven of Number Preference. *Perceptual and Motor Skills* 34, pp. 357-58.

Hill, Michael. 2006. Professor Sniffs Out Folk's Eating Habits. Associated Press, Nov. 6.

Ho, Daniel E., and Kosuke Imai. 2006. Estimating Causal Effects of Ballot Order from Randomized Natural Experiment: California Alphabet Lottery, 1978-2002. Working paper, draft as of Nov. 18.

Holland, C., and P. Rabbitt. 1992. People's Awareness of Their Age-Related Sensory and Cognitive Deficits and the Implications for Road Safety. *Applied Cognitive Psychology* 6, pp. 217-31.

Hollnagel, Erik. 1993. *Human Reliability Analysis Context and Control.* London: Academic Press.

Huberman, Gur, and Tomer Regev. 2001. Contagious Speculation and an Cure for Cancer: A Nonevent That Made Stock Prices Soar. *Journal of Finance* 56 (1), pp. 387-96.

Hull, A., A. Wilkins, and A. Baddeley. 1988. Cognitive Psychology and the Wiring of Plugs. In *Practical Aspects of Memory: Current Research and Issues,* Vol. 1: *Memory in Everyday Life,* edited by M. M. Gruneberg, P. E. Morris, and R. N. Sykes. Chichester, U.K.: Wiley.

Inhoff, Albrecht Werner, Robin Morris, and John Calabrese. 1986. Eye Movements in Skilled Transcription Typing. *Bulletin of the Psychonomic Society* 24 (2), pp. 113-14.

Isen, Alice M. 2001. An Influence of Positive Affect on Decision Making in Complex Situations: Theoretical Issues with Practical Implications. *Journal of Consumer Psychology* 11 (2), pp. 75-85.

Isen, Alice M., K. Daubman, and G. Nowicki. 1987. Positive Affect Facilitates Creative Problem Solving. *Journal of Personality and Social Psychology* 62 (6), pp. 1122-31.

Isen, Alice M., Thomas E. Nygren, and F. Gregory Ashby. 1988. Influence of Positive Affect on Subjective Utility of Gains and Losses: It Is Just Not Worth the Risk. *Journal of Personality and Social Psychology* 55 (5), pp. 710-17.

Isen, Alice M., and Robert Patrick. 1983. The Effect of Positive Feeling on Risk Taking: When the Chips Are Down. *Organizational Behavior and Human Performance* 31, pp. 194-202.

Janelle, Christopher M., and Charles H. Hillman. 2003. Expert Performance in Sport: Current Perspectives and Critical Issues. In *Expert Performance in Sports: Advances in Research on Sport Expertise,* edited by Janet L. Starkes and K. Anders Ericsson. Champaign, Ill.: Human Kinetics.

Jargon, Julie, Ann Zimmerman, and David Kesmodel. 2008. Grocers Tout "Sales" Even as Prices Climb. *Wall Street Journal,* April 1, p. B1.

Jiang, Yuhong. 2004. Resolving Dual-Task Interference: An fMRI Study. *NeuroImage* 22, pp. 748-54.

Jiang, Yuhong, Rebecca Saxe, and Nancy Kanwisher. 2004. Functional Magnetic Resonance Imaging Provides New Constraints on Theories of the Psychological Refractory Period. *Psychological Science* 15 (6), pp. 390-96.

Johnson, D. P., et al. 2006. Overconfidence in Wargames: Experimental Evidence on Expectations, Aggressions, Gender, and Testosterone. *Proceedings of the Royal Society B* 273, pp. 2513-20.

Johnson, M. H., et al. 1991. Newborns' Preferential Tracking of Face-Like Stimuli and Its Subsequent Decline. *Cognition* 40, pp. 1-19.

Johnson, Richard F., and Donna J. Merullo. 1999. Friend-Foe Discrimination, Caffeine, and Sentry Duty. *Proceedings of the Human Factors and Ergonomics Society 43rd Annual Meeting,* pp. 1348-52.

Johnson-Laird, Philip N. 2006. *How We Reason.* New York: Oxford University Press.

Johnson-Laird, Philip N., and P. C. Wason, eds. 1977. *Thinking: Readings in Cognitive Science.* Cambridge, U.K.: Cambridge University Press.

Jones, Gregg, Holly Becka, Jennifer LaFleur, and Steve McGonigle. 2006. After

Lives Are Lost, Records Often Go Missing, *Dallas Morning News,* Sept. 17.

Jones, Gregory V. 1990. Misremembering a Common Object: When Left Is Not Right. *Memory & Cognition* 18 (2), pp. 174-82.

Kahneman, Daniel, et al. 2004. A Survey Method for Characterizing Daily Life Experience: The Day Reconstruction Method. *Science* 306, pp. 1776-80.

——. 2006. Would You Be Happier If You Were Richer? A Focusing Illusion. *Science* 312, pp. 1908-10.

Kahneman, Daniel, and W. Scott Peavler. 1969. Incentive Effects and Pupillary Changes in Association Learning. *Journal of Experimental Psychology* 79, pp. 312-18.

Kahneman, Daniel, and Amos Tversky. 1973. On the Psychology Prediction. *Psychological Review* 80 (4), pp. 237-51.

——. 1979. Prospect Theory: An Analysis of Decision Under Risk. *Econometrica* 47 (2), pp. 363-91.

Kendall, Peter. 1994. PINS Pile Up Until They Become Personal Pain. *Chicago Tribune,* Oct. 14, p. C1.

Keren, Gideon. 1987. Facing Uncertainty in the Game of Bridge: A Calibration Study. *Organizational Behavior and Human Decision Making* 39, pp. 98-114.

Keysar, Boaz, and Anne S. Henley. 2002. Speakers' Overestimation of Their Effectiveness. *Psychological Science* 13 (3), pp. 207-12.

Kiley, David, and Earle Eldridge. 2002. Are Those Gizmos on the Dashboard Too Distracting? *USA Today,* May 29.

Killion, Ann. 2007. Author interview.

King, Gerhart F. 1986. Driver Performance in Highway Navigation Tasks. *Transportation Research Record* 1093, pp. 1-11.

Klauer, S. G. 2007. Author interview.

Klauer, S. G., et al. 2006. *The Impact of Driver Inattention on Near-Crash/Crash Risk: An Analysis Using the 100-Car Naturalistic Driving Study.* National Highway Traffic Safety Administration, Report No. DOT HS 810 594, Washington, D.C.

Klein, Stefan. 2007. *The Secret Pulse of Time*. New York: Marlowe.

Klein, William M., and Ziva Kunda. 1993. Maintaining Self-Serving Social Comparisons: Biased Reconstruction of One's Past Behaviors. *Personality and Social Psychology Bulletin* 19, pp. 732-39.

Kluger, Jeffrey. 2006. Why We Worry About the Things We Shouldn't…and Ignore the Things We Should. *Time*, Dec. 4, pp. 64-71.

Konigsberg, Eric. 2008. City Council Bill Would Ban Text Messaging While Driving. *New York Times*, Aug. 15, P. A16.

Kruger, Justin. 2007. Author interview.

Kruger, Justin, Derrick Wirtz, and Dale T. Miller. 2005. Counterfactual Thinking and the First Instinct Fallacy. *Journal of Personality and Social Psychology* 88, pp. 725-35.

Kubovy, Michael. 1977. Response Availability and the Apparent Spontaneity of Numerical Choices. *Journal of Experimental Psychology: Human Perception and Performance* 3 (2), pp. 359-64.

Kubovy, Michael, and Joseph Pstotka. 1976. The Predominance of Seven and the Apparent Spontaneity of Numerical Choices. *Journal of Experimental Psychology: Human Perception and Performance* 2 (2), pp. 291-94.

Kuebli, Janet, and Robyn Fivush. 1992. Gender Differences in Parent-Child Conversations About Past Emotions. *Sex Roles* 27 (11/12), pp. 683-98.

Lambert, Craig. 2006. The Marketplace of Perceptions: Behavioral Economics Explains Why We Procrastinate, Buy, Borrow, and Grab Chocolate on the Spur of the Moment. *Harvard Magazine*, March-April, p. 50.

Landro, Laura. 2008. Hospitals Tackle High-Risk Drugs to Reduce Errors. *Wall Street Journal*, March 5, p. D1.

Landy, David, and Harold Sigall. 1974. Beauty Is Talent: Task Evaluation as a Function of the Performer's Physical Attractiveness. *Journal of Personality and Social Psychology* 29 (3), pp. 299-304.

Langer, Ellen. 1975. The Illusion of Control. *Journal of Personality and Social Psychology* 32 (2), pp. 311-28.

Langer, Ellen, and Jane Roth. 1975. Heads I Win, Tails It's Chance: The Illusion of Control as a Function of the Sequence of Outcomes in a Purely Chance Task. *Journal of Personality and Social Psychology* 32 (6), pp. 951-55.

Lawton, Carol A. 1994. Gender Differences in Way-Finding Strategies: Relationship to Spatial Ability and Spatial Anxiety. *Sex Roles* 30 (11/12), pp. 765-79.

——. 2001. Gender and Regional Differences in Spatial Referents Used in Direction Giving. *Sex Roles* 44 (5/6), pp. 321-37.

Lawton, Carol A., and Janos Kallai. 2002. Gender Differences in Wayfinding Strategies and Anxieties About Wayfinding: A Cross-Cultural Comparison. *Sex Roles* 47 (9/10), pp. 389-401.

Leibovich, Mark. 2004. George Tenet's "Slam-Dunk" into the History Books. *Washington Post,* June 4, p. C1.

Leonhardt, David. 2006. Why Doctors So Often Get It Wrong. *New York Times,* Feb. 22, p. C1.

Levin, Alan, and Brad Heath. 2007. Fatigue Key to Air Crew Errors. *USA Today,* Nov. 8, p. 1.

Levin, Daniel T., and Daniel J. Simons. 1997. Failure to Detect Changes to Attended Objects in Motion Pictures. *Psychonomic Bulletin & Review* 4 (4), pp. 501-6.

Lichtenstein, Sarah, and Baruch Fischhoff. 1977. Do Those Who Know More Also Know More About How Much They Know? *Organizational Behavior and Human Performance* 20, pp. 159-83.

Lichtenstein, Sarah, Baruch Fischhoff, and Lawrence D. Phillips. 1982. Calibration of Probabilities: The State of the Art to 1980. In *Judgment Under Uncertainty,* edited by Daniel Kahneman et al. Cambridge U.K.: Cambridge University Press.

Lingerman, Lawrence. 1979. Playboy Interview: Burt Reynolds. *Playboy* 26 (10). pp. 67-94.

Lobben, Amy K. 2004. Tasks, Strategies, and Cognitive Processes Associated with

Navigational Map Reading: A Review Perspective. *Professional Geographer* 56 (2), pp. 270-81.

Loewenstein, George. 2007. Author interview.

Loewenstein, George, and David Schkade. 1999. Wouldn't It Be Nice? Predicting Future Feeling. In *Well-Being: The Foundations of Hedonic Psychology*, edited by Daniel Kahneman, Ed Diener, and Norbert Schwarz. New York: Russel Sage Foundation.

Loftus, Elizabeth, et al. 1987. Time Went By So Slowly: Overestimation of Event Duration by Males and Females. *Applied Cognitive Psychology* 1, pp. 3-13.

Lohr, Steve. 2007. Slow Down, Brave Multitasker, and Don't Read This in Traffic. *New York Times*, March 25.

Loomis, Jack M., Roberta L. Klatzky, Reginald G. Golledge, and John W. Philbeck. 1999. Human Navigation by Path Integration. In *Wayfinding Behavior: Cognititve Mapping and Other Spatial Processes*, edited by Reginald G. Golledge. Baltimore: Johns Hopkins University Press.

Lord, Albert B. 1960. *The Singer of Tales*. Cambridge, Mass.: Harvard University Press.

Lorentz, G. B. A., et al. 1999. Miss Rate of Lung Cancer on the Chest Radiograph in Clinical Practice. *Chest* 115, pp. 720-24.

Luchins, A. S. 1942. Mechanization in Problem Solving. *Psychological Monograms* 54 (248), pp. 1-95.

Luchins, A. S., and E. H. Luchins. 1950. New Experimental Attempts at Preventing Mechanization in Problem Solving. *Journal of General Psychology* 42, pp. 279-97.

Lundberg, George D. 1998. Low-Tech Autopsies in the Era of High-Tech Medicine. *JAMA* 280 (14), pp. 1273-74.

Lykken, David, and Auke Tellegen. 1996. Happiness Is a Stochastic Phenomenon. *Psychological Science* 7 (3), pp. 186-89.

Maccoby, Eleanor Emmons, and Carol Nagy Jacklin. 1974. *The Psychology of Sex Differences*. Stanford, Calif.: Stanford University Press.

Mack, Arien, and Irvin Rock. 1998. Inattentional Blindness. Cambridge, Mass.: MIT Press.

Macur, Juliet. 2007. Rule Jostles Runners Who Race to Their Own Tune. *New York Times,* Nov. 1, p. 1.

Malmendier, Ulrike, and Geoffrey Tate. 2005. CEO Overconfidence and Corporate Investment. *Journal of Finance* 60 (6), pp. 2661-700.

Manhart, Klaus. 2004. The Limits of Multitasking. *Scientific American Mind,* Dec.

Marcus, Erin N. 2006. When Young Doctors Strut Too Much of Their Stuff. *New York Times,* Nov. 21.

Martin, M., and Jones, G. 1999. Hale-Bopp and Handedness: Individual Differences in Memory for Orientation. *Psychological Science* 10 (3), pp. 267-69.

Martinez-Conde, Susana, and Macknik, Stephen L. 2007. Windows on the Mind. *Scientific American,* Aug., pp. 56-63.

Mateja, Jim. 2007. S80 Makes Big Impression in a Flash. *Chicago Tribune,* March 25.

Mathews, C. O. 1929. Erroneous First Impressions on Objective Tests. *Journal of Educational Psychology* 20, pp. 280-86.

Mathur, P., and J. Kruger. 2007. The First Instinct Fallacy Among Investors. Unpublished data.

Matthews, M. H. 1987. Gender, Home Range, and Environmental Cognition. *Transactions of the Institute of British Geographers, n.s.,* 12 (1), pp. 43-56.

-----, 1992. *Making Sense of Place: Children's Understanding of Large-Scale Environments.* Hertfordshire, U.K.: Harvester Wheatsheaf.

Matthews, S. 1997. Proposals for Improving Aviation Safety and Changing the System. Remarks to the White House Commission on Aviation Safety and Security. International Conference on Aviation Safety and Security in the Twenty-first Century, Washington, D.C., Jan. 13.

May, Andrew J., and Tracy Ross. 2006. Presence and Quality of Navigational Landmarks: Effect on Driver Performance and Implications for Design.

Human Factors 48 (2), pp. 346-61.

Mayer, Caroline E. 2002. Why Won't We Read the Manual? *Washington Post,* May 26, p. H01.

Maynard, Micheline. 2007. At Chrysler, Home Depot Still Lingers. *New York Times,* Oct. 30.

McCartney, Scott. 2005. Addressing Small Errors in the Cockpit. *Wall Street Journal,* Sept. 13, p. D1.

——. 2006. When Pilots Pass the BRBON, They Must Be in Kentucky. *Wall Street Journal,* March 21, p. A1.

McCloskey, Michael. 1983. Intuitive Physics. *Scientific American* 248 (4), pp. 122-30.

McCloskey, Michael, Allyson Washburn, and Linda Felch. 1983. Intuitive Physics: The Straight-Down Belief and Its Origin. *Journal of Experimental Psychology: Learning, Memory, and Cognition* 9 (4), pp. 636-49.

McConnell, Steve, 1996. *Rapid Development.* Redmond, Wash.: Microsoft Press.

McCracken, Vicki A. 2007. Author interview.

McCracken, Vicki A., Robert D. Boynton, and Brian F. Blake. 1982. The Impact of Comparative Food Price Information on Consumers and Grocery Retailers: Some Preliminary Findings of a Field Experiment. *Journal of Consumer Affairs* 16 (2), pp. 224-40.

McGlothlin, William H. 1956. Stability of Choices Among Uncertain Alternatives. *American Journal of Psychology* 69, pp. 604-15.

Meiners, Jens. 2004. BMW Sticks to iDrive; System Will Be Simplified but Is Destined to Stay. *Automotive News,* Oct.

Menand, Louis. 2005. Everybody's an Expert. *New Yorker,* Dec. 5, pp. 98-101.

Merrick, Amy. 2008. Limited Brands Expects Troubles to Continue. *Wall Street Journal,* Feb. 28, p. C6.

Merriweather, James. 2005. Woman Found Hanging on Tree. *Wilmington* (Del.) *News Journal,* Oct. 27, p. B4B.

Middlebrooks, S. E., B. G. Knapp, and B. W. Tillman. 1999. *An Evaluation of*

Skills and Abilities Required in the Simultaneous Performance of Using a Mobile Telephone and Driving an Automobile. U.S. Army Research Laboratory, Aberdeen Proving Ground, Md.

Milgram, Stanley. 1974. *Obedience to Authority.* New York: Harper & Row.

Milgram, Stanley, and Denise Jodelet. 1976. Psychological Maps of Paris. In *Environmental Psychology: People and Their Physical Settings.* 2nd ed., edited by Harold M. Proshansky, William H. Ittelson, and Leanne G. Rivlin. New York: Holt, Rinehart, and Winston.

Miller, Geoffrey, Joshua M. Tybur, and Brent D. Jordan. 2007. Ovulatory Cycle Effects on Tip Earning by Lap Dancers: Economic Evidence for Human Estrus? *Evolution and Human Behavior* 28, pp. 375-81.

Miller, Stephen. 2006. Remembrances: Father of Auto Rebate Changed Car Buying in U.S. *Wall Street Journal,* Nov. 18, p. A6.

Mindlin, Alex. 2006. For a Memorable Price, Trim the Syllables. *New York Times,* Aug. 14, p. C3.

——. 2007. It's How Much You Think You Have. *New York Times,* Nov. 26, p. C3.

Mocan, Naci, and Erdal Tekin. 2006. Ugly Criminals. Working paper 12019, National Bureau of Economic Research.

Monin, Benoit, and Dale T. Miller. 2001. Moral Credentials and the Expression of Prejudice. *Journal of Personality and Social Psychology* 81 (1), pp. 33-43.

Monk, Christopher A., Deborah A. Boehm-Davis, and J. Gregory Trafton. 2004. Recovering from Interruptions: Implications for Driver Distraction Research. *Human Factors* 46 (4), pp. 650-63.

Montello, Daniel R. 2007. Author interview.

Montello, Daniel R., Kristin L. Lovelace, Reginald G. Golledge, and Carole M. Self. 1999. Sex-Related Differences and Similarities in Geographic and Environmental Spatial Abilities. *Annals of the Association of American Geographers* 89 (3), pp. 515-34.

Montepare, J. M., and L. A. Zebrowitz. 1998. Person Perception Comes of Age:

The Salience of Age in Social Judgments. *Advances in Experimental Social Psychology* 30, p. 93.

Mook, Douglas. 2004. *Classic Experiments in Psychology.* Westport, Conn.: Greenwood Press.

Morbidity and Mortality Weekly Report. 2007. Nail-Gun Injuries Treated in Emergency Departments-United States, 2001-2005. 56 (14), pp. 329-32.

Morewedge, Carey K., Lief Holtzman, and Nicholas Epley. 2007. Unfixed Resources: Perceived Costs, Consumption, and the Accessible Account Effect. *Journal of Consumer Research* 34, pp. 459-67.

Morin, Rich. 2006. The Ugly Face of Crime. *Washington Post,* Feb. 17, p. A2.

Moroze, Michael L., and Michael P. Snow. 1999. *Causes and Remedies of Controlled Flight into Terrain in Military and Civil Aviation.* Air Force Research Laboratory, Wright-Patterson Air Force Base, Dayton, Ohio.

Mueller, Ulrich, and Allan Mazur. 1996. Facial Dominance of West Point Cadets as a Predictor of Later Military Rank. *Social Forces* 74 (3), pp. 823-50.

Muhm, John R., et al. 1983. Lung Cancer Detected During a Screening Program Using Four-Month Chest Radiographs. *Radiology* 148, pp. 609-15.

Murphy, Allan H., and Robert L. Winkler. 1984. Probability Forecasting in Meteorology. *Journal of the American Statistical Association* 79, pp. 489-500.

Mussweiler, Thomas, Fritz Strack, and Tim Pfeiffer. 2000. Overcoming the Inevitable Anchoring Effect: Considering the Opposite Compensates for Selective Accessibility. *Personality and Social Psychology Bulletin* 26 (9), pp. 1142-50.

National Highway Traffic Safety Administration. 1986. *An Evaluation of Child Passenger Safety: The Effectiveness and Benefits of Safety Seats.* DOT HS 806 890, Feb.

——. 1994. *Examination of Lane Change Crashes and Potential IVHS Countermeasures.* DOT HS 808 071, March.

——. 2004. *Misuse of Child Restraints.* DOT HS 809 671, Jan.

——. 2006. *Child Restraint Use Survey.* DOT HS 810 679, Dec.

National Institute for Health Care Management. 2002. *Changing Patterns of Pharmaceutical Innovation.* Washington, D.C.

National Transportation Safety Board. 1973. *Aircraft Accident Report.* Report No. NTSB-AAR-73-14. Adopted June 14.

——. 1979. *Aircraft Accident Report.* Report No. NTSB-AAR-79-7. Adopted June 7.

——. 1992. *Aircraft Accident Report.* PB92-910402, Report No. NTSB/AAR 920-02. Adopted March 18.

——. 2006a. *Motorcoach Collision with the Alexandria Avenue Bridge Overpass, George Washington Memorial Parkway, Alexandria, Va., Nov. 14, 2004.* Highway Accident Report NTSB/HAR-06/04, Washington, D.C.

——. 2006b. *Air Accident Brief.* Accident No. IAD05FA023. Adopted Nov. 8.

Neikirk, William. 2007. States Told to Prep for Gray Driver Boom. *Chicago Tribune,* April 12, p. 3.

Neisser, Ulric. 1981. John Dean's Memory: A Case Study. *Cognition* 9, pp. 1-22.

——. 1988. Time Present and Past. In *Practical Aspects of Memory: Current Research and Issues.* Vol. 2: *Clinical and Educational Implications,* edited by M. M. Gruneberg, P. E. Morris, and R. N. Sykes. Chichester, U.K.: Wiley.

——. 2007. Author interview.

Neisser, Ulric, and Ira E. Hyman Jr. 2000. *Memory Observed: Remembering in Natural Contexts.* 2nd ed. New York: Worth.

Neville, Kelly J., et al. 1994. Subjective Fatigue of C-141 Aircrews During Operation Desert Storm. *Human Factors* 36 (2), pp. 339-49.

Newby-Clark, Ian R., et al. 2000. People Focus on Optimistic Scenarios and Disregard Pessimistic Scenarios While Predicting Task Completion Times. *Journal of Experimental Psychology: Applied* 6 (3), pp. 171-82.

Newport, John Paul. 2007. The Eyes Have It. *Wall Street Journal,* Oct. 27-28, p. W1.

Nickerson, Raymond S., and Marilyn Jager Adams. 1979. Long-Term Memory for a Common Object. *Cognitive Psychology* 11, pp. 287-307.

Norman, D. A. 1976. *Memory and Attention.* New York: Wiley.

——. 1988. *The Design of Everyday Things.* New York: Basic Books.

——. 1992. *Turn Signals Are the Facial Expressions of Automobiles.* Cambridge, Mass.: Perseus.

North, Adrian C., David J. Hargreaves, and Jennifer McKendrick. 1997. In-Store Music Affects Product Choice. *Nature* 390, p. 132.

Northcrafth, Gregory B., and Margaret A. Neale. 1987. Experts, Amateurs, and Real Estate: An Anchoring-and-Adjustment Perspective on Property Pricing Decisions. *Organizational Behavior and Human Decision Processes* 39, pp. 84-97.

Odean, Terrance. 1999. Do Investors Trade Too Much? *American Economic Review* 89 (5), pp. 1279-98.

Ornstein, Charles. 2007. Dennis Quaid Files Suit over Drug Mishap. *Los Angeles Times,* Dec. 5.

——. 2008. Quaids Recall Twins' Drug Overdose. *Los Angeles Times,* Jan. 15.

Oskamp, Stuart. 1965. Overconfidence in Case-Study Judgments. *Journal of Consulting Psychology* 29 (3), pp. 261-65.

Paese, Paul W., and Janet A. Sniezek. 1991. Influences on the Appropriateness of Confidence in Judgment: Practice, Effort, Information, and Decision-Making. *Organizational Behavior and Human Decision Processes* 48, pp. 100-130.

Parfitt, Tom. 2007. Revealed: Why Those Russian Submarine Heroics Might Have Looked a Little Familiar. *Guardian,* Aug. 11.

Pashler, Harold. 1994. Dual-Task Interference in Simple Tasks: Data and Theory. *Psychological Bulletin* 116 (2), pp. 220-44.

Pasztor, Andy. 2007. Continental, American Balk at New Rest Rules for International-Flight Crews. *Wall Street Journal,* March 20, p. A8.

Pasztor, Andy, and Susan Carey. 2006. Pilot-Fatigue Test Lands JetBlue in Hot Water. *Wall Street Journal,* Oct. 21, p. A1.

Paumgarten, Nick. 2006. The $40 Million Elbow. *New Yorker,* Oct. 23.

Payne, J. W., J. R. Bettman, and E. J. Johnson. 1993. *The Adaptive Decision Maker.* Cambridge, U.K.: Cambridge University Press.

Pearce, Craig L. 2008. Follow the Leaders: You've Created a Team to Solve a Problem. Here's Some Advice: Don't Put One Person in Charge. *Wall Street Journal,* July 7, p. R8.

Peirce, Sean, and Jane Lappin. 2006. *Private Sector Deployment of Intelligent Transportation Systems: Current Status and Trends.* U.S. Department of Transportation, Research and Innovative Technology Administration, Cambridge, Mass.

Peterson, Carole, and Regina Rideout. 1998. Memory for Medical Emergencies Experienced by 1- and 2-Year-Olds. *Developmental Psychology* 34 (5), pp. 1059-72.

Pilcher, June J., and Allen I. Huffcutt. 1996. Effects of Sleep Deprivation on Performance: A Meta-analysis. *Sleep* 19 (4), pp. 318-26.

Pipitone, R., and G. Gallup. 2008. Women's Voice Attractiveness Varies Across the Menstrual Cycle. *Evolution and Human Behavior,* online, April.

Plassman, Hilke, John O'Doherty, Baba Shiv, and Antonio Rangel. 2008. Marketing Actions Can Modulate Neural Representations of Experienced Pleasantness. *Proceedings of the National Academy of Sciences* 105 (3), pp. 1050-54.

Plous, S. 1989. Thinking the Unthinkable: The Effects of Anchoring on Likelihood Estimates of Nuclear War. *Journal of Applied Social Psychology* 19, pp. 67-91.

Pollock, Andrew. 2004. With New Sleeping Pill, New Acceptability? *New York Times,* Dec. 17.

Possley, Maurice. 2006. "I Have to Make This Right." *Chicago Tribune,* Nov. 15, p. 1.

Powers, P. A., J. L. Andriks, and E. F. Loftus. 1979. Eyewitness Accounts of Females and Males. *Journal of Applied Psychology* 64, pp. 339-47.

Pradhan, Anuj, et al. 2005. Using Eye Movements to Evaluate Effects of Driver Age of Risk Perception in a Driving Simulator. *Human Factors* 47 (4), pp. 840-52.

Prinsell, C. P., P. H. Ramsey, and P. P. Ramsey. 1994. Score Gains, Attitudes, and

Behavior Changes due to Answer-Changing Instruction. *Journal of Educational Measurement* 31 (4), pp. 327-37.

Raghavan, Anita. 2004. Surely They Jest. *Wall Street Journal,* Aug. 9, p. A1.

Read, Daniel. 2005. Monetary Incentives, What Are They Good For? *Journal of Economic Methodology* 12 (2), pp. 265-76.

Read, Daniel, George Loewenstein, and Shobana Kalyanaraman. 1999. Mixing Virtue and Vice: The Combined Effects of Hyperbolic Discounting Diversification. *Journal of Behavioral Decision Making* 12, pp. 257-73.

Read, Daniel, and Barbara van Leeuwen. 1998. Predicting Hunger: The Effects of Appetite and Delay on Choice. *Organizational Behavior and Human Decision Processes* 76 (2), pp. 189-205.

Reason, James. 1990 *Human Error.* Cambridge, U.K.: Cambridge University Press.

Recarte, Miguel A., and Luis M. Nunes. 2000. Effects of Verbal and Spatial-Imagery Tasks on Eye Fixations While Driving. *Journal of Experimental Psychology: Applied* 6 (1), pp. 31-43.

——. 2003. Mental Workload While Driving: Effects on Visual Search, Discrimination, and Decision Making. *Journal of Experimental Psychology: Applied* 9 (2), pp. 119-37.

Redelmeier, Donald A., and Robert J. Tibshirani. 1999. Why Cars in the Next Lane Seem to Go Faster. *Nature* 401, p. 35.

——. 2001. Car Phones and Car Crashes: Some Popular Misconceptions. *Canadian Medical Association Journal* 164 (11).

Reder, Lynne M., and John R. Anderson. 1980. A Comparison of Texts and Their Summaries: Memorial Consequences. *Journal of Verbal Learning and Verbal Behavior* 19, pp. 121-34.

Reilly, Jacqueline, and Gerry Mulhern. 1995. Gender Differences in Self-Estimated IQ: The Need for Care in Interpreting Group Data. *Personality and Individual Differences* 18 (2), pp. 189-92.

Rensink, Ronald A., Kevin O'Regan, and James J. Clark. 1997. To See or Not to See: The Need for Attention to Perceive Changes in Scenes. *Psychological*

Science 8 (5), pp. 368-73.

Reuters. 2007a. Hey, Big Boy! Any Interest? Sept. 13.

——. 2007b. Remember Your Home Phone Number? Forget It! July 7.

Richard, Christian M., et al. 2002. Effect of a Concurrent Auditory Task on Visual Search Performance in a Driving-Related Image-Flicker Task. *Human Factors* 44 (1), pp. 108-19.

Robbins, Lillian C. 1963. The Accuracy of Parental Recall of Aspects of Child Development and Child Rearing Practices. *Journal of Abnormal and Social Psychology* 66, pp. 261-70.

Roberts, S. Craig, et al. 2004. Female Facial Attractiveness Increases During the Fertile Phase of the Menstrual Cycle. *Proceedings of the Royal Society London B*, supp., 271, pp. S270-72.

Roberts, Tomi-Ann. 1991. Gender and the Influence of Evaluations on Self-Assessments in Achievement Settings. *Psychological Bulletin* 109, pp. 297-308.

Roberts, Tomi-Ann, and Susan Nolen-Hoeksema. 1989. Sex Differences in Reactions to Evaluative Feedback. *Sex Roles* 21, pp. 725-47.

Romer, David. 2006. Do Firms Maximize? Evidence from Professional Football. *Journal of Political Economy*, April, pp. 340-65.

Ross, Lee, Mark R. Lepper, and Michael Hubbard. 1975. Perseverance in Self-Perception and Social Perception: Biased Attributional Processes in the Debriefing Paradigm. *Journal of Personality and Social Psychology* 32 (5), pp. 880-92.

Rubin, David C. 1977. Very Long-Term Memory for Prose and Verse. *Journal of Verbal Learning and Verbal Behavior* 16, pp. 611-21.

——. 1994. *Memory in Oral Traditions*. New York: Oxford University Press.

Russo, J. Edward. 1977. The Value of Unit Price Information. *Journal of Marketing Research* 14, pp. 193-201.

Russo, J. Edward, and Paul J. H. Schoemaker. 1989. *Decision Traps*. New York: Doubleday.

——. 1992. Managing Overconfidence. *Sloan Management Review* 33, pp. 7-17.

Sabatini, Jeff. 2006. 2007 Mercedes-Benz S-Class: Leave the Driving to the Microchips. *New York Times,* May 28.

Salthouse, T. A. 1985. Anticipatory Processing in Transcription Typing. *Journal of Applied Psychology* 70, pp. 264-71.

Samuelson, William, and Richard Zeckhauser. 1988. Statue Quo Bias in Decision Making. *Journal of Risk and Uncertainty* 1, pp. 7-59.

Sanna, Lawrence J., Norbert Schwarz, and Shevaun L. Stoker. 2002. When Debiasing Backfires: Accessible Content and Accessibility Experiences in Debiasing Hindsight. *Journal of Experimental Psychology: Learning, Memory, and Cognition* 28 (3), pp. 497-502.

Saul, Stephanie. 2006. Record Sales of Sleeping Pills Are Causing Worries. *New York Times,* Feb. 7.

Scharine, A., and M. McBeath. 2002. Right-Handers and Americans Favor Turning to the Right. *Human Factors* 44 (1), pp. 248-56.

Schendel, Joel D., John C. Morey, M. Janell Granier, and Sid Hall. 1983. Use of Self-Assessments in Estimating Levels of Skill Retention. U.S. Army Research Institute for the Behavioral and Social Sciences, Research Report 1341.

Schkade, David. 2007. Author interview.

Schkade, David, and Daniel Kahneman. 1998. Does Living in California Make People Happy? A Focusing Illusion in Judgments of Life Satisfaction. *Psychological Science* 9 (5), pp. 340-46.

Schoemaker, Paul J. H. 2007. Author interview.

Schoemaker, Paul J. H., and Robert E. Gunther. 2006. The Wisdom of Deliberate Mistakes. *Harvard Business Review,* June, pp. 109-15.

Schrage, Michael. 2003. Daniel Kahneman: The Thought Leader Interview. *Strategy + Business* (Winter), pp. 121-26.

Schwartz, Nelson D. 2006. One Brick at a Time. *Fortune,* June 6.

Searcey, Dionne. 2008. Generation Text: Emailing on the Go Sends Some Users into Harm's Way. *Wall Street Journal,* July 25, p. A 1.

Senden, Marius von. 1960. *Space and Sight: The Perception of Space and Shape in the Congenitally Blind Before and After Operation.* London: Methuen.

Sexton, J. Bryan, Eric J. Thomas, and Robert L. Helmreich. 2000. Error, Stress, and Teamwork in Medicine and Aviation: Cross Sectional Surveys. *British Medical Journal* 320, pp. 745-49.

Shappell, Scott A., and Douglas A. Wiegmann, 2000. *The Human Factors Analysis and Classification System-HFACS.* Office of Aviation Medicine, Federal Aviation Administration, Report No. DOT/FAA/AM-00/7, Washington, D.C.

——. 2001. Unraveling the Mystery of General Aviation Controlled Flight into Terrain Accidents Using HFACS. *Proceedings of the 11th International Symposium on Aviation Psychology,* Columbus, Ohio.

——. 2003. *A Human Error Analysis of General Aviation Controlled Flight into Terrain Accidents Occurring Between 1990-1998.* Office of Aerospace Medicine, Federal Aviation Administration, Report No. DOT/FAA/Am-03/4, Washington, D.C.

Shepard, Roger N. 1990. *Mind Sights.* New York: W. H. Freeman.

Shepard, Roger N., and Lynn A. Cooper. 1982. *Mental Images and Their Transformations.* Cambridge, Mass.: MIT Press.

Shepherd, J., G. M. Davies, and H. D. Ellis. 1981. Studies of Cue Saliency. In *Perceiving and Remembering Faces,* edited by G. M. Davies, H. D. Ellis, and J. Shepherd. New York: Academic Press.

Shojania, Kaveh G., et al. 2003. Changes in Rates of Autopsy-Detected Diagnostic Errors over Time. *Journal of the American Medical Association* 289, pp. 2849-56.

Simon, William E. 1971. Number and Color Responses of Some College Students: Preliminary Evidence for a "Blue Seven Phenomenon." *Perceptual and Motor Skills* 33, pp. 373-74.

Simon, William E., and Louis H. Primavera. 1972. Investigation of the "Blue Seven Phenomenon" in Elementary and Junior High School Children. *Psychological Reports* 31, pp. 128-30.

Simons, Daniel J. 2007. Author interview.

Simons, Daniel J., and Daniel T. Levin. 1998. Failure to Detect Changes to People During Real-World Interaction. *Psychonomic Bulletin & Review* 5 (4), pp. 644-49.

Slamecka, Norman J. 1985. Ebbinghaus: Some Associations. *Journal of Experimental Psychology: Learning, Memory, and Cognition* 11 (3), pp. 414-35.

Sloboda, John. 1976. The Effect of Item Position on the Likelihood of Identification by Inference in Prose Reading and Music Reading. *Canadian Journal of Psychology* 30 (4), pp. 228-37.

——. 1985. *The Musical Mind.* Oxford: Clarendon Press.

——. 1988. *Generative Processes in Music.* Oxford: Clarendon Press.

——. 2005. *Exploring the Musical Mind.* Oxford: Oxford University Press.

Slovic, Paul. 1973. Behavioral Problems of Adhering to a Decision Policy. Paper presented at the spring seminar of the Institute for Quantitative Research in Finance, Napa, Calif.

Smith, Dylan M., George Loewenstein, Aleksandra Jankovich, and Peter A. Ubel. 2007. The Dark Side of Hope: Lack of Adaptation to Temporary Versus Permanent Colostomy. Unpublished Manuscript.

Spangenberg, Eric R., et al. 2006. Effects of Gender-Congruent Ambient Scent on Approach and Avoidance Behaviors in a Retail Store. *Journal of Business Research* 59, pp.1281-87.

Srinivasan, M. V., et al. 1996. Honeybee Navigation En Route to the Goal: Visual Flight Control and Odometry. *Journal of Experimental Biology* 199 (1), pp. 237-44.

Starkes, Janet L., and K. Anders Ericsson, eds. 2003. *Expert Performance in Sports: Advances in Research in Sport Expertise.* Champaign, Ill.: Human Kinetics.

Strack, Fritz, Leonard L. Martin, and Norbert Schwarz. 1988. Priming and Communications: Social Determinants of Information Use in Judgments of Life Satisfaction. *European Journal of Social Psychology* 18, pp. 429-42.

Strack, Fritz, and Thomas Mussweiler. 1997. Explaining the Enigmatic Anchoring Effect: Mechanisms of Selective Accessibility. *Journal of Personality and Social Psychology* 73 (3), pp. 437-46.

Strayer, David L., and Frank A. Drews. 2004. Profiles in Driver Distraction: Effects of Cell Phone Conversations on Younger and Older Drivers. *Human Factors* 46 (4), pp. 640-49.

Swensen, C. H. 1957. Empirical Evaluations of Human Figure Drawings. *Psychological Bulletin* 54, pp. 431-66.

Tan, Cheryl Lu-Lien. 2007. Hey, Honey Bunny, Stores Know What Your Wife Wants. *Wall Street Journal,* Dec. 1-2, p. A1.

Tat, Peter, William Cunningham, and Emin Babakus. 1988. Consumer Perception of Rebates. *Journal of Advertising Research,* Aug./Sept., pp. 45-49.

Tellegen, Auke, et al. 1988. Personality Similarity in Twins Reared Apart and Together. *Journal of Personality and Social Psychology* 54 (6), pp. 1031-39.

Tenney, Y. J. 1984. Aging and the Misplacing of Objects. *British Journal of Developmental Psychology* 2, pp. 43-50.

Tetlock, Philip E. 1998. Close-Call Counterfactuals and Belief-System Defenses: I Was Not Almost Wrong but I Was Almost Right. *Journal of Personality and Social Psychology* 75 (3), pp. 639-52.

——. 2005. *Expert Political Judgment: How Good Is It? How Can We Know?* Princeton, N.J.; Princeton University Press.

Thaler, Richard H., and Eric J. Johnson. 1990. Gambling with the House Money and Trying to Break Even: The Effects of Prior Outcomes on Risky Choice. *Management Science* 36 (6), pp. 643-60.

Thompson, William C., Geoffrey T. Fong, and D. L. Rosenhan. 1981. Inadmissible Evidence and Juror Verdicts. *Journal of Personality and Social Psychology* 40 (3), pp. 453-63.

Thurm, Scott, and Pui-Wing Tam. 2008. States Scooping Up Assets from Millions of Americans. *Wall Street Journal,* Feb. 4, p. A1.

Todorov, Alexander, et al. 2005. Inferences of Competence from Faces Predict

Election Outcomes. *Science* 308, pp. 1623-26.

Tolman, E. C. 1948. Cognitive Maps in Rats and Men. *Psychological Review* 55, pp. 189-208.

TowerGroup. 2006. With Soaring Gift Cards Sales Poised to Exceed $80 Billion in 2006, Unused Card Values Are Also on the Rise. Press release, Nov. 20.

Tsimhoni, Omer, Daniel Smith, and Paul Green. 2004. Address Entry While Driving: Speech Recognition Versus a Touch-Screen Keyboard. *Human Factors* 46 (4), pp. 600-610.

Tugend, Alina. 2007. The Many Errors in Thinking About Mistakes. *New York Times,* Nov. 24.

Tulving, Endel, and Fergus I. M. Craik, eds. 2000. *The Oxford Handbook of Memory.* New York: Oxford University Press.

Tversky, Amos, and Daniel Kahneman. 1981. The Framing of Decisions and the Psychology of Choice. *Science* 211, pp. 453-58.

Tversky, Barbara. 1981. Distortions in Memory for Maps. *Cognitive Psychology* 13, pp. 407-33.

——. 2004. Narratives of Space, Time, and Life. *Mind & Language* 19 (4), pp. 380-92.

Tversky, Barbara, and Elizabeth Marsh. 2000. Biased Retellings of Events Yield Biased Memories. *Cognitive Psychology* 40, pp. 1-38.

U.S. Department of Health and Human Services. 2004. Almost Half of Americans Use at Least One Prescription Drug Annual Report on Nation's Health Shows. Press Release, Dec. 2.

U.S. Government Accountability Office. 2007. *Older Driver Safety.* Report to the Special Committee on Aging, U.S. Senate. GAO-07-413, April.

Vallone, Robert P., et al. 1990. Overconfident Prediction of Future Actions and Outcomes by Self and Others. *Journal of Personality and Social Psychology* 58 (4), pp. 582-92.

Vander Molen, Tom. 2007. Author interview.

Vanhuele, Marc, Grilles Laurent, and Xavier Dreze. 2006. Consumers' Immediate

Memory for Prices. *Journal of Consumer Research* 33 (2), pp. 163-72.

Vickers, Joan N. 1992. Gaze Control in Putting. *Perception* 21, pp. 117-32.

——. 1996. Visual Control When Aiming at a Far Target. *Journal of Experimental Psychology: human Perception and Performance* 22 (2), pp. 342-54.

Vincent, Charles. 2003. The Other Side. *Morbidity & Mortality Rounds on the Web,* Oct.

Vlasic, Bill. 2008. More Options to Tempt Eyes Off Road, Hands Off Wheel. *New York Times,* Feb. 12, p. 1.

Waber, Rebecca L., Baba Shiv, Ziv Carmon, and Dan Ariely. 2008. Commercial Features of Placebo and Therapeutic Efficacy. *Journal of the American Medical Association* 299 (9), pp. 1016-17.

Wade, Elizabeth, and Herbert Clark. 1993. Reproduction and Demonstration in Quotations. *Journal of Memory and Language* 32, pp. 805-19.

Wald, Matthew L. 2007. Fatal Crashes of Airplanes Decline 65% over 10 Years. *New York Times,* Oct. 1, p. C1.

Wallace, Wanda T. 1994. Memory for Music: Effect of Melody on Recall of Text. *Journal of Experimental Psychology: Learning, Memory, and Cognition* 20, pp. 1471-85.

Wallace, Wanda T., and David C. Rubin. 1988a. Memory of a Ballad Singer. In *Practical Aspects of Memory: Current Research and Issues.* Vol. 1: *Memory in Everyday Life,* edited by M. M. Gruneberg, P. E. Morris, and R. N. Sykes. Chichester, U.K.: Wiley.

——. 1988b. Wreck of the Old 97: A Real Event Remembered in Song. In *Remembering Reconsidered: Ecological and Traditional Approaches to the Study of Memory,* edited by Ulric Neisser and Eugene Winograd. Cambridge, U.K.: Cambridge University Press.

Wang, Jing-Shiarn, Ronald R. Knipling, and Michael J. Goodman. 1996. The Role of Driver Inattention in Crashes: New Statistics from the 1995 Crashworthiness Data System. *40th Annual Proceedings, Association for the Advancement of Automotive Medicine,* Vancouver, British Columbia.

Wansink, Brian, Robert J. Kent, and Stephen J. Hoch. 1998. An Anchoring and Adjustment Model of Purchase Quantity Decisions. *Journal of Marketing Research* 35, pp. 71-81.

Watt, Christopher J. 2000. An Analysis of Decision Making Strategies Used by P-3 Pilots in Hazardous Situations. Master's Thesis, Naval Postgraduate School, Monterey, Calif.

Weber, Elke U. 1997. Perception and Expectation of Climate Change. In *Environment, Ethics, and Behavior,* edited by Max H. Bazerman et al. San Francisco: Jossey-Bass.

——. 2007. Author interview.

Weber, Elke U., Ann-Renee Blais, and Nancy E. Betz. 2002. A Domain-Specific Risk-Attitude Scale: measuring Risk Perceptions and Risk Behaviors. *Journal of Behavioral Decision Making* 15, pp. 263-90.

Weinstein, Neil D., and William M. Klein. 1995. Resistance of Personal Risk Perceptions to Debiasing Interventions. *Health Psychology* 14 (2), pp. 132-40.

Welsh, Jonathan. 2008. Eyes for Night Driving. *Wall Street Journal,* Feb. 21, p. D6.

Wilkinson, Julie. 1988. Context Effects in Children's Event Memory. In *Practical Aspects of Memory: Current Research and Issues.* Vol. 1: *Memory in Everyday Life,* edited by M. M. Gruneberg, P. E. Morris, and R. N. Sykes. Chichester, U.K.: Wiley.

Williamson, A. M., and Anne-Marie Feyer. 2000. Moderate Sleep Deprivation Impairments in Cognitive and Motor Performance Equivalent to Legally Prescribed Levels of Alcohol Intoxication. *Occupational and Environmental Medicine* 57, pp. 649-755.

Willis, Janine, and Alexander Todorov. 2006. First Impressions: Making Up Your Mind After a 100-Ms Exposure to a Face. *Psychological Science* 17, pp. 592-98.

Wilson, Craig. 2008. A Bumper Crop of Car Gizmos Boggles the Mind. *USA Today,* May 14, p. 1D.

Wilson, Timothy D., and Nancy Brekke. 1994. Mental Contamination and Mental Correction: Unwanted Influences on Judgments and Evaluations. *Psychological Bulletin* 116 (1), pp. 117-42.

Winograd, Eugene. 1976. Recognition Memory for Faces Following Nine Different Judgments. *Bulletin of the Psychonomic Society* 8, pp. 419-21.

Winograd, Eugene, and Robert M. Soloway. 1986. On Forgetting the Locations of Things Stored in Special Places. *Journal of Experimental Psychology: General* 115 (4), pp. 366-72.

Wohlstetter, Roberta. 1962. *Pearl Harbor: Warning and Decision.* Stanford, Calif.: Stanford University Press.

Wolf, E. 1967. Studies on the Shrinkage of the Visual Field with Age. *Transportation Research Record 164,* Transportation Research Board, National Academy of Sciences.

Wolf, Thomas. 1976. A Cognitive Model of Musical Sight-Reading. *Journal of Psycholinguistic Research* 5 (2), pp. 143-71.

Wolfe, Jeremy M. 2007. Author interview.

Wolfe, Jeremy M., Todd S. Horowitz, and Naomi M. Kenner. 2005. Rare Items Often Missed in Visual Searches. *Nature* 435, pp. 439-40.

Wu, Suzanne. 2007. Are You Ready for Professional-Grade Golf Clubs? Public Release From University of Chicago Press Journals, May 10.

Wulf, Steve. 1992. He Is an Einstein: Joe Theismann's Quote Tests the Theory of Relativity. *Sports Illustrated,* March 2, p. 12.

Yarmey, A. D. 1973. I Recognize Your Face but Can't Remember Your Name: Further Evidence on the Tip-of-the-Tongue Phenomenon. *Memory & Cognition* 1, pp. 287-90.

Yates, Frances Amelia. 1966. *The Art of Memory.* Chicago: University of Chicago Press.

Young, Andrew W. 1993. Recognizing Friends and Acquaintances. In *Memory in Everyday Life,* edited by Graham M. Davies and Robert H. Logie. Amsterdam: North-Holland.

——. 1998. *Face and Mind*. Oxford: Oxford University Press.

Young, Andrew W., Dennis C. Hay, and Andrew W. Ellis. 1985. The Faces That Launched a Thousand Slips: Everyday Difficulties and Errors in Recognizing People. *British Journal of Psychology* 76, pp. 495-523.

Zambito, Thomas. 2007. Casino Klutz Sues in Picasso Slipup. *New York Daily News*, Jan. 12, p. 2.

옮긴이 **김광수**

중앙대학교 문과대학을 졸업하고 미국 인디애나 주립대학에서 연수 프로그램을 이수했다. 2000년부터 경제경영서 및 자기계발서 전문번역가로 활동하고 있다. 주요 역서로는 『자본주의는 어떻게 우리를 구할 것인가』 『순간 설득』 『서번트 리더십』 『실행에 집중하라』 등이 있다.

우리는 왜 실수를 하는가

1판 1쇄 2012년 3월 14일
1판 6쇄 2017년 12월 11일

지은이 조지프 핼리넌 | 옮긴이 김광수 | 펴낸이 염현숙
기획 김미정 | 책임편집 구민정 | 편집 문현진 | 독자모니터 양은희
디자인 김이정 이주영 최미영 | 저작권 한문숙 김지영
마케팅 김도윤 안남영 | 홍보 김희숙 김상만 이천희
제작 강신은 김동욱 임현식 | 제작처 한영문화사

펴낸곳 (주)문학동네
출판등록 1993년 10월 22일 제406-2003-000045호
주소 10881 경기도 파주시 회동길 210
전자우편 editor@munhak.com | 대표전화 031)955-8888 | 팩스 031)955-8855
문의전화 031)955-2696(마케팅), 031)955-2671(편집)
문학동네카페 http://cafe.naver.com/mhdn | 문학동네트위터 @munhakdongne

ISBN 978-89-546-1747-5 03180

www.munhak.com